TEOLOGIA DA LIBERTAÇÃO E CULTURA POLÍTICA MAIA CHIAPANECA

o Congresso Indígena de 1974 e as raízes do Exército Zapatista de Libertação Nacional

TEOLOGIA DA LIBERTAÇÃO E CULTURA POLÍTICA MAIA CHIAPANECA

o Congresso Indígena de 1974 e as raízes do Exército Zapatista de Libertação Nacional

IGOR LUIS ANDREO

Copyright © 2013 Igor Luis Andreo

Grafia atualizada segundo o Acordo Ortográfico da Língua Portuguesa de 1990, que entrou em vigor no Brasil em 2009.

PUBLISHERS: Joana Monteleone/Haroldo Ceravolo Sereza/Roberto Cosso
EDIÇÃO: Joana Monteleone
EDITOR ASSISTENTE: Vitor Rodrigo Donofrio Arruda
PROJETO GRÁFICO E DIAGRAMAÇÃO: Gabriela Cavallari
CAPA: Rogério Cantelli
REVISÃO: Dario Galvão
ASSISTENTE DE PRODUÇÃO: Juliana Pellegrini/Ana Ligia Martins

Este livro foi publicado com o apoio da Fapesp

CIP-BRASIL. CATALOGAÇÃO-NA-FONTE
SINDICATO NACIONAL DOS EDITORES DE LIVROS, RJ

A574t

Andreo, Igor Luis
TEOLOGIA DA LIBERTAÇÃO E CULTURA POLÍTICA MAIA CHIAPANECA:
O CONGRESSO INDÍGENA DE 1974 E AS RAÍZES DO EXÉRCITO ZAPATISTA DE
LIBERTAÇÃO NACIONAL
Igor Luis Andreo.
São Paulo: Alameda, 2013.
320 p.

Inclui bibliografia
ISBN 978-85-7939-210-8

1. México – Política e governo – 1968-1983. 2. Índios do México – Relações com o governo. 3. Chiapas (México) – História – Revolta camponesa. 4. Movimentos sociais – México - História. 5. Igreja Catolica – México – Atividades politica. 6. Ejército Zapatista de Liberación Nacional (México). I. Título.

13-1966.   CDD: 972.0816
                                     CDU: 94(72)"1970/1988"
                                                    043792

ALAMEDA CASA EDITORIAL
Rua Conselheiro Ramalho, 694 – Bela Vista
CEP 01325-000 – São Paulo – SP
Tel. (11) 3012-2400
www.alamedaeditorial.com.br

Dedico a todas as almas que de alguma forma alimentam o sonho de um mundo onde caibam todos os mundos

SUMÁRIO

mapas 9

prefácio 25

introdução 29

capítulo 1 69
SAMUEL RUIZ GARCÍA ANTE A TEOLOGIA DA
LIBERTAÇÃO E OS INDÍGENAS DE CHIAPAS

1.1 Religião e política 71

1.2 Ambiente e alicerces da formação 73
de Samuel Ruiz García

1.3 Dom Samuel Ruiz ante a realidade indígena 80

1.4 Cristianismo da Libertação 84

1.5 Apropriações chiapanecas do Concílio Vaticano II, 107
da incipiente Teologia Indígena e da Conferência de Medellín

capítulo 2 125
DESCOBRIR A HISTÓRIA SALVÍFICA DE CADA CULTURA
OU AURORA DA TEOLOGIA INDÍGENA CHIAPANECA

2.1 O Primeiro Conselho Indígena 127

2.2 O êxodo dos Tzeltales 142

2.3 Dom Samuel Ruiz e o problema indígena como 149
encruzilhada do problema de toda sociedade

2.4 Os cristãos e a justiça na América Latina 164

capítulo 3 181
O PRIMEIRO CONGRESSO INDÍGENA DE CHIAPAS

3.1 O tiro que saiu pela culatra: 183
o surgimento da ideia do Congresso Indígena

3.2 Os promotores e os preparativos 187
para o Congresso de 1974

3.3 O evento de outubro 193

3.4 Identidade étnica e cidadania 203

3.5 A segunda fase do Congresso Indígena de Chiapas 210

3.6 À sombra do Congresso de 1974 215

3.7 Conscientização política 224

capítulo 4 233
OS MAIAS DE CHIAPAS E O EZLN

4.1 Os indígenas mexicanos do século XX 235

4.2 Os maias chiapanecos do século XX 251

4.3 O Congresso Indígena de 1974 e o EZLN 265

4.4 Direitos de autonomia e cidadania: 272
os Acordos de San Andrés

considerações finais: 285
indícios de uma cultura política

fontes 299

referências bibliográficas 301

agradecimentos 311

MAPAS

Mapa 01: estados mexicanos

Fonte: http://www.portaldeldesarrollo.org/estados.php

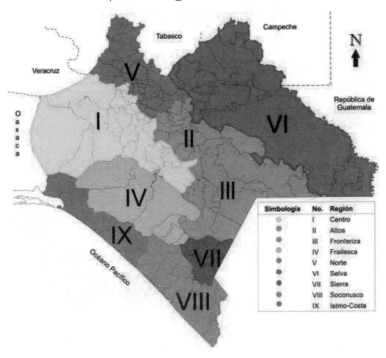

Mapa 02: regiões de Chiapas

Fonte: http://www.e-local.gob.mx/work/templates/enciclo/chiapas/regiones.html

Mapa 03: municípios da região Centro de Chiapas

Fonte: http://www.e-local.gob.mx/work/templates/enciclo/chiapas/regiones.html

Mapa 04: municípios da região Los Altos de Chiapas

Fonte: http://www.e-local.gob.mx/work/templates/enciclo/chiapas/regiones.html

Mapa 05: municípios da região Fronteriza de Chiapas

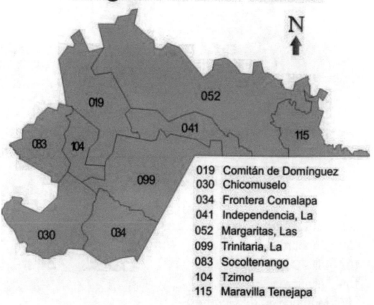

Fonte: http://www.e-local.gob.mx/work/templates/enciclo/chiapas/regiones.html

Mapa 06: municípios da região Frailesca de Chiapas

Región IV. Frailesca

008 Ángel Albino Corzo
020 Concordia, La
107 Villa Corzo
108 Villaflores
117 Montecristo de Guerrero

Fonte: http://www.e-local.gob.mx/work/templates/enciclo/chiapas/regiones.html

Mapa 07: municípios da região Norte de Chiapas

Fonte: http://www.e-local.gob.mx/work/templates/enciclo/chiapas/regiones.html

Mapa 08: municípios da região Selva (Lacandona) de Chiapas

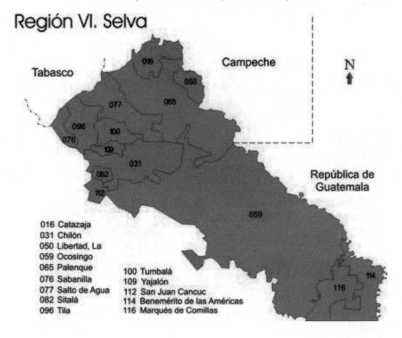

Fonte: http://www.e-local.gob.mx/work/templates/enciclo/chiapas/regiones.html

Mapa 09: municípios da região Sierra de Chiapas

Región VII. Sierra

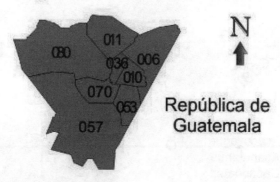

006 Amatenango de la Frontera	053 Mazapa de Madero
010 Bejucal de Ocampo	057 Motozintla
011 Bella Vista	070 Porvenir, El
036 Grandeza, La	080 Siltepec

Fonte: http://www.e-local.gob.mx/work/templates/enciclo/chiapas/regiones.html

Mapa 10: municípios da região Soconusco de Chiapas

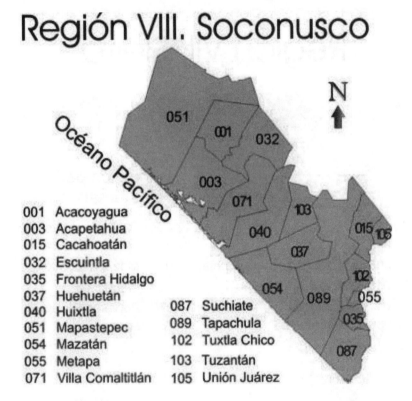

Fonte: http://www.e-local.gob.mx/work/templates/enciclo/chiapas/regiones.html

Mapa 11: municípios da região
Istmo-Costa de Chiapas

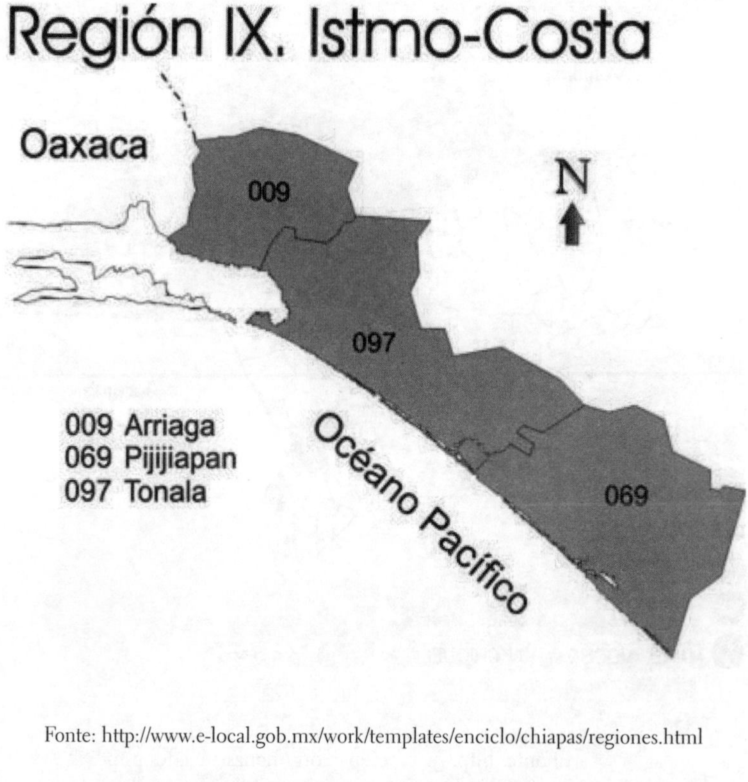

Región IX. Istmo-Costa

Oaxaca

009

097

069

009 Arriaga
069 Pijijiapan
097 Tonala

Océano Pacífico

N

Fonte: http://www.e-local.gob.mx/work/templates/enciclo/chiapas/regiones.html

Mapa 12: municípios onde se concentram as etnias indígenas chiapanecas

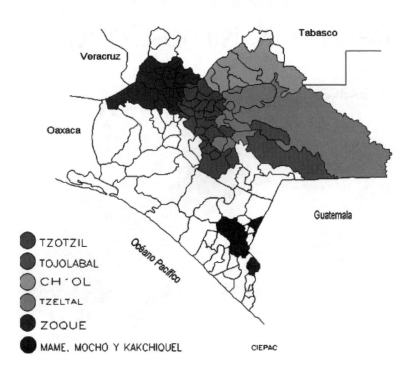

Fonte: http://www.ciepac.org/mapas/sociales.php

Mapa 13: municípios abarcados pela diocese de San Cristóbal de las Casas após 1965

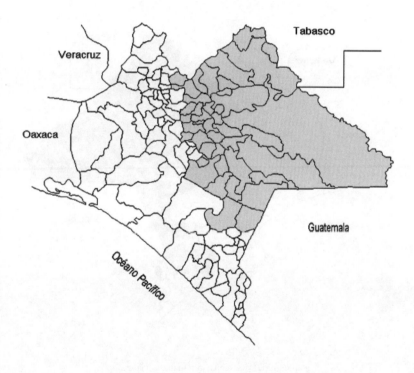

Fonte: http://www.ciepac.org/mapas/politicos.php

Mapa 14: municípios com presença neozapatista em 1996

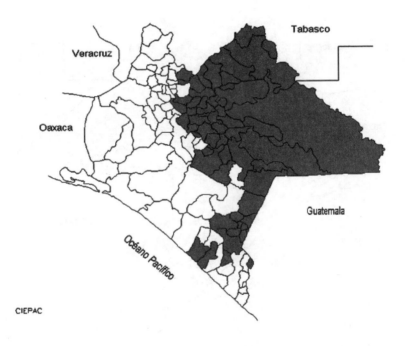

Fonte: http://www.ciepac.org/mapas/sociales.php

PREFÁCIO

No final do século passado o regime construído após a Revolução Mexicana e que havia permitido ao México atravessar o século XX em relativa tranquilidade e consubstanciado no domínio político do Partido Revolucionário Institucional (PRI) entra em crise. A repressão violenta às manifestações de estudantes e trabalhadores reunidos na Praça de Tlatelolco em 1968, a crise econômica, o grande terremoto que atingiu a Cidade do México em 1985 e a falta de ação das autoridades governamentais e, por fim, mas não menos importante, a eleição muito contestada de Carlos Salinas de Gortari em 1988 acabaram com a legitimidade do regime.

Na madrugada do primeiro dia de 1994, concomitante à assinatura do Tratado de Livre Comércio da América do Norte, eclodia no extremo sul do país, em Chiapas, uma revolução de novo tipo. Os indígenas do estado mais pobre do país colocavam contra a parede todas as medidas neoliberais dos últimos governos mexicanos. Com a sublevação chiapaneca renasce o mito da Revolução Mexicana e da via armada, que para tantos analistas havia se esgotado. Então, como entender um grupo denominado Exército Zapatista de Libertação Nacional, ou simplesmente EZLN, que reivindicava a herança do líder Emiliano Zapata, suas bandeiras camponesas e indígenas?

A princípio, acreditava-se que seria mais um dos tantos movimentos guerrilheiros da América Latina. A imprensa mundial, inclusive a brasileira, voltou seus olhos para este grupo armado encravado nas florestas e na região dos Altos de Chiapas. Os líderes do movimento eram indígenas maias de diversas etnias, mas possuíam um porta-voz, Subcomandante Marcos, de origem urbana e que mesclava elementos simbólicos de Zapata e de Che Guevara e utilizava novas armas de propaganda, como a internet; e apesar do primeiro confronto com o exército evitavam o conflito armado aberto.

O texto que o leitor tem em mãos se insere neste contexto e procura investigar e refletir sobre estes acontecimentos. É o resultado de anos de pesquisa sobre as origens deste movimento guerrilheiro. Ao contrário das teses que enfatizam o papel central para a eclosão do movimento armado apenas devido às influências de grupos de origem urbana, o autor defende a hipótese de que o EZLN é resultado da politização das comunidades indígenas que, mescladas às influências distintas tanto da esquerda mexicana como da Teologia da Libertação, geraram uma cultura política própria.

Para sustentar sua proposta o autor procura apresentar a trajetória de Samuel Ruiz García e suas opções sócio-teológicas como um personagem fundamental na mediação política e cultural entre as comunidades indígenas e a Igreja Católica, ambos em processo de profundas transformações ao longo das décadas de 1960 e 1970. O bispo que possuía uma formação inicial conservadora transforma-se perante a realidade indígena que vivencia, tornando-se um defensor da cultura e das tradições dos povos indígenas.

Com uma pesquisa minuciosa, articulada com um profundo conhecimento da bibliografia sobre a história mexicana do século XX, o autor analisa o *Primeiro Congresso Indígena de Chiapas* ocorrido em 1974 como o momento central na formação da conscientização política e étnica destas populações. Estes distintos elementos darão origem à plataforma política dos neozapatistas, formada pela mescla de elementos políticos externos advindos da esquerda revolucionária mexicana, da Teologia da Libertação e internos da cosmo-visão étnico-cultural.

Baseado em pesquisas documentais e extensa bibliografia atualizada, Igor Luis Andreo brinda-nos com um trabalho original muito bem escrito e que lança novas perspectivas e abordagens a um processo revolucionário que despertou o interesse de todo nosso continente. Mostrando grande capacidade de articular a historiografia mexicana a uma sólida argumentação teórica, procura apresentar a formação de uma cultura política maia chiapaneca como o elemento aglutinador da luta dos povos indígenas de Chiapas no final do século XX e no limiar do XXI.

Carlos Alberto Sampaio Barbosa
Unesp/Assis

Hoje você vê a flor. Agradeça a semente de ontem.

Haruo Ohara

INTRODUÇÃO

aqui vem a árvore, a árvore
nutrida por mortos desnudos,
mortos açoitados e feridos,
mortos de rostos impossíveis,
empalados sobre uma lança,
esfarelados na fogueira,
decapitados pela acha,
esquartejados a cavalo,
crucificados na igreja.
Aqui vem a árvore, a árvore
cujas raízes estão vivas,
tirou salitre do martírio,
suas raízes comeram sangue
extraiu lágrimas do céu:
elevou-as por suas ramagens,
repartiu-as em sua arquitetura...
... Esta é a árvore dos livros.
A árvore terra, a árvore nuvem,
a árvore pão, a árvore flecha,
a árvore punho, a árvore fogo.
Afoga-a a água tempestuosa
de nossa época noturna,
mas seu mastro faz balançar
o círculo de seu poder.

Pablo Neruda

Segundo o Subcomandante Insurgente Marcos,[1] em entrevista concedida a Yvon Le Bot,[2] a origem do Exército Zapatista de Libertação Nacional (EZLN) remonta à chegada ao estado mexicano de *Chiapas* (conferir mapa 01), no princípio da década de 1970, de um grupo urbano, marcado por um ideário marxista-leninista.[3]

A maior parte das múltiplas e dissonantes interpretações sobre as origens do EZLN coincidem em afirmar que este grupo urbano consistia em uma célula das *Fuerzas de Liberación Nacional* (FLN). Fundada em 1969, a FLN era um grupo político militar partidário às características da Revolução Cubana e marcado por sua forma rígida de recrutamento, pela não utilização de táticas de assalto e sequestro e por sua discrição e paciência. Contudo, a FLN chegou a participar do *Ejército Insurgente Mexicano* (EMI), formado por líderes do movimento que sofreu o massacre da Praça das Três Culturas, localizada na região de *Tlatelolco* (denominação de uma etnia e cidade pré-colombiana que foi absorvida pela capital Asteca *Tenochtitlán*) na Cidade do México, Distrito Federal (conferir mapa 01).[4]

---

1   Detentor do comando militar e principal porta-voz do EZLN, supostamente submetido à autoridade das comunidades indígenas por meio do Comitê Clandestino Revolucionario Indígena – Comandancia General del EZLN (CCRI – CG).
2   GENNARI, Emilio. *Chiapas*: as comunidades zapatistas reescrevem a história. Rio de Janeiro: Achiamé, 2002, p. 21-38.
3   As questões aqui apresentadas acerca do grupo de origem urbana baseiam-se majoritariamente em: FIGUEIREDO, Guilherme Gitahy de. *A guerra é o espetáculo*: origens e transformações da estratégia do EZLN. Dissertação (Mestrado) – Unicamp, Campinas, 2003 e GILLY, Adolfo. *Chiapas* – la razón ardiente. México: Era, 1997.
4   No dia 2 de outubro de 1968 a repressão policial e militar a uma manifestação encabeçada pelo movimento estudantil deixou um saldo de dezenas de mortos. Para mais detalhes sobre o "Massacre de Tlatelolco" sugere-se conferir: PONIATOWSKA, Elena. *La noche de Tlatelolco* – Testimonios de historia oral. México: Era, 1971.

A FLN interpretava o México como uma nação dominada pelo império estadunidense, o que demandava que a transição revolucionária ao socialismo passasse pela libertação nacional, que seria alcançada a partir da formação de uma guerrilha em moldes similares à teoria do foco de inspiração guevarista.

Essa primeira tentativa de instalação em *Chiapas* na década de 1970 acabou fracassada em decorrência de um ataque do exército mexicano, resultando na morte de todos os membros da célula *chiapaneca*, que não foram capazes de se manter ocultos ou escapar ao ataque militar por não haver estabelecido relações com as comunidades indígenas.

Entretanto, a FLN sobreviveu ao duro golpe recebido em *Chiapas* e voltou a crescer no final da década de 1970, época em que Marcos, futuro subcomandante, aderiu ao movimento. Nesse período, o Estado mexicano havia adotado uma política de boas relações com os regimes e movimentos de esquerda latino-americanos, sobretudo com Cuba, ao mesmo tempo em que buscava cooptar ou reprimir violentamente os ativistas do próprio país. Isto levou a FLN a um isolamento frente aos movimentos revolucionários de outros países. Esse isolamento resultou na construção de elaborações teóricas e políticas distantes das guerrilhas tradicionais, voltadas para a situação nacional e flexíveis o suficiente para abrir possibilidades para diversos níveis de relacionamento e cooperação com outros agentes.

A partir da década de 1980, a FLN adotou a estratégia maoísta de "guerra popular prolongada" e, em novembro de 1983, enviou um novo grupo à região da *Selva Lacandona* (conferir mapa 02), em *Chiapas* – denominado EZLN e já com a participação de Marcos – desta vez dispostos a não cometer os mesmos erros do passado, tendo incorporado indígenas a seus quadros e visando preparar-se para uma guerra revolucionária vindoura, formando um exército e não um grupo guerrilheiro. Acreditava-se que a estratégia maoísta empregada resultaria em uma polarização entre o Estado e a população, o que levaria a uma guerra civil, cabendo à célula *chiapaneca* "acumular forças em silêncio", ou seja, esperar e priorizar o estabelecimento de relações políticas com as comunidades indígenas da região, mas sem abandonar seu rígido núcleo militar, assim se preparando para quando a guerra viesse.

Desta forma, na primeira metade da década de 1980 esse grupo foi habitar a *Selva Lacandona*, visando esclarecer as comunidades indígenas *chiapanecas* de sua situação, organizando-as contra a exploração a que estavam sujeitas. No entanto, paulatinamente, o grupo urbano foi se percebendo diante de uma realidade para a qual não possuía respostas. Eles se viram frente a frente com movimentos indígenas organizados que, entretanto, não visavam os mesmos fins do grupo urbano.

Essa situação gerou conflitos entre membros do EZLN encabeçados por Marcos e a direção central da FLN, culminando na autonomização da célula *chiapaneca*. Assim sendo, fortuitamente e em virtude de uma série de acontecimentos,[5] o EZLN passou por um processo de adequação à realidade material e cultural indígena *chiapaneca*, tornando-se, supostamente, um exército a serviço das comunidades indígenas que, inclusive, teriam assumido a sua direção.[6]

---

5 Fogem aos objetivos deste livro trilhar os caminhos percorridos pelo EZLN a partir de 1983, quando se iniciaram os contatos entre o grupo de origem urbana – uma célula da FLN – e as comunidades indígenas de *Chiapas*. Acerca de tal temática existem diversos estudos, dentre os quais se sugere conferir: FIGUEIREDO, Guilherme Gitahy de. *Op. cit.*

6 GENNARI, Emilio. *Op. cit.*, p. 51.

As explicações para as origens do EZLN enfatizam o papel central desempenhado pelo grupo de origem urbana. Nosso objetivo, pelo contrário, é investigar a outra parte da equação que possibilitou a insurgência de 1994, ou seja, as raízes do processo de politização das comunidades indígenas de *Chiapas* que, na década de 1980, entraram em contato com os militantes oriundos da FLN.

Ainda segundo o Subcomandante Marcos, se o EZLN não tivesse se proposto a aprender com as comunidades indígenas, ele: "[...] nunca teria conseguido dar origem ao Exército Zapatista nascido no dia 1º de janeiro de 1994 [...]".[7]

Em uma entrevista concedida à revista italiana *Limes*, o Subcomandante Marcos afirmou:

> [...] Toda comunidade, todo vilarejo, vivia fechado em si mesmo sem nenhuma relação com os vizinhos [...] A chegada do zapatismo criou a primeira ruptura [...] isto levou a desenvolver uma resistência regional, antes unindo vários vilarejos, e, em seguida, etnias diferentes. Isto ocorreu nos 10 anos que antecederam o levante de 1º de janeiro de 94.[8]

Nesta pesquisa, partimos da hipótese de que esta primeira ruptura para a qual o Subcomandante Marcos aponta como marco o ano de 1983, já havia ocorrido em 1974, no Primer Congreso Indígena de Chiapas Fray Bartolomé de Las Casas, em decorrência da percepção de interesses comuns entre comunidades das quatro etnias (todas de ascendência maia) que participaram do congresso: *Tzeltal*, *Chol*, *Tojolabal* e *Tzotzil* (conferir mapa 12), mesmas etnias que entraram em contato com o grupo urbano e se tornaram a base do EZLN. Esta

---

7   GENNARI, Emilio. *Op. cit.*, p. 38.
8   *Ibidem*, p. 67.

hipótese foi elaborada a partir de indícios rastreados durante a leitura bibliográfica, cujo impulso inicial nos possibilitou aspirar à pretensão de demonstrar por meio de nosso constructo historiográfico[9] que foi, sobretudo, em virtude dos processos de conscientização política e étnica – fortalecidos com o Congresso de 1974 e desencadeados pela Teologia da Libertação nos moldes representados pelo bispo Samuel Ruiz García – que se tornaram possíveis e frutíferas as relações entre o grupo urbano que se instalou na *Selva Lacandona* na década de 1980 e as comunidades indígenas.

Para pensar esta temática, um ferramental teórico-conceitual advindo das fronteiras historiográficas entre o político e o cultural será de extrema importância e, como afirma Rodrigo Patto Sá Motta:

> Os conceitos são quase sempre polissêmicos, sobretudo nas ciências humanas e sociais, portanto é normal admitir a existência de mais de um significado aceitável para a mesma expressão. Entretanto, há concepções mais consistentes e precisas, enquanto existem usos inadequados e/ou confusos.[10]

Desta forma, comecemos com uma explicitação de nosso entendimento acerca do conceito de Identidade Cultural, que desempenhará um papel destacado em nossas análises. Em *A Identidade*

---

9 Entendemos o produto da historiografia, de acordo com Michel de Certeau, como uma construção ligada às limitações impostas pelo lugar social de produção; pelo fazer, ou seja, pelas regras (métodos) do ofício historiográfico acadêmico – que também são limitadas ou determinadas pelo lugar de produção; e pela (re)construção resultante do processo de escrita. Conferir CERTEAU, Michel de. As produções do lugar. In: *A Escrita da História*. Rio de Janeiro: Forense Universitária, 2006, 2ª ed., p. 31-115.

10 MOTTA, Rodrigo Patto Sá. Desafios e possibilidades na apropriação de cultura política pela historiografia. In: MOTTA, Rodrigo Patto Sá (org.). *Culturas Políticas na História*: novos estudos. Belo Horizonte: Argumentum, 2009 b, p. 14.

Cultural na Pós-Modernidade, Stuart Hall[11] aponta o início de um processo que está levando ao enfraquecimento das identidades nacionais. Nesta obra, o autor apresenta três concepções de identidades: o sujeito do Iluminismo, o sujeito sociológico e o sujeito pós-moderno.

A primeira concepção, o sujeito do Iluminismo, é aquela na qual o homem era visto como um indivíduo centrado, unificado, racional, que ganhava sua identidade ao nascer e esta permanecia a mesma ao longo de sua vida. No entanto:

> [...] *à medida em que* as sociedades modernas se tornavam mais complexas, elas adquiriam uma forma mais coletiva e social. As teorias clássicas liberais de governo [...] foram obrigadas a dar conta das estruturas do Estado-nação e das grandes massas que fazem uma democracia moderna.[12]

Neste contexto, surgiu a concepção do sujeito sociológico, que afirmava que o indivíduo não era autossuficiente, mas sim formado nas relações com outras pessoas, o que lhe garantia sua cultura,[13] de acordo com o universo habitado por ele.

Sendo assim, a identidade era entendida como resultante da interação entre o eu, que permanecia sendo o indivíduo soberano do sujeito Iluminista, e a sociedade: "[...] A identidade, então, costura [...] o sujeito à estrutura."[14]

Segundo Stuart Hall, este tipo de identidade está mudando, o sujeito está tornando-se fragmentado, ou seja, composto por várias identidades,

---

11 HALL, Stuart. *A Identidade Cultural na Pós-Modernidade*. Rio de Janeiro: DP&A Ed., 1997.

12 *Ibidem*, p. 32.

13 Valores, sentidos e símbolos.

14 HALL, Stuart. *Op. cit.*, p. 12.

algumas vezes contraditórias, e não por uma única identidade. Este é o sujeito pós-moderno, definido historicamente e não biologicamente, assumindo identidades diferentes em momentos diferentes.

No mundo moderno, a cultura nacional é a principal fornecedora de identidade cultural. A cultura nacional apresenta-se e é entendida como algo natural. Entretanto ela não o é, uma vez que é formada no interior da representação.

A nação é algo que produz sentidos, um sistema de representação cultural:

> [...] A lealdade e identificação que, numa era pré-moderna ou em sociedades mais tradicionais, eram dadas à tribo, ao povo, à religião e à região, foram transferidas, gradualmente, nas sociedades ocidentais, à cultura nacional. As diferenças regionais e étnicas foram gradualmente sendo colocadas [...] de forma subordinada [...][15]

Desta maneira, uma cultura nacional cria padrões de alfabetização nacionais, estabelece uma única língua como meio dominante de comunicação, cria uma cultura homogênea e mantém instituições culturais nacionais, como um sistema de educação nacional, que não respeitam as particularidades étnicas e regionais.

Uma cultura nacional é um discurso que visa criar identidade: "[...] a identidade nacional é uma 'comunidade imaginada' [...] as diferenças entre as nações residem nas formas diferentes pelas quais elas são imaginadas."[16]

Não importa o quão diferentes, etnicamente ou regionalmente, possam ser os seus membros, a nação busca unificá-los sob

---

15 HALL, Stuart. *Op. cit.*, p. 54.
16 *Ibidem*, p. 55.

uma identidade nacional. A cultura nacional é uma estrutura de poder cultural.

A maioria das nações modernas, inclusive o México, foram unificadas através de um longo processo de conquista violenta, ou seja, pela tentativa de supressão forçada da diferença cultural. Estas origens violentas devem ser esquecidas para que se forje uma identidade nacional.[17] Entretanto, as nações são compostas por diferentes classes sociais e diferentes grupos étnicos e/ou de gênero.

No mundo ocidental contemporâneo, frente ao descrédito científico da noção de inferioridade biológica, persevera outra forma de racismo, aquela que apresenta a nação como uma comunidade cultural unificada, isto é, homogênea em sua branquitude. Hall deixa claro que a cultura nacional é um dispositivo discursivo que representa a diferença como unidade, por meio do exercício de diversas formas de poder cultural, o que faz com que a identidade nacional se sobreponha a outras formas, mais particulares, de identificação cultural.

Por outro lado, o autor afirma que existem evidências de uma perda de força das identidades nacionais, principalmente a partir da década de 1970, em relação a identificações culturais com maiores e menores espaços de abrangência do que o Estado-Nação. Para Stuart Hall a identidade nacional não deixou de existir, contudo identidades regionais, comunitárias ou globais têm se tornado mais importantes. Frente ao racismo e exclusão a que estão submetidas, algumas comunidades adotam identidades mais defensivas, utilizando como estratégia, por exemplo, a re-identificação com culturas de origem. O efeito pode ser o da Tradição, onde a comunidade busca recuperar uma pureza anterior que foi perdida ou o da Tradução, ou seja, a

---

17 No capítulo IV serão tratados de forma mais aprofundada aspectos referentes às peculiaridades do processo de forjamento da identidade nacional mexicana.

comunidade cria uma identidade que, entretanto, se entende como sujeita ao plano da história, desta maneira não visando tornar-se algo puro, unitário, o que acreditamos ser o caso do processo que se iniciou em *Chiapas* em virtude do trabalho desenvolvido a partir da "Teologia Encarnada", cujo conteúdo será apresentado, sobretudo, nos dois primeiros capítulos que compõem este livro.

Com esse ressurgimento da etnia, ocorre uma crescente separação entre o pertencimento à nação e à conformidade cultural. A etnia passou a ser uma das categorias em torno das quais comunidades flexíveis são formadas e indivíduos afirmam sua identidade, demandando que o Estado reconheça necessidades sociais diferenciadas, admitindo direitos grupais.

Todavia, segundo Peter Burke,[18] deve-se, além de evitar a visão simplificada de uma cultura nacional homogênea, sem diferenças e conflitos, evitar também a visão simplificada de uma cultura nacional essencialmente fragmentada. O que vai ao encontro das reflexões apresentadas por Stuart Hall em A *Questão Multicultural*,[19] onde afirma que qualquer identidade cultural é constituída fundamentalmente a partir da relação com aquilo que a ela falta, com o "outro", relação esta que ocorre por meio de uma zona de valores, sentidos, símbolos, costumes e tradições compartilhados.

Esse entendimento do conceito de Identidade Cultural nos possibilitará pensar uma Identidade Cultural Étnica compartilhada por comunidades maias de *Chiapas*, sem que as excluamos do pertencimento à Identidade Nacional Mexicana.

---

18 BURKE, Peter. Unidade e variedade na história cultural. In: *Variedades de história cultural*. Rio de Janeiro: Civilização Brasileira, 2000, p. 267.

19 HALL, Stuart. A Questão Multicultural. In: *Da diáspora*: identidades e mediações culturais. Belo Horizonte: Editora UFMG, 2003, p. 51-100.

Concomitantemente, pensar o político será essencial para alcançarmos nossos objetivos. René Rémond defende que a história "[...] carrega o rastro das transformações da sociedade e reflete as grandes oscilações do movimento das idéias"[20] e o retorno da história política ao primeiro plano da historiografia francesa, a partir da década de 1970, é "[...] fruto de um aprofundamento da reflexão sobre o objeto do conhecimento histórico [...]".[21] Contudo, deve-se estar claro que o "retorno do político" é um fenômeno teórico que diz respeito ao contexto da historiografia francesa e suas áreas de maior influência – como, em certa medida, é o caso do Brasil.

Esse retorno da história política deve-se a duas frentes. A primeira é a da história enquanto sequência de acontecimentos, que contribuiu com fatores como: a experiência das guerras, cujo desencadeamento não pode ser explicado somente pela economia; a pressão cada vez mais perceptível das relações internacionais na vida interna dos Estados; as crises da economia liberal, que obrigaram o Estado a intervir; o desenvolvimento das políticas públicas, que demonstrou a capacidade das decisões políticas de mudar o curso da economia, obedecendo apenas a considerações ideológicas; e a ampliação do domínio da ação política com o aumento das atribuições do Estado, o que fez com que a política passasse a gerir vários aspectos da realidade de uma sociedade.

A segunda frente derivou-se do contato da história com outras disciplinas, sendo que a antropologia e a linguística, entre outras, são de grande importância para as análises no campo da história:

---

20 RÉMOND, René. Uma história presente. In: RÉMOND, René (dir.). *Por uma história política*. Rio de Janeiro: Editora FGV, 2003 b, 2ª ed, p. 13.

21 *Ibidem*, p. 22.

> [...] a história política [...] aprendeu que, se o político tem características próprias que tornam inoperante toda análise reducionista, ele também tem relações com outros domínios: liga-se por mil vínculos, por toda espécie de laços, a todos os outros aspectos da vida coletiva. O político não constitui um setor separado: é uma modalidade da prática social.[22]

Em *Do Político*, René Rémond[23] afirma que o campo que corresponde ao político possui um núcleo ligado ao Estado e a sua sociedade global, contudo irradia-se em todas as direções, mantendo margens e comunicações com a maioria dos outros domínios da história. Sendo que o político é o lugar de gestão da sociedade global, ele dirige, em parte, as outras atividades, e é o ponto para onde conflui a maioria delas. Isto não quer dizer que o historiador do político reivindique a hegemonia do mesmo, uma vez que o político não escapa a determinações externas, sofre pressões etc., entretanto sem se reduzir a uma consequência de parâmetros que lhe são estranhos: "[...] Estudar a história do político é estar convencido de que o político existe por si mesmo, professar que ele tem uma consistência própria e uma autonomia suficiente para ser uma realidade distinta."[24]

No entanto, o retorno da história política, que René Rémond localiza a partir da década de 1970, consiste, sobretudo, em uma defesa frente a posturas que desqualificavam o político. Rémond visa, em última instância, demonstrar que o estudo do político pode adequar-se às exigências teórico-metodológicas predominantes na historiografia francesa durante o que se convencionou denominar como segunda geração da École des Annales, ou seja, que o político

---
22 RÉMOND, René. *Op. cit.*, 2003 b, p. 35-36.
23 RÉMOND, René. Do político. In: RÉMOND, René (dir.). *Op. cit.*, 2003a, p. 444.
24 *Ibidem*, p. 445.

não é redutível às determinações econômico-estruturais, permite trabalhar com séries, é passível de ser quantificado e possibilita estudos de longa duração.

Sendo assim, as ferramentas conceituais que se pretende empregar nesta pesquisa relacionam-se mais diretamente com a história política tal qual entendida por Serge Berstein e Jean-François Sirinelli que, apesar de herdeiros do retorno do político encabeçado por Rémond, enquadram-se num mote de enriquecimento da história política pelo cultural, sobretudo em razão da apropriação de conceitos antropológicos.

Segundo Jean-François Sirinelli, é inviável para qualquer ramo da historiografia contemporânea desligar-se da história social e, por esta razão, a história política só conseguiu renovar-se porque se inseriu em um amplo movimento de retorno das ciências humanas e sociais ao indivíduo atuante.

Desta forma, Sirinelli afirma que, a partir da década de 1970, a história cultural – à qual Peter Burke prefere a denominação de história antropológica com intuito de "pagar a dívida" para com a influência da Antropologia[25] – possibilitou uma renovação na historiografia francesa. Entretanto, em cada um dos períodos cronológicos da história essa renovação se deu em tempos distintos, tendo como pioneira a história moderna. O período da história contemporânea, até os anos 1980, foi pouco atingido pela história cultural, contudo "[...] é na história contemporânea que têm atualmente lugar alguns dos êxitos importantes da história cultural. E especialmente no enriquecimento da história política pelo cultural [...]"[26] Nessa renova-

---

25 BURKE, Peter. *Op. cit.*, p. 231-267.
26 SIRINELLI, Jean-François. Elogio da complexidade. In: RIOUX, Jean-Pierre e SIRINELLI, Jean-François (dir.). *Para uma história cultural*. Lisboa: Estampa, 1998, p. 411.

ção, Sirinelli reserva um papel de destaque para o conceito de culturas políticas, ou seja, uma história política enriquecida pelos êxitos recentes da história cultural.

Para Serge Berstein, o estudo dos fenômenos referentes às culturas políticas possibilitou a obtenção de melhores respostas do que as obtidas por qualquer outra proposta até então empregada, uma vez que a cultura política é: "[...] um fenômeno de múltiplos parâmetros, que não leva a uma explicação unívoca, mas permite adaptar-se à complexidade dos comportamentos humanos."[27]

Segundo Rodrigo Motta:

> A análise de fatores culturais como valores, crenças, normas e representações ajuda a esclarecer e a compreender as múltiplas facetas do político, notadamente a origem de determinadas formas de ação e comportamento na esfera pública, que não se explicam somente pela determinação de interesses individuais ou coletivos, mas também pela influência de valores, da fé e pela força da tradição e do costume.[28]

Ademais, empregando o eixo das culturas políticas, pode-se trazer o acontecimento de volta à análise histórica, uma vez que ele será interpretado a partir do cruzamento entre uma leitura proveniente da história cultural e uma análise mais estrutural.

Entendida dessa maneira, a cultura política é indissociável do social, uma vez que ela somente existe em virtude do grupo humano em que se insere. O mérito de seu estudo é o de possibilitar a

---

27 BERSTEIN, Serge. A cultura política. In: RIOUX, Jean-Pierre e SIRINELLI, Jean-François (dir.). *Para uma história cultural*. Lisboa: Estampa, 1988, p. 350.

28 MOTTA, Rodrigo Patto Sá. Apresentação. In: MOTTA, Rodrigo Sá (org.). *Culturas Políticas na História*: novos estudos. Belo Horizonte: Argumentum, 2009 a, p. 9.

compreensão das motivações que levam o homem, enquanto indivíduo ou grupo social, a adotar esse ou aquele comportamento político:

> [...] a cultura política [...] uma vez adquirida pelo homem adulto, constituiria o núcleo duro que informa sobre as suas escolhas em função da visão do mundo que traduz [...] É no conjunto um fenômeno individual, interiorizado pelo homem, e um fenômeno coletivo, partilhado por grupos numerosos.[29]

De acordo com Rodrigo Motta, o conceito de cultura política "[...] pode ser aplicado a espaços sociais diferenciados, servindo para designar desde coletividades reunidas à volta de projetos específicos de ordenamento da sociedade (liberalismo, socialismo etc.), até grupos nacionais ou mesmo regionais [...]".[30] Assim sendo, será pensando na hipótese de refletir acerca das possibilidades de uma cultura política ligada a um grupo regional específico, os maias de *Chiapas*, que empregaremos esse conceito neste livro.

A história contemporânea a que se referiu Jean-François Sirinelli inclui aquilo que se convencionou denominar como história do tempo presente,[31] no âmbito da qual se insere o objeto de pesquisa livro.

---

29 BERSTEIN, Serge. *Op. cit.*, p. 359-360.
30 MOTTA, Rodrigo Patto Sá. *Op. cit.*, 2009 b, p. 24.
31 "[...] pouco importa que a história próxima leve vantagem, segundo alguns, sobre os últimos trinta anos, e que a história do tempo presente englobe, segundo outros pontos de vista, os cinquenta ou sessenta últimos anos. As duas funcionam de um mesmo modo, definem-se por características comuns [...] As duas possuem, além disso, o recuo necessário para desapaixonar a abordagem científica. A locução 'história do tempo presente' é, entretanto, a mais corrente, a mais reconhecida, aquela que se utiliza por convenção [...] Generalização fixada porque o valor científico dessa história é doravante incontestável." CHAUVEAU, Agnès e TÉTART, Philippe. Questões para a história do presente. In: CHAUVEAU, Agnès e TÉTART, Philippe (org.). *Questões para a história do tempo presente*. Bauru: Edusc, 1999, p. 27-28.

Segundo René Rémond,[32] a história do tempo presente não diz respeito somente ao político, no entanto este é o domínio historiográfico ao qual ela liga-se mais fortemente, inclusive Agnès Chauveau e Philippe Tétart apontam a obra *Por uma história política*, lançada em 1988 e organizada por Rémond, como o ponto de ruptura que abriu caminho para legitimação – além do "retorno do político" – da história do tempo presente: "[...] marca a partida de uma aventura científica que conquistou daí em diante sua carta de nobreza."[33]

Em 1992, ou seja, em um período onde a história do tempo presente e, sobretudo, a história política haviam inequivocamente se estabelecido e alcançado certo prestígio no campo historiográfico francês, foi lançado o texto *O retorno do político*,[34] onde Rémond apresenta o conceito de político de forma ampla e menos preocupada em enfatizar sua legitimidade frente às principais características teórico-metodológicas que predominaram durante a segunda geração da École des Annales[35] – apesar de em certa medida ainda manter esta preocupação.

Neste texto, Rémond afirma que a história política não se reduz ao acontecimento, uma vez que o político, como o econômico, o social etc., inscrevem-se na curta, na média e na longa duração, entretanto, o político atribui mais importância ao evento do que os outros

---

32 RÉMOND, René. O retorno do político. In: CHAUVEAU, Agnès e TÉTART, Philippe (org.). *Questões para a história do tempo presente*. Bauru: Edusc, 1999, p. 53.
33 CHAUVEAU, Agnès e TÉTART, Philippe. *Op. cit.*, p. 19.
34 RÉMOND, René. *Op. cit.*, 1999, p. 51-60.
35 Características que já não constituíam qualquer tipo de preocupação para a maior parte dos autores presentes na obra *Por uma história política*, uma vez que elas não ocupavam mais o centro da historiografia francesa desde os anos finais da década de 1970, com o advento daquilo que se convencionou chamar de "nova história cultural" ou "história antropológica".

domínios da história, característica esta que contribui para explicar sua afinidade com a história do tempo presente, necessariamente mais atenta ao eventual e, consequentemente, à percepção do peso da contingência na história: "O fato, que é uma janela e um revelador, modifica também em profundidade [...] o destino dos povos e dos indivíduos [...] O acontecimento pode perturbar e mudar o curso das coisas."[36]

René Rémond ainda apresenta questões – além daquelas citadas anteriormente – que teriam contribuído para o retorno do político: a percepção de que determinados indivíduos foram importantes para a história e, também, de que fatores como, por exemplo, as convicções e as crenças religiosas podiam ter um papel essencial. Por fim, o autor afirma que, além do poder estatal, o território do político também abrange a conquista e a contestação deste poder e sua relação com os indivíduos, assim estando relacionado com os grupos sociais e as tradições de pensamento.[37]

Além disso, o tipo de fonte utilizada neste trabalho permite tomar emprestadas algumas ferramentas da linguística, assumindo-as com plena lucidez, como sugere Antoine Prost, em As *palavras*.[38]

---

36 RÉMOND, René. *Op. cit.*, 1999, p. 54-56.
37 *Ibidem*, p. 57-58.
38 Em As *palavras*, Antoine Prost busca apresentar metodologias sistemáticas de análise linguística, que podem contribuir para o historiador enriquecer sua compreensão de fontes documentais que apresentam discursos políticos. No entanto, para serem colocadas em prática elas demandam a constituição de séries documentais passíveis de serem quantificadas, a fim de que se estabeleçam estatísticas léxicas. Por outro lado, Prost afirma que mesmo historiadores que optam por não empregar integralmente uma metodologia linguística, acabam por tomar emprestados, sem se dar conta, alguns termos, perguntas ou referências da linguística, e que seria melhor se esses empréstimos fossem assumidos com plena lucidez. Assumir estes empréstimos parciais é exatamente o que pretendemos fazer neste livro. PROST, Antoine. As palavras. In:

Este afirma que os discursos deixam rastros involuntários de uma atividade que ultrapassa o texto explicitado, cabendo à abordagem linguística desvendar os sentidos implícitos mascarados no texto.[39]

O uso que o historiador deve fazer da linguística é o de perguntar para fonte "como ela fala" e não apenas "o que ela fala", uma vez que:

> [...] As maneiras de falar não são inocentes; para além de sua aparente neutralidade revelam estruturas mentais, maneiras de perceber e de organizar a realidade denominando-a. [...] para os atores individuais ou coletivos da história, os textos que eles produzem não são apenas meios de dizer seus atos ou posições; os textos são, neles mesmos atos e posições. Dizer é fazer, e a lingüística, fazendo o historiador compreender isso, devolve-lhe a questão do sentido histórico desses atos particulares.[40]

Quaisquer textos, e especialmente os políticos (no sentido mais amplo do termo), o que é o caso da maior parte das fontes utilizadas nesta pesquisa, comportam estratégias discursivas: "[...] O diálogo político é muitas vezes conflito em torno de papéis reivindicados/impostos/recusados".[41]

Portanto, o empréstimo, ainda que parcial e assistemático, de um ferramental advindo da abordagem linguística pode enriquecer a percepção do historiador acerca de um texto político: "[...] Revela o

---

RÉMOND, René (dir.). *Por uma história política*. Rio de Janeiro: Editora FGV, 2003, 2ª ed.
39 PROST, Antoine. *Op. cit.*, p. 311-312.
40 *Ibidem*, p. 312 e 317.
41 *Ibidem*, p. 321.

texto como colocação de personagens em cena, campo fechado onde se confrontam estratégias discursivas: o discurso como ato [...]".[42]

Quanto aos autores que trataram de assuntos relacionados ao EZLN e suas origens, entendemos que a imensa quantidade bibliográfica (acadêmica ou não), que surge a cada ano desde 1994, dificulta o estabelecimento de um critério de avaliação que permita selecionar e apresentar neste espaço as mais relevantes. Este excesso de produção acerca do neozapatismo é consequente das características apresentadas pelo EZLN e do contexto no qual ocorreu o levante.

O EZLN apresentou-se ao mundo em 1º de janeiro 1994 como um movimento armado que se posicionava contra o neoliberalismo, contudo fugindo das ortodoxias referentes à "velha esquerda".[43] Ocorre que, após a queda do muro de Berlim (1989), o fim da URSS (1991) e a derrocada dos movimentos guerrilheiros de Libertação Nacional da América-Central – Nicarágua (1990) e El Salvador (1992) – o clima sociopolítico vivenciado – inclusive apresentado por muitos autores[44] – era de apatia quanto aos movimentos sociais

---

42 PROST, Antoine. *Op. cit.*, p. 322.

43 Dentre a vasta bibliografia acerca das características do EZLN até 1996, sugere-se conferir as quatro primeiras "Declarações da *Selva Lacandona*": EZLN. *Declaraciones de la Selva Lacandona*. Disponível em: <http://www.nodo50.org/pchiapas/chiapas/documentos/selva.htm>. Acessado em: 22/04/2009; e por seu caráter introdutório, o artigo: ALTMANN, Werner. A rebelião indígena de Chiapas: o anti-neoliberalismo orgânico da América Latina. In: BARSOTTI, Paulo e PERICÁS, Luiz Bernardo (orgs.). *América Latina – história, idéias e revolução*. São Paulo: Xamã, 1998, 2ª ed., p. 183-203.

44 Seguem alguns exemplos: James Petras caracteriza a década de 1990 do mundo ocidental como um período de pragmatismo, na qual as massas abandonaram a busca por interesses coletivos e se voltaram para interesses individualistas. O autor aponta, além do desinteresse pelos partidos, um repúdio às ideologias revolucionárias e, inclusive, à política como tal, ou seja, uma abstinência política, o que não deixa de ser uma posição política (consciente ou inconsciente) que se adota: "[...] Ocorre um enfraquecimento da solidariedade e a visão de que as ideologias constituem uma 'decepção'

antissistêmicos e havia a crença de que as insurreições armadas eram algo extinto. As desilusões da velha esquerda política, somadas à desesperança, despolitização e ao individualismo que pareciam imperar entre os grupos populares, contrastavam com o aparente apogeu de legitimidade do neoliberalismo na América Latina, cujo grande exemplo era a suposta prosperidade econômica do México, onde, a partir de primeiro de janeiro de 1994, entraria em vigor um tratado de livre comércio com os Estados Unidos e o Canadá.

A insurreição neozapatista contribui para desconstruir esse contexto. Diversos e multifacetados setores sociais que podem ser enquadrados no âmbito da esquerda não dogmática ganharam ânimo, o que explica, ao menos parcialmente, a explosão de interesse inesgotável acerca do EZLN, que se concretizou em incontáveis publicações dentro e fora da academia, desde apologias ingênuas, passando por críticas bem fundamentadas, até depreciações superficiais.

Todavia, na bibliografia consultada não encontramos nenhum autor que se aprofundasse na temática deste livro. Muitos autores

---

é reforçada pela crescente distância social entre os líderes e seus seguidores." PETRAS, James. América Latina: a esquerda, passado e futuro. In: BARSOTTI, Paulo e PERICÁS, Luiz Bernardo (orgs.). *América Latina* – história, idéias e revolução. São Paulo: Xamã, 1998, 2ª ed., p. 234-235; o cientista político mexicano Jorge Castañeda, cerca de dois meses antes do levante neozapatista, lançou a obra *La Utopia Desarmada*, na qual afirmava o descrédito total das propostas revolucionárias e o esgotamento inapelável das possibilidades de que ocorressem tentativas de insurgência armada em territórios latino-americanos, concluindo pela "vitória" da democracia eleitoral e das esquerdas que optavam pela exclusividade da chamada via pacífica ou desarmada, CASTAÑEDA, Jorge. *La utopía desarmada*. México: Contrapuntos, 1995, 2ª ed.; pode-se destacar ainda a polêmica gerada pelo artigo de Francis Fukuyama, publicado originalmente em 1989, onde o autor decretava o fim da história com a decadência da URSS e seus aliados e uma consequente hegemonia, apontada como definitiva, do capitalismo, FUKUYAMA, Yoshihiro Francis. *O fim da história e o último homem*. Rio de Janeiro: Rocco, 1992.

referem-se à importância da Teologia da Libertação e, em menor número, do Congresso Indígena de 1974, no entanto, esses assuntos, mesmo quando não são tratados como algo menor para explicar as origens do EZLN,[45] são analisados de maneira rápida e superficial, não sendo o foco central de nenhuma obra dentre as que pudemos encontrar.

Sendo assim, o objetivo desta pesquisa consiste em apresentar a Teologia da Libertação – em suas características peculiares referentes à primeira metade da década de 1970 e ao território alcançado pela diocese comandada pelo bispo Samuel Ruiz García (conferir mapa 13) – e o Primer Congreso Indígena de Chiapas Fray Bartolomé de Las Casas realizado em *San Cristóbal de las Casas* (conferir mapas 04 e 02), em 1974, como fatores essenciais para a formação do EZLN da maneira como ele mostrou-se para o mundo a partir de primeiro de janeiro de 1994.

Para realizar tal objetivo, procurou-se apontar a importância que o Congresso Indígena teve para que as propostas levadas pelo grupo de origem urbana, que se instalou na *Selva Lacandona* na década de 1980, fossem ouvidas pelas comunidades indígenas, tornando possível a formação do EZLN.

---

45 Michel Löwy, por exemplo, enfatiza a importância para o surgimento do EZLN que teve a conscientização política desencadeada pela Teologia da Libertação que provinha da diocese de *San Cristóbal* e dos agentes pastorais sob o comando do bispo Samuel Ruiz García, contudo, não procura explicar como surgiu esse processo de conscientização a partir de uma análise das especificidades assumidas pela Teologia da Libertação em território *chiapaneco*. Conferir: LÖWY, Michael. Introdução – Pontos de referência para uma História do Marxismo na América Latina. In: LÖWY, Michael (org.). *O Marxismo na América Latina*. São Paulo: Editora Fundação Perseu Abramo, 2003, 2ª reimpressão, p. 9-65. E também, LÖWY, Michel. *A guerra dos deuses*: Religião e política na América Latina. Petrópolis: Vozes, 2000, p. 211-212.

Nos capítulos I e II buscamos apontar o papel de conscientização étnico-política desempenhado pela Teologia (ou Cristianismo) da Libertação entre comunidades indígenas *chiapanecas*, a partir da tentativa de compreensão das especificidades político-teológicas assumidas pela diocese de *San Cristóbal de las Casas* sob o bispado de Samuel Ruiz García.

Para isso, no capítulo I apresentamos aspectos da trajetória familiar e eclesiástica de Samuel Ruiz, além de transformações pelas quais a Igreja católica passou no período, enfocando aspectos que tiveram influência marcante sobre o bispo, ou seja, acontecimentos ligados às raízes da Teologia da Libertação e da Teologia Indígena, com intuito de compreender, por fim, como o entrelaçamento entre diversos fatores resultaram nas opções socioteológicas adotadas por Dom Samuel Ruiz e quais foram estas opções.

No capítulo II, destacamos a importância e as transformações na formação dos catequistas indígenas, a catequese do Êxodo e encerramos com a análise do pensamento político-teológico de Samuel Ruiz às vésperas de se iniciarem os preparativos para o Congresso Indígena de 1974, onde defendemos que seu ideário sociopolítico caracterizava-se, sobretudo, pelo incentivo à busca por autolibertação econômica, étnica e religiosa.

No Capítulo III, procuramos apresentar a importância da atuação da Teologia da Libertação – em suas peculiaridades *chiapanecas* – para o êxito do Congresso Indígena de 1974, além das características e consequências deste Congresso para fomentar a união entre diferentes comunidades e etnias de ascendência maia e para o surgimento de movimentos sociais onde militaram os indígenas que entraram em contato com o grupo de origem urbana em meados da década de 1980 e, juntos, vieram a formar o EZLN tal qual o mundo passou a conhecer a partir de 1994.

No capítulo IV, buscamos demonstrar que diversos dos elementos que conformam o ser indígena maia contemporâneo estão presentes nas características do neozapatismo e, ademais, no que se refere às questões indígenas, a plataforma política apresentada pelo EZLN constitui, essencialmente, uma forma mais elaborada das demandas apresentadas pelos congressistas de 1974, o que interpretamos como indícios da existência, entre as comunidades indígenas que formam a base do EZLN, de uma cultura política em fase de estruturação. O cerne desta cultura é formado por uma mescla entre, por um lado, influências trazidas por agentes externos partidários de diversas vertentes marxistas (maoísmo, leninismo, guevarismo etc.), além da própria politização característica à Teologia da Libertação e, por outro lado, elementos relativos à cosmovisão e às formas de tomada de decisões e organização sociopolíticas ligadas ao universo étnico--cultural das comunidades maias de *Chiapas*.

Antes de iniciar o primeiro capítulo apresentaremos uma breve síntese da história política[46] do México, desde o porfiriato até chegar à década de 1970, buscando focar *Chiapas* e colocar ênfase nas relações entre o Estado e os setores camponeses e indígenas, com intuito de contextualizar temporal e espacialmente o tema tratado. Primeiramente, seguem algumas considerações sobre o território chiapaneco em um período prévio.

---

46 Empregamos o termo política, como explicitado anteriormente, de forma ampla e abrangente, isto é, como estando intrinsecamente ligado a outros aspectos da sociedade, como, por exemplo, a cultura e a economia, apesar de não ser determinado por nenhum deles e manter certa autonomia.

Em 1824, as elites *chiapanecas* optaram, por meio de um plebiscito, por incorporar-se à república mexicana, uma vez que nos três séculos anteriores *Chiapas* havia sido uma província da Capitania Geral da Guatemala.[47] Segundo Juan González Esponda e Elizabeth Pólito Barrios,[48] o período entre 1824 e 1880 foi marcado pelo acúmulo de propriedades rurais por parte de algumas famílias *chiapanecas*, que foram se apoderando, com respaldo legal ou não, de terras indígenas e do clero, assim formando uma oligarquia voltada para a criação extensiva de gado, que empregava mão de obra de *peones acasillados* (forma de exploração do trabalho camponês que trataremos mais adiante) e que passou a dominar as regiões *Centro, Frailesca, Fronteriza, Altos, Norte* e parte da *Selva Lacandona* (conferir mapa 02).

Em consagrada obra, o historiador inglês Eric Hobsbawm generaliza o ano de 1914, ou seja, o começo da guerra mundial de 31 anos (1914-1945) segundo suas interpretações, como marco inicial para se pensar o "breve século XX" em todo o globo.[49] Entretanto, acreditamos que a história mexicana (quiçá até mesmo latino-americana) do século XX deve ser pensada a partir da Revolução Mexicana, isto é, concordamos com intérpretes como Héctor Aguilar Camín e Lorenzo Meyer quando estes afirmam que a história do México no

---

47 "[...] Com isso as elites chiapanecas, que possuíam já um arraigado sentimento localista, pretendiam aumentar a sua autonomia (considerando-se a distância em relação ao centro do poder mexicano) e expandir a sua influência na região [...]" FIGUEIREDO, Guilherme Gitahy de. *Op. cit.*, p. 109.

48 GONZÁLEZ ESPONDA, Juan e PÓLITO BARRIOS, Elizabeth. Notas para comprender el origen de la rebelión zapatista. In: *Revista Chiapas*. México: Era, n° 1, p. 76-92, 1995, p. 78.

49 HOBSBAWM, Eric. *Era dos Extremos*: o breve século XX: 1941-1991. São Paulo: Companhia da Letras, 1995, 2ª ed.

século XX deve ser pensada "à sombra da Revolução Mexicana".[50] Mais ainda, aderimos àqueles que defendem:

> [...] que para entender o México moderno dos séculos XX e XXI é necessário compreender o porfiriato, o período armado e ampliar a reflexão até a década de 1930 e o governo Cárdenas, que foi o desfecho da Revolução [...] este grande movimento social representou uma ruptura na história mexicana, apesar das continuidades, e definiu a feição desta nação até os dias atuais.[51]

Contudo, em razão da complexidade e multiplicidade de fatores causais, atores envolvidos (individuais ou coletivos), motivações, interesses, ideários defendidos e interpretações possíveis que compõem a história da Revolução Mexicana, não ousaremos nos aprofundar nesse assunto, uma vez que isto levaria a discussões muito distantes de nossos objetivos. Para nossos fins, uma visão rápida sobre algumas passagens cruciais de todo esse movimento será o bastante.

No último quarto do século XIX, Porfírio Díaz assumiu o poder estatal mexicano (1876-1911). Grosso modo, sob o *porfiriato* o México passou por um período de centralização do poder político, unificação nacional e modernização (simbolizadas pelas estradas de ferro), além do desenvolvimento econômico gerado pela exploração capitalista do campo, inversão de capital estrangeiro no país e integração ao mercado mundial, sobretudo via Estados Unidos. Entretanto, este tipo de desenvolvimento afetou e, consequentemente, deixou descontentes, as elites provinciais marginalizadas do

---

50 CAMÍN, Héctor Aguilar e MEYER, Lorenzo. *À Sombra da Revolução Mexicana: história mexicana contemporânea, 1910-1989*. São Paulo: Edusp, 2000.

51 BARBOSA, Carlos Alberto Sampaio. *20 de novembro de 1910*: a Revolução Mexicana. São Paulo: Lazuli Editora, 2007 (Série rupturas), p. 34.

processo de modernização e concentração de riquezas, políticos tradicionais alijados pela concentração do poder político e as camadas populares, que nesse período eram formadas por uma maioria de camponeses mestiços e, principalmente, indígenas, e viram o processo em andamento de expropriação de suas terras comunais ser fortemente aprofundado por uma política sistemática de implantação do capital no campo, que difundiu a privatização das propriedades fundiárias e acelerou a incorporação de terras que ainda permaneciam fora dos limites da exploração do capital, assim usurpando, de maneira desenfreada, terras utilizadas por camponeses e indígenas, muitas vezes desde tempos imemoriais.[52]

Em *Chiapas*, as inversões estrangeiras destinaram-se a compra de terras para a produção de café nas regiões *Soconusco*, *Sierra* e *Norte* e latifúndios para exploração de madeiras e látex na região da *Selva Lacandona*.[53]

Em linhas gerais, essas insatisfações foram os fatores motivadores do processo que levou à Revolução Mexicana, do qual não

---

[52] Quanto às relações com a Igreja, Maria Ligia Coelho Prado enfatiza que no período do *porfiriato* o México foi dominado por ideias positivistas e sua ótica materialista, ligada a proposição de ordem social e progresso econômico, o que ia ao encontro dos anseios das elites nacionais, uma vez que possibilitava a imposição da ordem social frente às "inquietas" camadas populares e, concomitantemente, a adoção de um forte anticlericalismo em oposição ao conservadorismo religioso, uma vez que defendia uma posição forçosamente subalterna para a Igreja, apontada como uma instituição retrógrada diante do Estado. A autora ainda afirma que os embates do século XIX entre liberais, defensores do laicismo e conservadores, ligados à Igreja, deixaram raízes, acentuadas com a Revolução Mexicana (onde a Igreja adotou posicionamentos ultraconservadores), levando o anticlericalismo a assumir proporções profundamente ideológicas e políticas, desta forma tornando peculiar o contexto e a história da Igreja católica mexicana no século XX. PRADO, Maria Ligia Coelho. *A formação das nações latino-americanas*. São Paulo: Atual; Campinas: Editora da Unicamp, 1986, 2ª ed., p. 29.

[53] GONZÁLEZ ESPONDA, Juan e PÓLITO BARRIOS, Elizabeth. *Op. cit.*, p. 78.

entraremos em pormenores.⁵⁴ Quanto ao período armado da Revolução (1910-1920), acreditamos que será o suficiente destacar que os setores "populares" (sobretudo representados pelos exércitos comandados por Emiliano Zapata e Francisco "Pancho" Villa) que aderiram as sublevações armadas e protagonizaram o período mais radical da Revolução (1914-15), o fizeram impelidos pela busca de melhorias para suas condições de existência e não movidos por ideologias abstratas: "[...] as massas lutaram por suas condições concretas de vida, sua preocupação principal era a terra e seus interesses estavam ligados a contextos locais."⁵⁵

A Revolução Mexicana "alcançou" Chiapas apenas em 1914, com a chegada do General carrancista Jesús Agustín Castro a frente da División Veintiuino del Ejército Constitucionalista, que retirou os políticos porfiristas do poder e implantou reformas trabalhistas que beneficiavam os camponeses. Frente a estas medidas houve uma reação dos fazendeiros das regiões Centro e Frailesca e do município de San Cristóbal de las Casas, que se levantaram em armas, empregando uma tática ao estilo guerrilheiro: "[...] ataques surpresa, pequenos grupos, emboscadas, vida nômade etc."⁵⁶ As batalhas se estenderam entre 1914 e 1920, quando o presidente Vestuziano Carranza foi assassinado e os fazendeiros em armas negociaram a pacificação do

---

54 Para mais detalhes sobre a Revolução Mexicana sugere-se conferir, dentre a vasta bibliografia existente: KNIGHT, Alan. *La Revolución Mexicana*: del porfiriato al nuevo régimen constitucional. México: Grijalbo, 1986, 2 vols. e TOBLER, Hans Werner. *La Revolución Mexicana*: transformación social y cambio político – 1876-1940. México: Alianza Editorial, 1994.

55 VILLORO, Luis. O futuro dos povos indígenas /I. In: BUENROSTRO Y ARELLANO, Alejandro e OLIVEIRA, Ariovaldo Umbelino de (orgs.). *Chiapas*: Construindo a esperança. São Paulo: Paz e Terra, 2002, p. 174-175.

56 GONZÁLEZ ESPONDA, Juan e PÓLITO BARRIOS, Elizabeth. *Op. cit.*, p. 79. (Tradução livre do autor [TLA])

estado com o presidente Álvaro Obregón, conseguindo a nomeação de um de seus líderes, Tiburcio Fernández Ruiz, como Chefe das operações militares do Exército Federal e governador de Chiapas de 1920 a 1924. Evidentemente as medidas "progressistas" implantadas foram suprimidas, não houve reforma agrária e as reformas econômicas e sociais de certa forma conquistadas em outros estados não ocorreram em Chiapas.

De qualquer forma, a partir da "institucionalização da Revolução" iniciada com a presidência de Vestuziano Carranza (1917-1920) – que se mostrou profundamente conservador – já havia se iniciado a devolução aos antigos donos da maior parte das terras expropriadas anteriormente para a reforma agrária e, a partir da década de 1920, com o período dos presidentes do estado de *Sonora* (conferir mapa 01), Adolfo Huerta (1920), Alvaro Obregón (1920-1924) e Plutarco Elías Calles (1924-1928), acabaram definitivamente as partilhas de terras, buscando-se novamente o desenvolvimento das pequenas propriedades agrárias privadas. Os camponeses e indígenas haviam se desarmado, mas os problemas quanto a terra permaneceram.

Segundo Werner Altmann,[57] sob este contexto, a partir da década de 1930 ocorreu uma cisão entre as elites mexicanas. Como reação à reversão conservadora surgiu um grupo mais radical, que desejava levar adiante as reformas revolucionárias interrompidas.

Enquanto o primeiro grupo insistia na consolidação da propriedade fundiária privada individualizada, com intuito de criar condições para desenvolvimento capitalista baseado na produção para exportação e na concessão de facilidades ao investimento estrangeiro; o segundo

---

57 ALTMANN, Werner. Lázaro Cárdenas e Cuba antes da revolução. In: *México e Cuba – revolução, nacionalismo e política externa*. São Leopoldo – RS: Editora Unisinos, 2002, p. 16-19.

grupo – cuja principal liderança foi o general da Revolução e governador do estado de *Michoacán* (conferir mapa 01) Lázaro Cárdenas – propunha a partilha da terra respeitando as características históricas da atividade fundiária do camponês mexicano, ou seja, por meio dos *ejidos*.[58] O grupo *cardenista* se baseava em uma política nacionalista. Valorizava os *ejidos* porque os entendia como uma célula econômica fundamental para sustentação do mercado nacional mexicano.

Em seu governo, Lázaro Cárdenas (1934-1940) buscou defender os *ejidos* da ação predatória do mercado, financiando adubos, implementos agrícolas e garantindo preços mínimos para a produção. O problema agrário foi visto por Cárdenas como principal problema mexicano. Ao final de seu governo as terras aráveis sob organização *ejidal* passaram de 13% para 47%.

A política *indigenista* de Cárdenas foi um avanço em comparação com as concepções que os governos anteriores tiveram dos grupos

---

58 No México, o *ejido*, em linhas gerias, constitui-se como uma forma jurídica da posse da terra, cuja propriedade pertence ao Estado, que fornece o usufruto coletivo a agrupamentos campesinos comunitários e com autoridades locais reconhecidas legalmente. A exploração coletiva da terra era uma prática comum na Mesoamérica no período de domínio da Confederação Mexica, que foi apropriada pelos espanhóis, sendo substituída pelo sistema de *encomiendas*. Paulatinamente o sistema de *encomiendas* foi desaparecendo frente a outras formas de posse e exploração da terra, mas somente foi abolido legalmente e por completo em território mexicano com a Constituição de 1917, sob a promessa de restabelecer o sistema de *ejidos*, que foi concretizado, ao menos parcialmente, apenas com a reforma agrária conduzida pelo presidente Lázaro Cárdenas a partir de 1934. Em 1960, 23% das terras cultivadas no México eram *ejidos*. Em janeiro de 1992, o então presidente Carlos Salinas de Gortari promulgou reformas legais que acabavam com o direito legal à reforma agrária (conquistado com a Constituição de 1917) e regularizavam a posse fundiária dos *ejidos* por meio do *Programa de Certificación de Derechos Ejidales y Titulación de Solares* (PROCEDE), que concedia títulos de direitos parcelares a cada *ejidatário* particular, o que os convertia em micro-proprietários rurais com direitos de uso e aproveitamento irrestrito da parcela atribuída.

indígenas, contudo, ela permanecia integracionista, isto é, alinhava-se às proposições indigenistas mexicanas do período. De acordo com Federico Navarrete,[59] o regime surgido após a Revolução Mexicana foi continuador da política liberal nacionalista e da ideologia da mestiçagem,[60] que foram reforçadas ao longo do século XX pelo sistema educacional e jurídico e pelos meios de comunicação, ao privilegiar e exaltar valores ligados à cultura mestiça, ocidental e "moderna", ao mesmo tempo em que desvalorizavam as culturas supostamente atrasadas dos grupos indígenas.

Foi nesse contexto de valorização negativa das culturas indígenas que, a partir da década de 1920, antropólogos ligados aos governos mexicanos conceberam o *indigenismo*, que consistia em formulações políticas que visavam impor forçosamente a incorporação dos indígenas à suposta identidade nacional mestiça. Paulatinamente, as formulações *indigenistas* passaram a almejar a integração e mestiçagem dos indígenas por meio da ciência, do "progresso" e do convencimento pacífico. Deste modo, o *indigenismo* passou a recomendar que fossem realizados estudos profundos das características e necessidades das comunidades indígenas para que, a partir desse conhecimento, o governo implantasse políticas de apoio econômico, educativo e social com intuito de eliminar a miséria e integrar os indígenas à Nação:

> A ideia desses antropólogos era a de que as comunidades indígenas, ao ver os benefícios que acompanhavam o progresso e a ajuda governamental aceitariam voluntariamente

---

59 NAVARRETE, Federico. *Las relaciones inter-étnicas en México*. México: UNAM, 2004, p. 108.

60 No Capítulo IV deste livro serão tratadas de forma mais detalhada questões a respeito da política liberal nacionalista e da ideologia da mestiçagem.

à cultura mestiça para assim incorporar-se ao progresso nacional e continuar melhorando seu nível de vida.[61]

Isto se refletiu nos espaços reservados aos indígenas e suas reivindicações pelos governos mexicanos. Sergio Sarmiento Silva,[62] escrevendo sobre as lutas indígenas de 1917 até 1970, divide o período em três partes: de 1917 a 1934; de 1934 a 1940 (período do governo de Lázaro Cárdenas); e de 1940 a 1970.

De 1917 a 1934, os povos indígenas viram-se impossibilitados de expressar suas necessidades como grupos específicos, uma vez que entre diversos setores do governo predominava a ideia de que os indígenas eram um empecilho para o progresso. Os indígenas deveriam ser incorporados à nação e, para isto, era necessário educá-los ao invés de resolver os problemas referentes à sua realidade concreta.

Sob a presidência de Cárdenas, abriu-se um espaço controlado (ou mesmo cooptado) para que organizações indígenas reivindicassem seus anseios. No entanto, esse espaço era reservado aos problemas referentes às questões agrárias, uma vez que o governo Cárdenas, como vimos, adotava posturas condizentes às políticas indigenistas do período.

O período de 1940 a 1970 caracterizou-se pelo refluxo das mobilizações indígenas surgidas durante o sexênio de Lázaro Cárdenas e, desde a década de 1940, por uma efetiva colocação em prática, por intermédio do *"Instituto Nacional Indigenista"* (INI), das políticas indigenistas:

---

61 FEDERICO. *Op. cit.*, p. 108. [TLA]
62 SARMIENTO Silva, Sergio. El Consejo Nacional de Pueblos Indígenas y la política indigenista. In: *Revista Mexicana de Sociología*. México: UNAM, n° 4, p. 197-215, 1985, p. 198-200.

O indigenismo é um movimento generoso que tratou de redimir os índios, elevando sua forma de vida. Mas interpretou sua "redenção" como sua integração na cultura nacional dominante, criollo e mestiça, por meio do abandono, [...] paulatino, do que constituía sua diferença.[63]

Em dezembro de 1970, Luis Echeverría Alvarez tornou-se presidente do México (1970-1976), adotando posturas interpretadas por alguns autores como populistas.[64] Segundo Sergio Silva,[65] uma das medidas "populistas" empreendidas por Echeverría foi a de traçar uma nova es-

---

63 VILLORO, Luis. *Op. cit.*, p. 174. Este projeto "integracionista" adotado para as políticas *indigenistas* mexicanas perdurou aproximadamente até a década de 1970, quando, paulatinamente, foi sendo substituído, segundo Francis Mestries "[...] por el 'indigenismo de participación', que reconocía el derecho a los indios de decidir sobre su propio desarrollo y de conservar sus formas económicas y sociales vernáculas; pero éste resultó ser un intento oficial de adelantarse a la organización indígena autónoma, que se incubaba, afianzando así la legitimidad del Estado. Se limitó a remozar la política cultural hacia los indígenas (educación bilingüe-bicultural) y se hundió con la crisis financiera del Estado de los ochenta, en la burocracia y en la corrupción [...]" MESTRIES, Francis. Antecedentes y motivos del movimiento indígena zapatista. In: *Estudios Agrarios*. México: Procuraduría Agraria, nº 16, p. 117-147, 2001, p. 124. Esta "virada" do *indigenismo* "integracionista" para o de "participação" coincide (quer tenha alguma relação direta ou não) com a realização e consequências do Congresso Indígena de 1974 – as quais trataremos no Capítulo III.

64 O governo do presidente Luis Echeverría Alvarez caracterizou-se por um discurso "esquerdista", amplamente favorável à reforma agrária, o que o diferenciava radicalmente de seu colega de partido (PRI) e antecessor na presidência mexicana, Gustavo Díaz Ordaz (1964-1970). Entretanto, na prática as ações empreendidas sob o governo Echeverría foram tímidas e, além disso, ao término de seu mandato "[...] La colectivización promovida por el Estado y controlada directa o indirectamente por sus instituciones, tendía a expropiar y proletarizar a los trabajadores configurándolos, objetivamente, como fuerza laboral dependiente del capitalismo de Estado [...]" MOGUEL, Julio e LÓPEZ Sierra, Pilar. Política agraria y modernización capitalista. In: MOGUEL, Julio. *Historia de la Cuestión Agraria Mexicana* – Los tiempos de la crisis (Segunda parte) 1970-1982. México: Siglo Veintiuno, 1990, p. 321-376.

65 SARMIENTO, Silva, Sergio. *Op. cit.*, p. 203-205.

tratégia para o INI, cujo objetivo principal passou a ser o de resolver problemas referentes às terras indígenas e organizar – cooptando – seus movimentos, assim aumentando a participação no cenário político para que os próprios indígenas pudessem defender seus direitos, todavia sem nunca ultrapassar os limites impostos pelo governo de Echeverría, desta maneira evitando a radicalização dos movimentos indígenas.

Ademais, a partir de 1965 se iniciou uma crise na produção agrícola mexicana:

> [...] Em 1965, a agricultura chega a um ponto de inflexão em seu crescimento de longo prazo, pois de quase 4,5% anual que se obteve na década dos anos 50 e de aproximadamente 4,3% para o quinquênio 60-65, este índice desmorona no quinquênio seguinte (65-70), chegando apenas a um 1,2 e a um 0,2 para 1970-1974.[66]

Segundo Cássio Luiselli Fernández e Jaime Mariscal Orozco, frente a essa crise os preços dos produtos agrícolas foram "congelados" pelo governo mexicano de 1965 até 1972, enquanto os preços dos produtos de outros setores da economia continuaram subindo com uma média de 3% ao ano, o que acabou desestimulando a atividade agrícola. A partir de 1972, durante o sexênio de Luis Echeverría Alvarez, a situação se inverteu e os preços começaram a subir mais do que os de outros setores da economia. Neste contexto, o governo Echeverría buscou levar modernização e expandir o capital ao campo.

---

66 LUISELLI Fernández, Cássio e MARISCAL Orozco, Jaime. La crisis agrícola a partir de 1965. In: Revista Del México agrario. México: Editorial Campesina, n° 1, p. 67-88, 1978, p. 67-68. [TLA]

Os agricultores campesinos, principalmente dos *ejidos*, arruinados e sem incentivos como, por exemplo, irrigação e insumos, acabaram não podendo aproveitar a subida dos preços. Quem se fortaleceu foi o setor agrícola comercial mais moderno, que era baseado em grandes propriedades rurais, visava à exportação e gerava divisas para o país, o que, entretanto, acabou aumentando a marginalização e deixando um rastro de campesinos empobrecidos e /ou obrigados a se (sub) empregarem em terras de grandes proprietários rurais.[67]

De acordo com o censo de 1970:

> [...] O ejido constitui 70% do número total de unidades produtivas [...] Os 30% restantes são propriedades privadas [...]
> [...] Para o que se refere ao capital total investido nas propriedades [...] corresponde ao setor privado 73% do total e 27% aos ejidos, esta proporção se conserva para o caso da maquinaria agrícola. Quanto ao relativo aos gastos em tecnologia [...] as duas terceiras partes do total correspondem ao setor privado e o restante aos ejidos.[68]

Contudo, segundo o citado censo, 65% da força de trabalho no campo encontravam-se nos *ejidos* e 35% nas propriedades privadas. Fernandéz e Orozco, concluem que:

> [...] A intensa repartição agrária [...] realizada no passado teve um débil impacto produtivo, em boa medida porque parte das terras entregues são marginais ou não contaram com os meios de produção necessários para aproveitá-las e explorá-las racionalmente.[69]

---

67 LUISELLI Fernández, Cássio e MARISCAL Orozco, Jaime. *Op. cit.*, p. 68-71.
68 *Ibidem*, p. 81. [TLA]
69 *Ibidem*, p. 83. [TLA]

Esta polarização do setor agrícola, que favoreceu as grandes propriedades rurais, também pode ser verificada de maneira regional, uma vez que, em 1970, oito estados do noroeste e centro mexicano, onde se encontrava a maior parte das grandes propriedades, possuíam 55% da produção agropecuária; outros oito estados, pequenos e de população escassa, possuíam 5,2%; e um terceiro grupo, com quinze estados, no qual se inclui *Chiapas*, possuía somente 39%.[70]

Posto isso, podemos passar para questões mais estritamente relativas aos indígenas *chiapanecos*. O estado de Chiapas possui 77.500 km² e, na década de 1960, contava com aproximadamente 1.200.000 habitantes, sendo 400.000 indígenas, dentre os quais cerca de 250.000 eram *tzeltales*, *tojolabales*, *tzotziles* ou *choles*. Tentar-se-á fornecer uma ideia da dura realidade das comunidades indígenas de *Chiapas* nesse período. Um primeiro problema está ligado à

> [...] concepção agrarista prevalecente na Constituição Nacional, que considera os direitos dos camponeses [...] mas não os direitos dos indígenas como comunidades. Ao não considerar na legislação o status legal diferencial das comunidades indígenas, nenhum direito coletivo histórico e territorial pode ser legalmente reclamado [...][71]

Além disso, segundo Jan de Vos,[72] em *Chiapas* de meados da década de 1950, uma fazenda (*finca*) sob propriedade de mestiços não se constituía como unidade isolada, estando intimamente ligada com as comunidades indígenas do entorno, cujo entendimento

---

70 LUISELLI, Fernández, Cássio e MARISCAL Orozco, Jaime. *Op. cit.*, p. 83.
71 BARABAS, Alicia M. La Rebelión Zapatista y el Movimiento Indio en México. In: *Série Antropologia*. Brasília: UnB, nº 208, p. 1-16, 1996, p. 3. [TLA]
72 VOS, Jan De. *Una tierra para sembrar sueños* – Historia reciente de la Selva Lacandona, 1950-2000. México: Fondo de Cultura Económica, 2002, p. 135-182.

somente é possível caso sejam pensadas em suas relações com a fazenda. Isto implica que se perceba a constituição complexa dos municípios majoritariamente indígenas de *Chiapas*, que além da *cabecera*,[73] incluíam uma série de paragens – forma usual (com raízes pré-colombianas) de assentamento para os membros de uma comunidade indígena tradicional; *ranchos* – fazenda de tamanho mais modesto, também tipicamente sob a propriedade de mestiços; *ejidos*; e *rancherías* – cujas características serão apresentadas mais adiante.

Em muitos municípios *chiapanecos* majoritariamente indígenas, as *cabeceras* possuíam poucos habitantes, não havia mercados públicos etc. A força econômica não se encontrava nas *cabeceras*, eram as fazendas que se constituíam como centros autônomos de abastecimento para si mesmas e para as *rancherías* e *parajes* em seu entorno – o que as tornava dependentes da fazenda.

Isso resultava naquilo que Roberta Montagu[74] classificou como "feudalismo básico", isto é, esse tipo de organização criava uma relação onde os *peones* indígenas (aqueles que vendiam sua força de trabalho para a fazenda) tornavam-se totalmente dependentes do *finquero* (proprietário da fazenda) que, em sua fazenda, não se subordinava a nenhuma autoridade municipal, estadual ou federal: "Em sua propriedade o fazendeiro era o chefe supremo e dono de tudo: da fazenda, da gente, do gado, da capela, do santo venerado nela. Era o 'Kuajal', quer dizer, 'todo poderoso senhor', aquele que resolvia tudo para todos [...]",[75] poder este que se expandia até as *rancherías* no entorno da fazenda.

---

73 No México, a *cabecera* é a região, isto é, a vila ou povoado no qual se exerce a ação político-administrativa de um município.

74 MONTAGU *Apud* VOS, Jan De. *Op. cit.*, p. 141.

75 VOS, Jan De. *Op. cit.*, p. 141. [TLA]

Em troca do direito de viver na fazenda e de um pedaço de terra onde sua família podia plantar e criar animais, os *peones* indígenas eram obrigados a submeter-se a um rígido e extenuante calendário de obrigações em benefício do *finquero*, podendo ser expulsos por qualquer tipo de desobediência e recebendo um salário abaixo daquele pago na *cabecera* pela mesma quantidade de serviços. Os indígenas submetidos a este tipo de relação semi-servil são denominados *peones acasillados*.

Contudo, com intuito de não ter suas propriedades afetadas pelas leis de reforma agrária criadas durante a presidência de Lázaro Cárdenas, os *finqueros* distribuíram terras afastadas das fazendas para alguns *peones*, em troca de trabalhos agrícolas que deveriam ser prestados, assim constituindo as *rancherías*. Desta forma, aqueles que recebiam as terras convertiam-se em pequenos proprietários, não podendo reclamar o direito legal para dotação de *ejidos*, enquanto a fazenda não podia ser afetada porque não possuía mais um número suficiente de trabalhadores com tal direito.

As *rancherías* eram dependentes das fazendas, uma vez que, devido ao reduzido tamanho, pouca fertilidade e esgotamento da terra que recebiam, a maioria de seus habitantes se via obrigado a arrendar seu trabalho nas fazendas, novamente sujeitando-se a condições com longas jornadas de trabalho e baixos salários.

Essas condições se repetiam em todos os municípios de *Los Altos de Chiapas*, o que levou muitos indígenas a optarem por migrar para a região da *Selva Lacandona* em busca de terras. A migração para a *Lacandona* iniciou-se na década de 1920, no entanto o momento de mais intensidade se deu a partir de meados da década de 1950, devido às condições de vida acima descritas e ao incentivo de autoridades governamentais que visavam transformar em terrenos nacionais regiões ricas em madeiras e prestes a serem exploradas pela *Maderera Maya*.[76]

---

[76] De acordo com Jan de Vos, em 1949, uma empresa estadunidense, a *Vancouver Plywood Company*, decidiu abrir uma frente de exploração florestal na *Selva Lacandona*. Entretanto, o artigo 27 da Constituição Mexicana de 1917 não permite que estrangeiros possuam propriedade sobre terras que se encontram a menos de cem quilômetros das fronteiras, e ademais, desde 1948 a exportação de madeiras somente poderia ser realizada em solo mexicano com autorização presidencial e caso fossem satisfeitas anteriormente as demandas do mercado interno. Isto tornou necessário o estabelecimento de uma sociedade comercial de fachada com um grupo mexicano. Assim nasceu, em 1951, a *Sociedad Mercantil Maderara Maya S. A.*, que em pouco tempo adquiriu aproximadamente 434.000 hectares de terras na *Lacandona* e, em 1952, apresentou um contrato ao governo federal, onde se previa uma exploração que atenderia ao mercado interno e ainda restaria 80% do volume total de madeiras destinadas à exportação. A resposta governamental foi negativa, sob a alegação que a extração de madeiras é uma atividade agrícola e a Constituição de 1917 não permite que uma empresa anônima se dedique a este tipo de negócio. Para atender estas exigências, em 1954 foi criada a *Madera Maya, Sociedad de Responsabilidad Limitada*. Todavia, desde 1953 começaram a surgir petições, e subsequentes ocupações, de comunidades indígenas, muitas delas apoiadas pelo governo de *Chiapas*, para o estabelecimento de colônias em regiões adquiridas pela *Madera Maya*. Além disso, um estudo de 1955 concluiu que cerca de 576.000 hectares de terras na *Lacandona* foram originalmente adquiridos durante o *porfiriato* e, portanto, seus títulos deveriam ser anulados e sua posse retomada à Nação, o que afetaria terras da madeireira. Em 1956 foi atribuído o pertencimento ao Estado de outras terras, sob a alegação de irregularidades em sua compra original. Desta forma, em 1957, o presidente Adolfo Ruiz Cortines (1952-1958) determinou que uma parcela das terras pertencentes à *Madera Maya* seria destinada à colonização agrícola. Os advogados da Madeira questionaram essas afirmações e o processo jurídico se arrastou, até que em 1959 confirmou-se que a *Madera Maya* perderia 200.000 hectares. As ocupações continuaram – majoritariamente apoiadas pelo governo estadual – e novas expropriações estatais ocorreram em 1961 e 1967, restando à madeireira um quarto de seu território original. Por fim, em 1971, o presidente Luis Echeverría decretou a expropriação de todas as propriedades privadas que restavam na região. No ano seguinte, todas as antigas propriedades privadas da *Lacandona* foram doadas aos indígenas *lacandones* (conferir nota 40 do capítulo 3) e, em 1974, o direito de exploração das madeiras nesses territórios foi repassado a uma companhia estatal. VOS, Jan De. *Op. cit.*, p. 57-92.

No entanto, a situação dos indígenas que migraram para a *Selva Lacandona* continuava precária. Apesar do incentivo, o verdadeiro interesse das autoridades era garantir a exploração das riquezas naturais e não o bem estar dos migrantes. As novas colônias encontravam-se isoladas física e economicamente: às terras conseguidas eram pouco produtivas, faltavam serviços mínimos de saúde, educação, transporte e comércio. Além disso, os colonos eram constantemente explorados e extorquidos por agentes florestais que os multavam pelos desmatamentos causados; engenheiros da Reforma Agrária que cobravam somas exorbitantes por estudos técnicos que levavam anos para serem concluídos; funcionários governamentais que exigiam impostos por obras públicas que somente existiam no papel; e atravessadores (*acaparadores*) que chegavam à época da colheita e acabavam comprando os produtos cultivados pelos indígenas a preços irrisórios, devido à falta de outros compradores.

Outro grave problema era o desamparo legal a que estavam submetidas muitas colônias que haviam empreendido o êxodo à *Selva Lacandona* sem o respaldo legal necessário ou sem se estabelecer em terrenos nacionais, muitas vezes incentivados por promessas de funcionários subalternos. Isto acarretava na necessidade de inúmeras e custosas viagens até a capital do estado, *Tuxtla Gutiérrez*, e algumas vezes até a Cidade do México, à espera da conclusão de todos os trâmites agrários previstos por lei.

Portanto, em linhas gerais, essas eram as condições de vida nas comunidades indígenas encontradas por Samuel Ruiz García ao tornar-se o bispo de *Chiapas*, em 1960.

capítulo 1

SAMUEL RUIZ GARCÍA ANTE A TEOLOGIA DA LIBERTAÇÃO E OS INDÍGENAS DE CHIAPAS

> ... a evangelização tal como se estava levando a cabo no continente, era simplesmente uma destruição de culturas e uma ação dominadora. ... Então, que coisa era evangelizar?*
>
> Samuel Ruiz García

> Reconheçam-se como membros do corpo social em que vivem... Com alegria e respeito descubram as sementes do Verbo aí ocultas.
>
> Decreto "Ad Gentes" sobre a atividade missionária da Igreja

---

* [TLA]

1.1 Religião e política

A maior parte dos autores que escreveram sobre o EZLN, incluindo os próprios neozapatistas, não se aprofundou no tema ou simplesmente não se referiu ao Congresso Indígena de 1974 para explicar as origens do movimento. Não é nosso intuito elucidar os motivos desse "esquecimento", contudo é possível que, em certa medida, ele seja derivado das fortes ligações do Congresso com o catolicismo, por intermédio da diocese de *San Cristóbal de las Casas*, assunto evitado ou tratado com ressalvas por muitos autores, a fim de não abrir espaços para que, erroneamente, se infiram ligações diretas entre o levante neozapatista de 1994 e a Igreja católica de *Chiapas*.[1]

Por outro lado, de acordo com Aline Coutrot[2], as escolhas políticas não são simplesmente decalques do socioeconômico e, sendo assim, as forças religiosas devem ser levadas em consideração como fator de explicação do político, uma vez que fazem parte do tecido político.

As igrejas são corpos sociais, cujos ensinamentos transcendem o sagrado, proferindo julgamentos em relação à sociedade. Por meio da consideração do religioso, podem-se compreender comportamentos coletivos: "[...] Socializados por práticas coletivas [...] os cristãos

---

1 Após o pasmo causado pela insurreição neozapatista de 1994, muitos autores procuraram apontar os "culpados" pelo surgimento do EZLN e suas setas acusatórias direcionaram-se, sobretudo, na direção do bispo Samuel Ruiz García e dos agentes pastorais ligados à diocese de *San Cristóbal de las Casas* e à Teologia da Libertação. Logo em seguida surgiu uma onda de respostas em defesa do protagonismo indígena do EZLN que, entretanto, acabaram minimizando a importância alcançada pela Teologia da Libertação entre as comunidades indígenas de *Chiapas* – nesta linha podemos citar, por exemplo, CASILLAS, Rodolfo. La participación social de los creyentes. ¿Quién fija las fronteras? In: LLOYD, Jane-Doyle & PÈREZ Rosales, Laura (orgs.). *Paisajes rebeldes*: una larga noche de la rebelión indígena. México: Universidad Iberoamericana, 1995, p. 271-291.

2 COUTROT, Aline. Religião e política. In: RÉMOND, René (dir.). *Por uma história política*. Rio de Janeiro: Editora FGV, 2003, 2ª ed., p. 331-363.

adquirem um sistema de valores muito profundamente interiorizado que subtende suas atitudes políticas."[3]

O objetivo deste capítulo consiste em refletir a partir desses apontamentos tentando compreender de que maneira uma determinada postura religiosa, ou seja, o caráter peculiar que a Teologia da Libertação assumiu em território *chiapaneco* sob o bispado de Samuel Ruiz García, atingiu comunidades indígenas da região. Parte-se da hipótese de que o cristianismo, por meio da atuação, sobretudo, dos catequistas da diocese de *San Cristóbal de las Casas* sob a orientação do bispo Samuel Ruiz, teve grande importância para o processo de (re)valorização étnica, conscientização política e para fomentar a união de comunidades das quatro etnias majoritárias em *Chiapas*.

Anteriormente é importante explicitar que não estamos reduzindo a explicação apenas à figura de Samuel Ruiz García, assim diminuindo o protagonismo desempenhado por outros atores nas transformações ocorridas nas relações entre a Igreja católica e comunidades indígenas chiapanecas no período analisado. A ênfase dada neste capítulo a Samuel Ruiz é devida à sua posição ocupada enquanto bispo da diocese de *San Cristóbal de las Casas*, uma vez que foi a partir de suas escolhas e consequentes orientações que se abriram as possibilidades para que os agentes envolvidos com a diocese e, até mesmo, as próprias comunidades pudessem optar por rumos posteriormente tomados e que não necessariamente foram determinados pela vontade de Samuel Ruiz.

Tampouco atribuímos algum tipo de "genialidade" à figura de Samuel Ruiz. Visamos apenas compreender parte de sua trajetória e algumas características contextuais da Igreja católica do período que abriram um leque de possibilidades específico e, concomitantemente,

---

3 COUTRUT, Aline. *Op. cit.*, p. 336.

influíram para que o então bispo de *Chiapas* tomasse determinadas decisões e não outras.[4]

Ao produzir uma biografia sobre Samuel Ruiz García, Carlos Fazio[5] aparentemente não possuía esse tipo de preocupação, uma vez que seu texto, em alguns momentos, se assemelha mais com uma ode ao biografado. Entretanto, por sua riqueza em detalhes acerca da trajetória de Samuel Ruiz e fatos relacionados à Igreja católica, essa obra será de grande valia enquanto fonte para análise efetuada neste capítulo.

1.2 Ambiente e alicerces da formação de Samuel Ruiz García

Em 1960, Samuel Ruiz García assumiu o episcopado da diocese de *San Cristóbal de las Casas*. Sua nomeação indica que o jovem Samuel Ruiz havia conseguido destacar-se sobremaneira no meio eclesiástico mexicano, uma vez que o episcopado é o último e supremo grau do sacramento da Ordem Sacerdotal e confere autoridade máxima em jurisdição e magistério no território alcançado pela diocese, cabendo ao bispo a exclusividade de ministrar os sacramentos, conferir ministérios, ordenar presbíteros e diáconos, entre outros, ou seja, a ordenação episcopal atribui o poder de "santificar, ensinar e governar" uma determinada região, o que se traduz em um grande

---

4 Os apontamentos apresentados nesse parágrafo foram construídos a partir da livre apropriação de reflexões contidas nas seguintes obras: BOURDIEU, Pierre. *A Distinção*: crítica social do julgamento. São Paulo/Porto Alegre: Edusp/Zouk, 2007; BOURDIEU, Pierre. A Ilusão Biográfica. In: AMADO, Janaína e FERREIRA, Marieta de Moraes (orgs.). *Usos e Abusos da História Oral*. Rio de Janeiro: Editora FGV, 2002, 5ª ed., p. 183-192; BOURDIEU, Pierre. *O Poder Simbólico*. Rio de Janeiro: Bertrand Brasil, 1999, 2ª ed.; e BOURDIEU, Pierre. *Razões Práticas*: sobre a teoria da ação. Campinas: Papirus, 1996, 6ª ed.

5 FAZIO, Carlos. *Samuel Ruiz* – El caminante. México: Espasa Calpe, 1994.

poder político em potencial, uma vez que, como vimos anteriormente, religião e política são esferas que se entrelaçam e a sociedade mexicana (e latino-americana) desse período era esmagadoramente marcada pelo catolicismo[6] – ainda que em muitíssimos casos sob diversas formas sincréticas:

> Aqueles que o conhecem [Samuel Ruiz], afirmam que sempre formou parte de uma elite intelectual. Sua carreira foi meteórica. Com menos de trinta anos, o bispo de León, Manuel Martín del Campo y Padilla o fez reitor do seminário e cônego. Algo inconcebível no México; León era uma diocese importante, berço de prelados conservadores. Logo, o Papa Bom o consagrou bispo [...][7]

Nesse período o ideário de Samuel Ruiz era fortemente marcado pelo anticomunismo, como comprova sua primeira carta pastoral, dirigida violentamente contra a Revolução Cubana e lançada logo após assumir a diocese de *San Cristóbal*:

> [...] por trás de uma doutrina que toma como bandeira a justiça social, o comunismo foi se infiltrando ao esgrimir a antiga arma da falsidade, da hipocrisia, do engano e da calúnia; havendo logrado que muitos vejam a foice e o martelo como um símbolo de liberdade e reivindicação social, sem que percebam o fundo vermelho de iniquidades e crimes sem conta que este destruidor do sistema impôs onde colocou sua garra opressora.[8]

---

6   Na década de 1960, 97,5% dos mexicanos professavam nominalmente o catolicismo.

7   FAZIO, Carlos. *Op. cit.*, p. 68. [TLA]

8   RUIZ García *apud* SAINT-PIERRE, Héctor Luis. Don Samuel Ruiz, el obispo guerrillero de Chipas y la declaración de guerra de la selva Lacandona. In: Revista de Ciencias Sociales. Buenos Aires: Universidad de Buenos Aires, nº 12, p. 63-84, 2001, p. 65. [TLA]

O anticomunismo do novo bispo, resultante de sua formação familiar e teológica, ia ao encontro do pensamento imperante no período tanto na Igreja mexicana, como no Vaticano.

De acordo com Carlos Fazio, Samuel Ruiz García nasceu em três de novembro de 1924, na cidade de *Irapuato*, no estado de *Guanajuato*, região centro-oeste do México (conferir mapa 01). Filho de pais católicos fervorosos, o jovem Samuel foi criado em ambiente de perseguição à Igreja, exacerbado justamente a partir de 1924, com a presidência do general Plutarco Elías Calles:

> Calles foi o representante de um grupo de políticos convencidos de que o catolicismo era incompatível com o Estado. Os callistas eram nacionalistas e, para eles [...] o católico não podia ser um bom cidadão posto que sua primeira lealdade era com Roma.[9]

Os conflitos entre o Estado e a Igreja católica levaram a um levante popular,[10] cujo palco principal foi a região centro-oeste, ou

---

9 FAZIO, Carlos. *Op. cit.*, p. 16. [TLA]

10 As escaramuças entre a Igreja e o Estado no México foram a causa de um conflito armado denominado como Guerra ou Revolução *Cristera* ou ainda *Cristiada*. Cinco artigos da Constituição de 1917 visavam reduzir a influência da Igreja Católica na sociedade mexicana: o artigo 3º exigia uma educação laica; o artigo 5º ilegalizava as ordens monásticas; o artigo 24º proibia o culto público fora das igrejas; o artigo 27º restringia os direitos de propriedade das organizações religiosas; e o artigo 130º proibia que padres e líderes religiosos usassem os seus hábitos em público, votassem e comentassem assuntos da vida pública na imprensa. Essas medidas foram colocadas em prática pelo então presidente Venustiano Carranza, deposto em 1919. Álvaro Obregón tornou-se presidente em 1920 e aplicou os artigos anticlericais de forma seletiva. Esta trégua precária entre o governo e a Igreja terminou com a eleição de Plutarco Elías Calles, em 1924, que aplicou as leis anticatólicas com todo o rigor e, em junho de 1926, promulgou a Lei de Reforma do Código Penal, que previa penas específicas para os religiosos que violassem os artigos da Constituição de 1917 e obrigava os

seja, o local onde vivia a família de Samuel Ruiz. A *Cristiada* iniciou-se em 1927 e foi encerrada em 1929, quando o Estado, representado pelo presidente Portes Gil, e a Igreja, com a o arcebispo do México Pascual Díaz, entraram em um acordo que colocou fim às hostilidades: "[...] a Igreja católica havia passado de uma situação de perseguição (1920-1930) a outra de marginalizada (1930-1940) [...]".[11]

Sob esse novo contexto, a partir dos anos 30 foi permitido aos católicos criarem um partido, a *Acción Nacional* (PAN), e um movimento, a *Unión Nacional Sinarquista* (UNS), fundada em 1937. O pai de Samuel Ruiz García, Maclovio Ruiz, foi um militante ativo do movimento sinarquista.

---

padres a se registrarem. Em resposta a estas medidas, os bispos mexicanos suspenderam todas as manifestações públicas de culto. Em contrapartida, o governo proibiu os cultos privados. Ante tal situação as massas reagiram com violência, até que, em 1 de Janeiro de 1927, numerosos grupos populares católicos levantaram-se em armas. Como atacavam e morriam ante o pelotão de fuzilamento com o grito de ¡Viva Cristo Rey!, foram chamados de *Cristoreyes* e, posteriormente, de *Cristeros*. Em 1929, Álvaro Obregón deveria tomar posse como presidente, porém foi assassinado por um radical católico e o congresso nomeou Emilio Portes Gil como presidente interino. Portes Gil era mais aberto em relação à Igreja do que Calles havia sido, o que levou a um pacto, os chamados *arreglos*, que permitiram o retorno do culto e faziam três concessões aos católicos: apenas os padres nomeados por superiores hierárquicos seriam obrigados a registar-se, a educação religiosa seria permitida nas igrejas (mas não nas escolas) e todos os cidadãos, o que incluía o clero, poderiam efetuar petições para reformar as leis. Ademais, com os *arreglos* a Igreja recuperou o usufruto de suas propriedades, uma vez que, apesar de legalmente não poder possuir propriedades imobiliárias, que permaneceram como posses federais, a igreja retomou seu controle e o governo nunca voltou a tentar ficar com elas. Após os *arreglos* chegarem a público ainda ocorreram sublevações, todavia, sob a ameaça de excomunhão, gradualmente os embates cessaram. Estima-se que a *Cristiada* teve um saldo de aproximadamente trinta mil mortos. Para mais detalhes sugere-se conferir: MEYER, Jean. *La cristiada*. México: Siglo XXI, 1988. 3 vols.

11 FAZIO, Carlos. *Op. cit.*, p. 26. [TLA]

Segundo Jean Meyer[12], o sinarquismo constituía-se como um amálgama entre nacionalismo radical; catolicismo com as mesmas características presentes no movimento integralista brasileiro; e defesa de um corporativismo com caracteres fascistas e apresentado como terceiro caminho entre capitalismo e socialismo. O sinarquismo condenava o nazismo e a deificação do Estado e da raça como heranças do protestantismo, ao mesmo tempo em que demonstrava simpatia pelo general Francisco Franco em razão de sua restauração da tradição católica e da hispanidade.

Nesse período, o controle da educação, segundo Fazio[13], constituía um dos pontos principais do embate entre Estado e Igreja, levando ao fechamento das escolas religiosas. Isto fez com que os pais de Samuel Ruiz não lhe enviassem a um centro de ensino secular, preferindo que ele aprendesse as primeiras letras em casa e, posteriormente, lhe matriculando em colégios católicos particulares, em busca de uma educação "mais refinada". Aos treze anos foi mandado a um seminário na cidade de *León de Los Aldama* que, devido à vigência de leis anticlericais, funcionava de maneira precária.

Entretanto, a partir de 1940, quando Manuel Ávila Camacho assumiu a presidência do México, as relações entre Estado e Igreja começam a mudar. Houve uma aproximação entre a alta hierarquia eclesiástica, que buscava recuperar, paulatinamente, o poder perdido nas décadas anteriores, e o governo federal, que soube utilizar a Igreja como agente de coesão social para consolidar a estrutura política:

---

12 MEYER, Jean. *Historia de los cristianos en América Latina*. Siglos XX y XIX. México: Editorial Vuelta, 1989.

13 FAZIO, Carlos. *Op. cit.*, p. 26-27.

Assim, o governo começou a tolerar certas práticas religiosas expressamente proibidas pela Constituição, em troca de que a Igreja usasse seu peso moral sobre os crentes, a fim de eliminar qualquer conflito que obstaculizasse o desenvolvimento capitalista.[14]

A partir de 1945, o governo federal mexicano adotou uma postura anticomunista, o que possibilitou uma maior convergência ideológica entre Igreja e Estado, uma vez que essa postura governamental ia ao encontro da política adotada pelo Vaticano com o Papa Pio XII, tornando-se a pedra angular da militância católica mexicana.

Em 1947, Samuel Ruiz foi estudar com um grupo de seminaristas na Pontifícia Universidade de Roma, graduando-se em Teologia Dogmática e sendo ordenado sacerdote em 1949. Em seguida decidiu continuar os estudos em Roma, especializando-se em Sagrada Escritura em 1951 e concluindo seu doutorado em 1952.

Esse período romano de sua formação coincidiu com a ascensão do anticomunismo na Igreja católica sob o pontificado de Pio XII, o Papa que havia condecorado o general Franco e elogiado os esforços dos fascistas italianos no combate contra o ateísmo materialista. Em 1947, Pio XII convocou os militantes da Ação Católica e afirmou que a situação implicava em optar "por ou contra Cristo", isto é, a posição oficial da Igreja romana passou a ser de que ou se era anticomunista ou se estava contra Cristo e Igreja.[15]

Após concluir os estudos em Roma, Samuel Ruiz regressou ao seminário de *León* – nos anos 1950 uma cidade caracterizada por um forte acento conservador – onde começou a lecionar Teologia e Sagrada Escritura, e como era praxe na Igreja mexicana do período,

---
14 FAZIO, Carlos. *Op. cit.* 42. [TLA]
15 *Ibidem*, p. 40.

não incidia em assuntos ligados à crítica social. Em pouco tempo foi designado *"prefecto de estudios"* e, em 1954, com apenas trinta anos, foi nomeado reitor do seminário. Logo após, ocorreu uma vacância e, assim sendo, Samuel Ruiz foi nomeado cônego, cargo que garantia privilégios e distinção:"[...] Samuel Ruiz soube ostentar a pompa. E como seus pares, usou capa roxa, arminho branco e anel quase episcopal. Pareciam cardeais."[16]

Por outro lado, em 1958 Ángelo Giuseppe Roncalli, um filho de camponeses pobres, tornou-se Papa, adotando o nome de João XXIII. Até então a postura do Vaticano havia sido de ferrenha crítica à modernidade, o que levou à perda de inúmeros fiéis, devido ao afastamento cada vez maior entre o ideário transcendente pregado pela Igreja e o mundo que a rodeava. João XXIII assumiu a crise pela qual passava a Igreja e decidiu que o catolicismo deveria renovar-se e adaptar-se à nova realidade, o que o levou a convocar, em 1959 (90 dias após assumir o pontificado), um Concílio Ecumênico Vaticano, que se iniciou em 1962 e será tratado mais adiante.

1959 também é o ano da Revolução Cubana, cujos efeitos dividiram os setores cristãos mexicanos, mas acentuaram o anticomunismo da alta hierarquia eclesiástica, o que coincidia com a linha ideológica adotada sob o sexênio do presidente Gustavo Díaz Ordaz (1964-1970).

Desta forma, ao assumir o episcopado da diocese de *San Cristóbal de las Casas* em 1960, Samuel Ruiz García era o reflexo da formação familiar e teológica que recebera até então, chegando a utilizar corriqueiramente pelas ruas de *San Cristóbal* suas imponentes vestimentas de bispo, em sinal de protesto contra as limitações legais impostas à Igreja. Era o típico bispo de seu tempo e espaço, ou seja, marcadamente anticomunista e ostentador de toda pompa que um

---

16 FAZIO, Carlos. *Op. cit.*, p. 46. [TLA]

elevado cargo eclesiástico podia garantir àqueles que entendiam a Igreja como uma instância superior, acima da sociedade:

> [...] Antes do Concílio, as diferenças não eram entre progressistas versus conservadores. Todos os bispos mexicanos eram conservadores. Mas uns eram brilhantes, a minoria, e outros, a maioria, medíocres. Paulatinamente, Samuel Ruiz foi abrindo caminho entre os brilhantes, em um ambiente majoritariamente conservador. Foi, portanto, de um conservadorismo brilhante.[17]

1.3 Dom Samuel Ruiz ante a realidade indígena

Em seus primeiros passos como bispo, Samuel Ruiz buscou observar as condições dos fiéis atingidos pela diocese. *San Cristóbal de las Casas*, capital de *Chiapas* até 1892,[18] encontra-se na região de *Los Altos* e foi onde o novo bispo encontrou uma elite *ladina*,[19] composta principalmente por criadores de gado, comerciantes, profissionais liberais e políticos. Elite esta que, segundo Guilherme Figueiredo, é

---

17 FAZIO, Carlos. *Op. cit.*, p. 68. [TLA]

18 Em 9 de fevereiro de 1834, o governador Joaquín Miguel Gutiérrez declarou *Tuxtla Gutiérrez* (conferir mapas 03 e 02) como capital de *Chiapas*. Em 1835 a capital voltou a ser *San Cristóbal de Las Casas*. De 4 de janeiro de 1858 até 18 de janeiro de 1861, *Tuxtla Gutiérrez* foi capital pela segunda vez, mas a capital voltou a ser *San Cristóbal*. De 1º de fevereiro de 1864 até 31 de dezembro de 1867, *Tuxtla* é capital pela terceira vez, no entanto outra vez retorna a ser *San Cristóbal*. Em 11 de agosto de 1892, o governador Emilio Rabasa, estabeleceu pela quarta e definitiva vez a capital de *Chiapas* em *Tuxtla Gutiérrez*. A derradeira vitória de *Tuxtla* provavelmente está relacionada com suas características populacionais predominantemente branco-ocidentais e com sua localização distante dos territórios majoritariamente indígenas.

19 Denominação empregada no México para designar os mestiços.

a "[...] mais tradicional e racista do estado, onde até os anos 60 havia toque de recolher para os indígenas."[20]

Por outro lado, o que o bispo encontrou nas comunidades indígenas foi miséria e abandono por parte do Estado (como descrito anteriormente),[21] mas também da própria Igreja, uma vez que havia apenas 13 padres para todo o território alcançado pela diocese.

Carlos Fazio aponta que ao constatar essa realidade, Samuel Ruiz elaborou um plano pastoral composto por três aspectos: "[...] ensinar castelhano ao indígena; colocar-lhes sapatos e melhorar sua dieta. Essa era a base humana mínima, necessária, para poder desenvolver uma evangelização."[22] Estas medidas serviam também como forma de combater o embrionário, porém efetivo, avanço do protestantismo sobre as comunidades indígenas, além do "sorrateiro espectro do comunismo".

Nesse período, Samuel Ruiz não cogitava a possibilidade de aprender e evangelizar em línguas indígenas. Os idiomas de ascendência maia falados nas comunidades alcançadas pela diocese apresentavam-se como um obstáculo para o novo bispo. As preocupações e medidas tomadas por Samuel Ruiz para com os indígenas não eram algo pioneiro, pelo contrário, eram perfeitamente compatíveis com o assistencialismo paternalista comumente adotado pela Igreja católica e com certas características das políticas *indigenistas* mexicanas do período.[23]

Apesar de suas limitações, na década de 1960 os membros do INI constituíam o único bastião de combate à situação de exploração dos

---

20 FIGUEIREDO, Guilherme Gitahy de. *Op. cit.*, p. 55.
21 Conferir páginas 64 a 68.
22 FAZIO, Carlos. *Op. cit.*, p. 57. [TLA]
23 Conferir páginas 58 a 61.

indígenas imperante em *Chiapas*. E a partir das relações de Samuel Ruiz com o INI é possível compreender melhor como pensava o recém nomeado bispo da diocese de *San Cristóbal*. Em 1962, anteriormente à primeira sessão do Concílio Vaticano II – que ocorreu no mesmo ano – Fernando Benítez[24] foi a *Chiapas* e conseguiu uma entrevista com Dom Samuel Ruiz García. A seguir destacaremos alguns apontamentos do cronista acerca do bispo, da sociedade *chiapaneca* e trechos do diálogo entre os dois:

> Segundo o cronista, o jovem prelado distribuía equitativamente seu ódio entre um comunismo que necessitava "inventar" diariamente [...] e um protestantismo contra o qual não podia lutar [...] seus inimigos, naquela época, eram os membros do Instituto Nacional Indigenista (INI); os únicos que no México dos anos sessenta se esforçavam [...] para quebrar a estrutura feudal de Chiapas.
>
> Todos os membros da "boa sociedade" de San Cristóbal participavam naquela cruzada. Sabiam por experiência que cada nova escola e cada nova clínica lhes arrebatava terras e peões [...]
>
> À cabeça da campanha estava o clero, que acusava os funcionários e professores do INI de comunistas [...][25]

---

24 Fernando Benítez nasceu em 10 de janeiro de 1912 na Cidade do México e faleceu na mesma localidade, em 21 de fevereiro de 2000. Em 1934 iniciou seu trabalho como jornalista na *Revista de las Revistas*. Entre 1936 e 1947 foi repórter, editor e diretor do jornal *El Nacional*. Posteriormente, tornou-se professor na Faculdade de Ciências Políticas e Sociais da *Universidad Autónoma de México* (UNAM). Escreveu diversas obras, priorizando crônicas baseadas em estudos históricos e antropológicos, dentre elas: *La Ruta de Hernán Cortés*; *Los indios de México, una antología*; *Cristóbal Colón*; *Los primeros mexicanos*; *Ki, el drama de un pueblo y de una planta*; *Los hongos alucinantes*; *El rey viejo*; *En la tierra mágica del peyote*.

25 FAZIO, Carlos. *Op. cit.*, p. 59-60. [TLA]

Na sequência, apresentaremos um trecho da entrevista realizada pelo cronista, por considerarmos as respostas bastante ilustrativas acerca do ideário de Samuel Ruiz às vésperas do Concílio, inclusive pela naturalidade com que o bispo trata as situações apresentadas pelo entrevistador:

> [Fernando Benítez] – Há choques, há conflitos entre os professores e alguns membros de seu clero.
>
> [Samuel Ruiz] – [...] O senhor poderia me citar um caso concreto?
>
> [Fernando Benítez] – Cito-lhe o caso do padre Adolfo Trujillo, dono da fazenda Bojoshac e dono de escravos. Aliado aos caciques da região, opôs-se a que se construísse a escola em suas terras – uma escola que não lhe custaria um só centavo – e perseguiu furiosamente ao professor indígena. Não lhe importava a escola, mas os ensinamentos da escola.
>
> [Samuel Ruiz] – Esse é o problema. Desejamos um ensino católico.
>
> [...] – Vivemos uma época de conflitos e de crises. O comunismo representa uma força real que se deve ter em conta. Ali há esse Fidel Castro...[26]

Contudo, posteriormente ventos advindos de Roma alimentaram correntes tempestuosas do catolicismo latino-americano, que viriam a abalar as certezas conservadoras do jovem bispo.

---

26 FAZIO, Carlos. *Op. cit.*, p. 61. [TLA]

1.4 Cristianismo da Libertação

1.4.1 Período de gestação

Em 1962 ocorreu a primeira sessão do XXI Concílio Ecumênico da Igreja católica, denominado Concílio Vaticano II, cuja última sessão foi realizada em 1965. Para muitos autores esse acontecimento pode ser considerado como marco que possibilitou o surgimento do fenômeno latino-americano denominado Teologia da Libertação. No entanto, como todo marco histórico, este também é arbitrário e não deve ser generalizado para todas as regiões da América Latina – o que pode ser verificado por meio da análise do caso da diocese de *San Cristóbal de las Casas*.[27]

Michel Löwy[28] adota outra cronologia ao apontar que a Teologia da Libertação constitui a materialização intelectual surgida, em princípios da década de 1970, como reflexo e, simultaneamente, como reflexão acerca de um amplo movimento social, que ele denominou como Cristianismo da Libertação, uma vez que o movimento ultrapassava os limites da Igreja. De acordo com esse autor, as origens do Cristianismo da Libertação remontam ao impacto causado pela convergência de fatores internos e externos à Igreja católica, uma vez que, por um lado, com a Revolução Cubana de 1959 ocorreu uma intensificação das lutas sociais na América Latina e uma crise de

---

27 Contudo, pode ser verificado também, por exemplo, a partir do caso da Igreja argentina, onde características essenciais do que se entende por Cristianismo da Libertação já se apresentavam em setores da Igreja Católica desde o período posterior à queda de Perón em 1955, ou seja, anos antes de ocorrer o Concílio Vaticano II, que acabou fortalecendo esses grupos e servindo como uma legitimação para suas proposições frente às cúpulas eclesiásticas. Conferir nas referências bibliográficas: LANUSSE, Lucas; MARTIN, Jose Pablo; SARLO, Beatriz; e STEFANO, Roberto Di & ZANATA, Loris.

28 LÖWY, Michel. *Op. cit.* 2000.

legitimidade do sistema político e, por outro lado, a partir do término da Segunda Guerra Mundial iniciou-se um processo de desenvolvimento de novas correntes teológicas, novas formas de cristianismo social e uma abertura crescente às preocupações da filosofia moderna e das ciências sociais, que foram legitimadas com a eleição do Papa João XXIII, em 1958, e com o Concílio Vaticano II.

Todavia, Löwy afirma que o processo de radicalização da cultura católica latino-americana não começou nos níveis superiores da Igreja, nem tampouco a partir de uma transformação popular da Igreja iniciada de baixo para cima. Surgiu primeiro em movimentos laicos, ativos entre a juventude estudantil e nas comunidades pobres, sobretudo as Comunidades Eclesiais de Base (CEB) em princípios dos anos 1960.[29] Por outro lado, o caráter plural do Cristianismo da Libertação também é válido para o que se refere aos fatores que levaram ao seu surgimento em cada região e, assim sendo, defendemos, ao longo das reflexões apresentadas nos dois primeiros capítulos deste livro, que na região de *Chiapas* o peso dos atores laicos não foi tão decisivo quanto em outros lugares como, por exemplo, no Brasil, cabendo o papel de principal impulsionador ao bispo Samuel Ruiz García e, logo em seguida, aos catequistas indígenas.

Outros segmentos fundamentais para o surgimento da Teologia da Libertação na América Latina de um modo geral foram: as equipes de especialistas – formadas por economistas, sociólogos, teólogos etc. – que trabalhavam para os bispos e conferências episcopais

---

29 De acordo com Víctor Gabriel Muro, no âmbito urbano mexicano, desde a década de 1950 havia uma estrutura de movimentos relativamente renovadores organizados pela Ação Católica e pela juventude estudantil, entretanto, estas organizações não alcançavam os espaços rurais. MURO, Víctor Gabriel. Grupos cristianos y movimientos campesinos en México. In: *Revista Mexicana de Sociología*. México: UNAM, n° 2, p. 165-175, 1994.

preparando instruções e planos para as pastorais, uma vez que "[...] constituíam uma espécie de aparelho intelectual leigo da Igreja, que introduzia na instituição os últimos acontecimentos nas ciências sociais – o que, na América Latina a partir da década de sessenta, significava [...] teoria da dependência";[30] e as ordens religiosas – sobretudo os jesuítas e dominicanos – que mantinham diálogos e intercâmbios com o mundo intelectual acadêmico e profano: "[...] As ordens religiosas são o grupo que mais participa das novas pastorais sociais e que mais cria comunidades de base."[31]

Nesse contexto ocorreu o Concílio Vaticano II. Antes de tratarmos de seus efeitos sobre Samuel Ruiz e a diocese de *San Cristóbal*, apresentaremos algumas características do referido concílio que consideramos importantes segundo nossos interesses e também um panorama geral do que foi o Cristianismo da Libertação, para que assim se torne possível pensar as especificidades do caso de *Chiapas*.

A partir das reflexões apresentadas por Roberto Oliveros Maqueo,[32] é possível apontar como principal característica do Concílio Vaticano II o entendimento da Igreja como estando inserida no mundo objetivo, ao invés de perceber-se e concentrar-se apenas no mundo transcendental.

Um ponto importante das conclusões apresentadas nos documentos do Concílio refere-se ao saber teológico que, até então, era pensado como algo sacralizado e acessível somente aos clérigos que haviam se preparado para obtê-lo. No Concílio foi indicado que a

---

30 LÖWY, Michel. *Op. cit.*, 2000, p. 72-73.
31 *Ibidem*, p. 73.
32 OLIVEROS Maqueo S. J., Roberto. Historia Breve de la Teología de la Liberación (1962-1990). In: ELLACURÍA, Ignácio y SOBRINO, Jon. (org.). *Mysterium liberationis*: conceptos fundamentales de la Teología de la Liberación. Madrid: Trotta, 1990, vol. I, p. 17-50.

teologia deve surgir a partir de reflexões críticas e iluminadas pela fé acerca da realidade dos povos, ampliando as possibilidades de participação na construção teológica:

> Ao sublinhar que a Igreja é o Povo de Deus na história e que somos chamados à santidade pelo Espírito que recebemos no batismo e confirmação, recupera-se o sentido de povo portador do evangelho. Um povo que pode e deve comunicar a mensagem salvífica recebida. Um povo evangelizador, que, portanto, tem como uma de uma de suas funções fazer teologia.[33]

Outro ponto significativo consiste na afirmação de que, ao encarnar, o Filho de Deus se uniu a todo homem e posteriormente morreu por todos, o que abre espaço para o respeito e, até mesmo, valorização da pluralidade material e cultural humana. Ainda nessa mesma linha de raciocínio, o Concílio contribuiu para a superação da dicotomia material/natural versus espiritual/transcendental, uma vez que seus documentos, ao retomarem a questão da encarnação e suas consequências, afirmaram que a vocação do homem é somente uma, a divina, não existindo espaço para se entender, por um lado, uma história transcendental e sagrada, e por outro, uma história profana e que carece de valor cristão: "[...] Somente há uma história e vocação: a divina."[34]

Sendo assim, o homem cristão, para seguir sua vocação divina, que é simultaneamente transcendental e histórica, deve trabalhar em prol da melhora das formas de vida, tanto em sentido espiritual

---

33 OLIVEROS Maqueo S. J., Roberto. *Op. cit.*, p. 26. [TLA]
34 *Ibidem*, p. 27. [TLA]

quanto material, o que plantou a semente de reflexões ligadas ao campo do social e político, até então vedadas ao pensamento teológico.

Essas e outras reflexões anunciadas no Concílio Vaticano II possibilitaram o surgimento da Teologia da Libertação. Partiremos de duas visões, uma mais interna, mais próxima ao espaço das reflexões teológicas (Oliveros Maqueo[35] e Libânio[36]), e outra externa, referente ao espaço laico das ciências sociais (Löwy[37]) – em alguns pontos convergentes, em outros divergentes, contudo majoritariamente complementares – com intuito de compreender os aspectos principais que caracterizaram de um modo geral esse fenômeno plural ocorrido no cristianismo latino-americano.

Roberto Oliveros Maqueo[38] dividiu a Teologia da Libertação em quatro períodos: Gestação, de 1962 a 1968; Gênesis, de 1969 a 1971; Crescimento, de 1972 a 1979; e Consolidação, de 1979 a 1987. Apesar de acreditarmos que este tipo de divisão é homogeneizante, ela será adotada por entendermos que seu emprego permite perceber elementos essenciais que predominaram em cada período, assim tornando mais claras as especificidades do caso analisado posteriormente.

O período de Gestação se iniciou logo após o Concílio Vaticano II e, grosso modo, equivale ao que Michel Löwy caracteriza como fase de surgimento do Cristianismo da Libertação.

As conclusões alcançadas no Concílio foram relativamente dominadas pelos grupos advindos da Europa, o que rendeu aos

---

35 OLIVEROS Maqueo S. J., Roberto. *Op. cit.*

36 LIBÂNIO, J. B. *Panorama da teologia da América Latina nos últimos anos.* Disponível em <http://www.servicioskoinonia.org/relat/229.htm>. Acessado em: 28/08/2008, p. 22.

37 LÖWY, Michel. *Op. cit.* 2000.

38 OLIVEROS Maqueo S. J., Roberto. *Op. cit.*

episcopados latino-americanos a alcunha imódica de "Igreja do silêncio". No entanto, o Concílio, desde sua convocação em 1959, abriu portas e até mesmo incitou a reflexão teológica, tendo participação expressiva e grande recepção na América Latina, o que levou bispos, teólogos e, sobretudo, segmentos leigos ligados ao catolicismo a refletir sobre os novos apontamentos advindos do Vaticano a partir de sua própria realidade e cultura, o que pode ser apresentado como o principal elemento de origem da Teologia da Libertação, uma vez que a realidade latino-americana de onde partiram estas novas reflexões teológicas era amplamente marcada por misérias, exploração e marginalização. A nova concepção acerca da vocação divina do cristão incentivava a busca pela transformação destas condições vivenciadas por amplas maiorias latino-americanas, o que era fortemente alimentado pela ebulição social causada pela Revolução Cubana. Isto levou, paulatinamente, à busca dos conhecimentos das ciências sociais,[39] uma vez que era necessário conhecer as causas dessa situação injusta para poder combatê-la eficazmente.

Neste período duas teorias explicativas para a situação da América Latina foram mais influentes entre os segmentos renovadores da Igreja Católica latino-americana: a teoria do desenvolvimento ou desenvolvimentismo e a teoria da dependência. Nos anos seguintes à primeira sessão do Concílio Vaticano II, predominou o desenvolvimentismo que, em linhas gerais, constituía-se na interpretação da América Latina como uma região subdesenvolvida, atrasada em relação aos países economicamente ricos, cujo modelo de modernização

---

39 O que foi possível graças à grande abertura às ciências em geral (não somente às sociais) permitida pelos apontamentos do Concílio Vaticano II.

deveria ser copiado para se alcançar o mesmo desenvolvimento e eliminar a pobreza.⁴⁰

Em 1966, graças ao impulso produzido pelo Concílio Vaticano II, foi convocada a Segunda Conferência Geral do Episcopado Latino-Americano, realizada entre 26 de agosto e 7 de setembro de 1968, na cidade de *Medellín*, na Colômbia. Entre 1966 e 1968 houve uma imensa eclosão de declarações, documentos e reuniões realizados como preparativos para a Conferência.

Foi a partir desses preparativos que a teoria da dependência começou, paulatinamente, a se impor como uma alternativa ao desenvolvimentismo, sobretudo por intermédio dos especialistas que auxiliavam os bispos. A teoria da dependência, grosso modo, explicava que a situação de pobreza vivenciada na América Latina era fruto da exploração gerada por sua dependência estrutural frente aos países desenvolvidos do sistema capitalista, dependência esta que somente poderia ser extinta com uma transformação estrutural que acabasse com o sistema econômico capitalista em vigência. Inclusive o termo libertação é característico da linguagem empregada pelos autores ligados à teoria da dependência, sofrendo alterações ao ser apropriado pelo discurso cristão, que o desprendeu de sua semântica estritamente política e econômica:

> [...] amplia-se para o campo da leitura interpretativa da história e da compreensão do agir humano, para servir de chave de

---

40 Essa visão também era compartilhada por algumas correntes marxistas, que defendiam a necessidade de buscar o desenvolvimento tecnológico e industrial seguindo os modelos "burgueses". Entretanto, esta busca era almejada enquanto uma etapa necessária para a criação de uma classe operária consciente e, portanto, revolucionária, uma vez que o desenvolvimento era entendido como condição para aceleração das contradições e, consequentemente, dos conflitos entre as relações de produção e as forças produtivas.

leitura do próprio projeto de Deus. Doutro lado, arranca o conceito libertação da teologia de seu rincão puramente religioso e moralista, trazendo-o para dentro da realidade sócio-política. Numa palavra, libertação se transforma num conceito teológico com profunda articulação com a realidade social.[41]

Apesar de ser uma teoria relacionada com o universo do marxismo, isto não significa que todos que adotaram a teoria da dependência como explicação para a causa da pobreza vivenciada por milhões de latino-americanos, necessariamente, aceitaram outros aspectos e conceitos fundamentais da teoria marxista, como a luta de classes ou a necessidade de uma revolução que instaure um regime socialista.[42]

Além dos documentos influenciados pela teoria da dependência, a figura do Papa Paulo VI[43] também foi marcante para a Conferência de *Medellín*, sobretudo através de suas cartas encíclicas, dente as quais se destacou a *Populorum Progressio*, publicada em 1967. Desta carta encíclica nos interessa destacar sucintamente algumas características principais.[44]

---

41 LIBÂNIO, J. B. *Op. cit.*, p. 22.

42 "[...] nessas análises do capitalismo, o horizonte crítico vinha da análise marxista. O uso dessa análise sempre foi uma das questões mais controvertidas da TdL. Nesse ponto, as posições variaram do emprego de algumas poucas categorias marxistas até a adoção da análise marxista de modo mais coerente. A luta de classe era uma das categorias que mais causava polêmica. Pois usava-se a expressão seja simplesmente para denunciar o fato como até para significar uma chave heurística e hermenêutica da história, para ler os acontecimentos passados, presentes e futuros." LIBÂNIO, J. B. *Op. cit.*, p. 16.

43 Assumiu como Papa em junho de 1963, após o falecimento de João XXIII, dando continuidade às sessões do Concílio Vaticano II e aprovando o tema proposto pelos bispos progressistas da América Latina para a Conferência de *Medellín*: "A igreja na atual transformação da América Latina à Luz do Concílio". Faleceu em agosto de 1978.

44 PAULO VI. Carta encíclica *Populorum Progressio* de sua santidade o Papa Paulo VI sobre o desenvolvimento dos povos. Disponível em <http://www.vatican.va/holy_father/

O desenvolvimentismo aparece como cerne das reflexões ao longo de todo o documento: "[...] desenvolvimento é o novo nome da paz [...]",[45] contudo ele é lido através de uma lente cristã e a partir do convívio com diversas questões trazidas pelas ciências sociais – inclusive pela teoria da dependência – resultando na defesa de um "desenvolvimento integral", ou seja, tanto das nações "atrasadas", quanto dos indivíduos e, sobretudo, não apenas referente ao desenvolvimento econômico, mas também político, social e espiritual.

Dois pontos foram fundamentais para legitimação das ideias defendidas pelos movimentos ligados ao Cristianismo da Libertação e, consequentemente, para o surgimento da Teologia da Libertação: a identificação dos pobres como o alvo principal da missão da Igreja e a afirmação da necessidade de ações sociais e políticas (não partidárias ou ideológicas) da Igreja e dos cristãos – eclesiásticos e leigos.

Assim sendo, as propostas sociopolíticas apresentam-se como a colocação de limites ao capitalismo liberal, isto é, ao livre-mercado, à busca do lucro como fim em si mesmo, à fortuna desmedida e, até mesmo, ao direito de inviolabilidade absoluta da propriedade privada, defendendo que todo direito deveria subordinar-se ao combate ao subdesenvolvimento e à garantia à subsistência e aos instrumentos para o desenvolvimento humano integral.

É possível enquadrar essas propostas como uma terceira via que procurava colocar-se entre, por um lado, um liberalismo sem limites e praticado em uma situação injusta, por ser desigual, entre países desenvolvidos e subdesenvolvidos, causador de enorme desigualdade e da miséria de maiorias nos países subdesenvolvidos e, por outro lado,

---

paul_vi/encyclicals/documents/hf_p-vi_enc_26031967_populorum_po.html>. Acessado em: 01/10/2009.

45 *Ibidem.*

opções marxistas e revolucionárias, um "mal" que devia ser evitado e que ganhava força devido à situação injusta vivenciada por muitos.

Desta forma, a busca da solidariedade e caridade universal é apresentada como solução, inclusive para a questão da dependência (colocada apenas de forma implícita). As transformações são encomendadas como dever a ser cumprido por todos os "homens de bem", sobretudo aos governantes locais, àqueles que negociam as relações internacionais e aos que detém qualquer tipo de poder ou riqueza.

É enfatizada a necessidade do abandono dos excessos e futilidades, sendo um dever humanista e solidário das nações ricas se empenharem em contribuir para que as outras nações progridam e alcancem um elevado nível de desenvolvimento industrial, tecnológico e social, mas garantindo a autonomia soberana e a manutenção das peculiaridades culturais próprias dos países em desenvolvimento, ao mesmo tempo em que é cobrado dos indivíduos abastados o trabalho solidário para contribuir com o desenvolvimento material, educacional e espiritual dos mais necessitados.

A Conferência de *Medellín* encerra o período de Gestação da Teologia da Libertação. Apresentaremos alguns dos pontos principais que consideramos importantes para a análise posterior. Todavia, não se pode esquecer que os documentos finais da Conferência, apesar da busca pelo consenso, são plurais – em decorrência das distintas influências que recaíam sobre a Igreja católica e seus fiéis latino-americanos.

Fernando Torres-Londoño[46] aponta dois traços distintivos da Conferência: primeiro, a prioridade dada ao homem latino-ameri-

---

46 TORRES-LONDOÑO, Fernando. 1955-1979 três Conferências Gerais do Celam e uma Igreja ante o desafio de transformação na América Latina. In: *Religião & Cultura*. São Paulo: PUC, jul./dez. 2007, vol. VI, nº 12, p. 15-16.

cano, que estaria vivenciando um período decisivo de seu processo histórico; segundo, a necessidade de ações urgentes da Igreja neste momento de transformação da América Latina. Estes são os dois pontos que fornecem unidade, que procuram costurar e conciliar a evidente tensão entre as diferentes posturas presentes nos documentos finais de *Medellín*. Roberto Oliveros Maqueo[47] apresenta aquilo que considera como os três temas principais tratados na Conferência de Medellín: o amor ao próximo e a paz em uma situação de violência institucionalizada; os pobres e a justiça; e a unidade da história e a dimensão política da fé.

Os três temas são complementares e juntos fornecem uma ideia das reflexões que levaram ao surgimento da Teologia da Libertação. Acerca do primeiro tema, a conclusão dos bispos foi a de que o amor ao próximo e a paz pregados por Cristo estão em contradição com a situação de violência institucionalizada, geradora de injustas desigualdades sociais, sob a qual estão organizadas as sociedades da América Latina.

Com o segundo tema, foi afirmado que a pobreza vivenciada pela maioria dos povos latino-americanos é uma injustiça em relação à missão de salvação proposta por Cristo, demandando não apenas conhecimento e denúncia, mas também trabalho com intuito de transformá-la.

Por fim, esse trabalho para a transformação somente pode ser proposto em virtude da retomada das conclusões do Concílio Vaticano II acerca da teologia da encarnação de Cristo (anteriormente apresentas), que sustentam o entendimento da unidade da história, isto é, a simultaneidade do temporal e espiritual. Isto tornou possível aos bispos da Conferência de 1968 concluírem que a ação eclesial deve adentrar no terreno do sociopolítico e contribuir para a emancipação

---

47 OLIVEROS Maqueo S. J., Roberto. *Op. cit.*, p. 30.

humana, para a libertação humana no plano histórico, uma vez que ela está relacionada com o reino e os desígnios de Deus.

Entendemos que são diversas as interpretações possíveis acerca da Conferência de *Medellín*, devido, sobretudo, às margens abertas pelo caráter plural de seus documentos finais. Contudo, acreditamos que o conteúdo da carta encíclica *Populorum Progressio* predominou como base para a maior parte desses documentos. Por outro lado, as posturas que foram mais assimiladas pela embrionária Teologia da Libertação foram as mais radicais, ou seja, as que enfatizavam a dependência latino-americana e, ao invés de encomendarem a solução dos problemas a ações provenientes da solidariedade e caridade dos mais favorecidos, focavam em diversas formas da Igreja contribuir para que os próprios pobres buscassem sua (auto) libertação:

> [...] O texto da Conferência encontrou, pois, um amplo contexto de interpretação e aplicação. Ele foi reconhecido como inspiração para a Teologia da Libertação, que se evidencia a partir de 1970, com teólogos que já escreviam antes de Medellín, como Juan Luis Segundo, Gustavo Gutiérrez, Hugo Assmann [...][48]

Desta forma, as posições "progressistas" apresentadas durante a Conferência de *Medellín* podem ser interpretadas como esboços da vindoura Teologia da Libertação.

1.4.2 Período de Gênesis

As reflexões e aprofundamentos pós-Conferência de *Medellín* marcam o início do período de Gênesis: "[...] as reações foram imediatas, discordantes mas unânimes em julgar a Conferência

---

48 TORRES-LONDOÑO, Fernando. *Op. cit.*, p. 21.

de Medellín como o acontecimento mais importante da Igreja na América Latina [...] no século XX."⁴⁹

Em agosto de 1969 foi celebrada a Conferência episcopal mexicana, onde se buscou aplicar as conclusões da Conferência de *Medellín*, como estava ocorrendo em todos os episcopados latino-americanos, entretanto com a peculiaridade da participação, além do episcopado, de sacerdotes e leigos.

O espírito de *Medellín* também animava as reuniões conjuntas e durante a XII Reunião Ordinária do Conselho Episcopal Latino-Americano (CELAM), celebrada na cidade de São Paulo (Brasil) em novembro de 1969, foi determinada a inclusão dos presidentes das Conferências nacionais e dos bispos e secretários dos Departamentos como membros do CELAM, o que aumentou o número de integrantes de 27 para 57 e, consequente, a autoridade do Conselho Episcopal.

Segundo Enrique Dussel,⁵⁰ foi em uma Conferência intitulada *Hacia una teología de la liberación*, realizada em 1969 na cidade de Montevidéu (Uruguai), onde pela primeira vez apareceram nas reflexões teológicas do padre secular peruano Gustavo Gutiérrez referências explícitas ao político – baseadas na teoria da dependência – e também foi onde empregou-se publicamente pela primeira vez o termo Teologia da Libertação para designar o multifacetado movimento latino-americano de renovação da Igreja católica.

Estes acontecimentos desembocaram em vários encontros que, ao menos inicialmente de forma tímida, se propunham a discutir a formulação e a colocação em prática de uma Teologia da Libertação na América Latina. No ano de 1970 houve três grandes encontros, os

---

49 DUSSEL, Enrique. *Historia de la Iglesia en América Latina*. Medio milenio de coloniaje y liberación (1492-1992). Madrid: Mundo Negro – Esquila Misional, 1992, p. 236.
50 *Ibidem*, p. 364.

dois primeiros ocorreram na cidade de Bogotá (Colômbia) e o último em Buenos Aires (Argentina). Assim sendo, em 1971 a temática da libertação como proposta teológica já havia conquistado importante espaço entre os teólogos latino-americanos: "[...] A questão, então, já havia logrado carta de cidadania e se deverá contar com ela."[51]

Para esse período, Enrique Dussel enfatiza que o político presente nas reflexões da Teologia da Libertação não é o mesmo encontrado na "teologia política" europeia, uma vez que os teólogos latino-americanos – em decorrência da forte influência da teoria da dependência – não limitavam a busca por libertação ao plano nacional, o que leva Dussel a concluir que, enquanto a Teologia da Libertação situava seu ideário nos oprimidos concretos presentes na América Latina, o foco crítico-libertador dos teólogos europeus era voltado contra o Estado ou as instituições, tornando-se assim abstrato, pois válido para todos os homens, ou seja, para nenhum homem concreto, o que, na visão do autor, resultava em mais um instrumento de manutenção da opressão.[52]

Além disso, um dos aprofundamentos essenciais desse período foi "[...] uma revisão crítica de estruturas internas da Igreja a partir da perspectiva e da presença do pobre como sujeito ativo na comunidade",[53] buscando superar a rígida verticalidade hierárquica. Esta "Igreja dos pobres" foi instituída nas comunidades eclesiais de base (CEB), onde "[...] pensam-se celebrações litúrgicas, orações e leituras da Escritura em grupo, em comum. Os temas mais

---

51 DUSSEL, Enrique. *Op. cit.*, p. 365. [TLA]
52 *Idem.*
53 LIBÂNIO, J. B. *Op. cit.*, p. 24.

polêmicos de natureza estritamente teológica cedem precedência às experiências de luta e de oração."[54]

Ainda em 1971, Gutiérrez lançou a obra *Teología de la liberación – perspectivas*. O livro foi fortemente influenciado pela teoria da dependência e, de acordo com os apontamentos de Oliveros Maqueo[55] e Michel Löwy,[56] seu eixo central refere-se à relação da salvação com o processo histórico de libertação coletiva do homem, tomando como modelo o Êxodo bíblico, no qual os escravos hebraicos são os agentes de sua própria emancipação. Esta obra de Gutiérrez forneceu uma configuração metodológica sistematizada das reflexões realizadas até então e os principais temas que foram desenvolvidos no período posterior pelas pessoas envolvidas com o Cristianismo da Libertação. Dentre esses temas longamente tratados pelo sacerdote e teólogo peruano, delinearemos sinteticamente alguns que mais interessam para nossos fins, partindo dos apontamentos de Oliveros Maqueo.[57]

O objeto do saber teológico amplia-se com intuito de alcançar, além do transcendente, a tarefa de ação temporal, aproveitando-se do contato com as ciências sociais; recupera-se a identificação privilegiada da manifestação de Deus nos pobres e apresenta-se como responsabilidade política da Igreja, frente à situação latino-americana de injustiça e violência institucionalizada, a missão de construir uma sociedade fraterna; enfatiza-se que toda teologia parte da fé, que deve traduzir-se em sabedoria cristã; destaca-se que toda reflexão

---

54 LIBÂNIO, J. B. *Op. cit.*, p. 26.
55 OLIVEROS Maqueo S. J., Roberto. *Op. cit.*, p. 30.
56 LÖWY, Michel. *Op. cit.*, 2000, p. 78-79.
57 OLIVEROS Maqueo S. J., Roberto. *Op. cit.*, p. 31. Para mais detalhes conferir: GUTIÉRREZ, Gustavo. *Teología de la liberación* – perspectivas. Salamanca: Ediciones Sígueme, 1975, 7ª ed.

teológica, o que inclui a Teologia da Libertação, é histórica, portanto temporal e relativa aos problemas, necessidades e características da sociedade e Igreja que lhe deram origem.

Sendo assim, o livro de Gustavo Gutiérrez encerra a fase de Gestação ao sistematizar os pensamentos ligados ao Cristianismo da Libertação, servindo como um guia e abrindo espaço para o início do período de Crescimento.

1.4.3 Período de crescimento

A partir de 1972, os clérigos e as instituições ligados aos setores renovadores da Igreja passaram a enfrentar um aumento da resistência de alguns setores do Vaticano e de grande parte das cúpulas eclesiásticas latino-americanas, que se encontravam alinhadas com a Doutrina de Segurança Nacional[58] emanada por Washington e que contribuiu para o surgimento de regimes militares ditatoriais por toda América Latina.[59]

O marco desta guinada, cujo alvo principal era a Teologia da Libertação, foi a XIV Assembleia ordinária do CELAM, realizada entre 15 e 23 de novembro na cidade de *Sucre* (Bolívia), na qual um grupo conservador, impulsionado pela nomeação a secretário geral do CELAM do então bispo auxiliar de *Bogotá* (Colômbia) Alfonso Lopez Trujillo, assumiu o controle do CELAM e de suas

---

58 Em março de 1947 o presidente estadunidense Harry Truman afirmou que os EUA estavam dispostos a conter o avanço comunista intervindo militarmente nos focos de perturbação. Qualquer agressão aos regimes simpatizantes à política externa dos EUA caracterizaria uma agressão à segurança nacional americana. Além disso, para forçar os países latino-americanos neutros até então a aderirem ao lado capitalista, o Secretário de Defesa estadunidense, J. Foster Dulles, afirmou ser a neutralidade uma degradação moral.

59 Peru 1948, Paraguai 1949, Venezuela 1952, Guatemala 1954, Honduras 1963, Brasil 1964, Argentina 1966, Panamá 1968, Bolívia 1971, Equador 1972, Chile 1973, Uruguai 1973.

instituições, que desde a Conferência de *Medellín* se orientavam por linhas de pensamento socioteológicas renovadoras.

Ainda assim, em vários países, cada vez mais cristãos latino-americanos engrossavam as fileiras multifacetadas do Cristianismo da Libertação. Por outro lado, sob os auspícios do combate ao comunismo internacional, justificado em solo latino-americano por generalizações construídas a partir de casos relativamente isolados como, por exemplo, o da colaboração de parte da Igreja católica brasileira, sobretudo da ordem dominicana, com a resistência armada à ditadura militar, o ingresso do padre Jorge Camilo Torres Restrepo no movimento guerrilheiro revolucionário colombiano, a participação de membros do baixo clero argentino na organização guerrilheira *Montoneros* etc., a opção pelos pobres tornou muitos religiosos, inclusive alguns bispos, alvos de suspeitas, repressão, ataques e marginalização, seja por parte da própria Igreja ou do Estado:

> O México tampouco escapou a essa dinâmica. No nível da hierarquia católica floresceram um espaço e uma atmosfera de intransigência contra todo o inovador, mais ainda se tal pensamento continha alguma referência à temática da libertação.[60]

Sob este contexto conturbado ocorreu o aprofundamento de algumas questões teológicas relacionadas com a Teologia da Libertação. Destacaremos aquelas que consideramos pertinentes aos propósitos que almejamos alcançar.

Em 1972, no encontro de *El Escorial* (Espanha), Gustavo Gutiérrez valorizou o esforço dos teólogos europeus cujo pensamento sobressaiu-se no Concílio Vaticano II, mas buscou contextualizar a Teologia da Libertação, indicando que os europeus dialogavam com

---

60 FAZIO, Carlos. *Op. cit.*, p. 134. [TLA]

um mundo descrente e secularizado, enquanto na América Latina o interlocutor deveria ser outro, uma vez que a descrença é mínima, a miséria e a pobreza são generalizadas, o que resulta na necessidade de construir uma teologia a partir da situação de injustiça e desumanização a que estavam sujeitas multidões latino-americanas.

Partindo dessa linha de pensamento, começaram a surgir releituras e aprofundamentos de passagens bíblicas que partiam do contexto de vida e da solidariedade com os pobres; enfatizou-se o entendimento do pobre como o sujeito histórico do reino de Deus, a partir do qual se poderia transformar a história rumo à fraternidade; surgiram estudos que buscavam recuperar o Jesus Cristo histórico a partir da perspectiva dos pobres; valorizou-se a dimensão conscientizadora e política da evangelização, empregando como ponto de partida o dualismo opressão/dominação *versus* libertação, visando interpretar para transformar.

Essas e outras reflexões relativas à Teologia da Libertação encontraram solo fértil para desenvolver-se nas comunidades eclesiais de base (CEB). Segundo Zilda Márcia Grícoli Iokoi:

> [...] As comunidades eclesiais de base procuraram ocupar todos os espaços sociais, mas foram as comunidades agrárias que mais puderam exercer sua influência agregadora. Essa função das comunidades agrárias devia-se à forma intrínseca de ser da comunidade camponesa, onde vivido está em sintonia com a cultura e não com a exterioridade, como nas comunidades urbanas.[61]

---

61 IOKOI, Zilda Márcia Grícoli. Movimentos Sociais na América Latina: Mística Globalização. In: COGGIOLA, Osvaldo (org.). *América Latina* – encruzilhadas da História Contemporânea. São Paulo: Xamã, 1999, p. 240.

Além disso, Michel Löwy afirma que as principais características das CEB's eram:

> [...] a participação de pessoas leigas, a importância atribuída à Bíblia, a vida comunitária, a fraternidade e ajuda mútua e, acima de tudo, a "afinidade eletiva com as estruturas democráticas" [...] [o que] [...] contribuiu muitas vezes para dar uma qualidade nova aos movimentos sociais e políticos que alimentou: com raízes no cotidiano do povo e em suas preocupações humildes e concretas, ela encorajou a auto--organização das bases e uma desconfiança da manipulação política, da retórica eleitoral e do paternalismo estatal.[62]

Segundo J. B. Libânio[63], a partir da década de 1970 começam a surgir as primeiras ressalvas e críticas à teoria da dependência no campo da sociologia, pouco depois acompanhadas por alguns teólogos. Essas críticas incidiam, principalmente, sobre sua redução explicativa a um esquematismo estrutural econômico que apontava apenas para fatores externos.

Todavia, quanto à temática étnica e à religiosidade popular (que é valorizada em documentos do Concílio Vaticano II e da Conferência de Medellín[64]):

> Desde o início a TdL se preocupou com a transformação das estruturas sociais de opressão em vista da libertação dos pobres. Entretanto, a temática da cultura, da raça não tinha ainda ganho [...] destaque [...]
>
> Há uma alienação radical na religiosidade dos pobres que lhes impede assumir pessoal e conscientemente o processo

---

62 LÖWY, Michel. *Op. cit.*, 2000, p. 85.
63 LIBÂNIO, J. B. *Op. cit.*, p. 13.
64 TORRES-LONDOÑO, *Op. cit.*, p. 19.

de libertação. Este ponto de vista influenciou muitos escritos e práticas pastorais.[65]

O período de Consolidação iniciou-se com a Conferência Episcopal de *Puebla* (México), realizada em 1979,[66] contudo, não o apresentaremos enquanto item porque as transformações ocorridas a partir desta data não são pertinentes para os objetivos deste livro.

1.4.4 Modernidade e marxismo para a Teologia da Libertação

Primeiramente deve-se estar claro que os objetivos da Teologia da Libertação são, acima de tudo, religiosos e não podem ser reduzidos à arena social ou política. Com este esclarecimento e agora que já apresentamos uma contextualização, podemos apontar algumas características gerais, para depois entrarmos na análise das particularidades que a Teologia da Libertação assumiu em *Chiapas*.

---

65 LIBÂNIO, J. B. *Op. cit.*, p. 29 e 34.

66 Neste ponto surgem as maiores contradições entre as interpretações que dividimos em externa e interna. Para Löwy – provavelmente incomodado com a perda de força da teoria da dependência – a Conferência de *Puebla* marcou o início de uma reação da ala conservadora da Igreja, uma vez que ocorreu uma transformação no entendimento acerca da missão e das opções da Igreja, ampliando-os suficientemente ao ponto de permitir que cada corrente pudesse interpretar de acordo com suas próprias tendências; enquanto para Libânio e Oliveros Maqueo essa ampliação estava ligada com um aprofundamento das questões espirituais que possibilitou a consolidação da Teologia da Libertação. Em uma interpretação que segue uma linha positiva semelhante a esta última, Torres-Londoño também entende que *Puebla* marcou o aprofundamento de questões, como, por exemplo, as culturais e, sobretudo, que esta Conferência apresentou em maior grau reflexões teológicas autônomas e próprias do contexto latino-americano. Por fim, ainda em uma linha de interpretação positiva, contudo referindo-se a uma questão mais específica, Nicanor Sarmiento Tupayupanqui (conferir referências bibliográficas) entende que em *Puebla* ganhou força e vitalidade a consciência de respeitar os valores próprios das culturas indígenas de maneira explícita.

Michael Löwy,[67] sem especificar um período ou região, afirma que os preceitos básicos da Teologia da Libertação, tanto em sua vertente majoritária católica, como na protestante (que foge aos objetivos deste livro e também aos do livro de Löwy), podem ser divididos em oito: o primeiro é a denúncia do sistema capitalista dependente como injusto, de maneira mais categórica do que muitos setores marxistas, uma vez que carregado de uma repulsa moral; o segundo é a utilização do marxismo para compreender as causas da pobreza e as contradições do capitalismo; o terceiro é a opção em favor dos pobres e da solidariedade com sua luta de autolibertação; o quarto é o desenvolvimento de comunidades cristãs de base entre os pobres como alternativa ao modo de vida individualista imposto pelo sistema capitalista; o quinto é uma nova leitura da Bíblia, voltada para o Êxodo, visto como paradigma da luta de um povo por sua libertação; o sexto é a luta contra a idolatria materialista identificada com o sistema capitalista; o sétimo é a libertação humana histórica como antecipação da salvação humana em Cristo; e, por fim, uma crítica a teologia dualista tradicional como fruto da filosofia platônica e não da tradição bíblica, onde a história humana e a divina são distintas, entretanto inseparáveis.

Estes preceitos estão ligados com as relações que a Teologia da Libertação estabeleceu tanto com a defesa ou crítica de aspectos referentes ao "mundo moderno", quanto com o marxismo.

Segundo Michel Löwy a Teologia da Libertação:

> [...] critica, de uma maneira o menos comprometedora possível, as conseqüências perniciosas e malignas que um certo tipo de progresso econômico, o liberalismo e a civilização

---

67 LÖWY, Michael. *Marxismo e Teologia da Libertação*. São Paulo: Cortez, 1991. (Coleção polêmicas do nosso tempo, vol. 39), p. 27-28.

moderna trazem para os pobres da América Latina. Essa crítica combina elementos tradicionais – isto é, referência aos valores sociais, éticos e religiosos pré-modernos – e valores da própria modernidade.[68]

Dentre essas críticas, Löwy[69] aponta que as principais eram:

• a hostilidade ao capitalismo, que combinava uma repulsa moral herdada do catolicismo antimoderno, com a condenação moderna, sobretudo marxista, da exploração gerada pelo sistema capitalista, que culminava com a exigência de sua abolição;

• a rejeição da separação entre as esferas religiosa e política, que pode ser pensada como uma continuidade do catolicismo latino-americano mais "intransigente", contudo apresentava inovações radicais, uma vez que propunha a separação entre Igreja e Estado, negava a formação de partidos ou sindicatos cristãos, assim reconhecendo a necessidade de autonomia dos movimentos sociais e políticos, mas, por outro lado, defendia a participação de cristãos nos movimentos ou partidos populares não religiosos, pois entendia que a separação cabia ao nível institucional, enquanto no campo ético/político a atuação era essencial;

• a crítica do individualismo, que foi uma das principais bandeiras empunhadas pelos agentes pastorais ligados às CEB's, tais como a pastoral da terra e a pastoral indígena, que visavam "[...] reconstruir, através das CEBs, um estilo de vida comunitário, com a ajuda das tradições do passado rural que ainda estão presentes na memória coletiva dos pobres – hábitos de cooperação, solidariedade e ajuda mútua [...]",[70] todavia seu objetivo não era reconstruir comunidades

---

68 LÖWY, Michel. *Op. cit.*, 2000, p. 94.
69 *Ibidem*, p. 93-109.
70 LÖWY, Michel. *Op. cit.*, 2000, p. 101.

tradicionais fechadas e autoritárias, uma vez que eram incorporadas "liberdades modernas", sobretudo a livre escolha de participar ou não das comunidades;

• e uma desconfiança ante a modernização tecnológica, que não era rejeitada a priori, no entanto "[...] As técnicas modernas não são avaliadas pelos resultados econômicos que produzem [...] e sim em termos de suas conseqüências para os pobres."[71]

Portanto, a Teologia da Libertação não se prendeu às dicotomias entre modernidade e tradição, ética e ciência, religião e mundo secular. A opção pelos pobres foi o critério pelo qual era avaliada tanto a doutrina tradicional da Igreja, como a sociedade ocidental moderna.

Quanto ao marxismo, os pontos comuns partilhados pelos agentes ligados à Teologia da Libertação eram a aceitação de aspectos gerais da teoria da dependência como explicação para a pobreza vivenciada por amplas maiorias latino-americanas e o princípio de que a emancipação ou libertação deveria ser uma obra empreendida pelos próprios pobres.[72] No entanto, em muitos casos, as relações entre a teologia cristã e o marxismo foram muito além:

> [...] não há dúvida de que os teólogos da libertação extraíram análises, conceitos e perspectivas do arsenal teórico marxista e que esses instrumentos desempenham um papel importante em sua compreensão da realidade social na América Latina [...] Mesmo quando sua abordagem era crítica, ela

---

71 LÖWY, Michel. *Op. cit.*, 2000, p. 105.
72 Os protagonistas da emancipação para os teólogos da libertação eram os pobres, conceito que ultrapassava os limites da classe trabalhadora, abrangendo as etnias e culturas menosprezadas e oprimidas. Todavia, pelo menos até meados da década de 1970, questões étnico-culturais não se encontravam no cerne das preocupações da esmagadora maioria dos agentes envolvidos com a Teologia da Libertação e o conceito de pobres confundia-se com o de classe trabalhadora.

> não tinha nada a ver com anátemas tradicionais contra "o marxismo ateísta, inimigo diabólico da civilização cristã [...] [contudo] É difícil apresentar uma visão geral das atitudes da teologia da libertação para com o marxismo porque [...] existe uma ampla variedade de opiniões – que vão desde o uso cauteloso de alguns elementos até tentativas de uma síntese total [...][73]

Assim sendo, não se deve deduzir que a Teologia da libertação aderiu ao marxismo. O que ocorreu na maior parte dos casos foi o emprego de certos princípios básicos do marxismo como uma forma de mediação que contribuiu para a renovação teológica incitada pelo Cristianismo da Libertação.

1.5 Apropriações chiapanecas do Concílio Vaticano II, da incipiente Teologia Indígena e da Conferência de Medellín

Em razão da história e condições singulares da Igreja católica no México,[74] foi somente a partir do Concílio Vaticano II que começaram a surgir as primeiras e tímidas divisões no seio da Igreja entre setores considerados renovadores e os tradicionalistas, uma vez que antes de 1962 as questões debatidas no Concílio não entraram em pauta para a Igreja mexicana, cuja principal preocupação era sua própria organização e manutenção.

Samuel Ruiz García foi um dos bispos mexicanos que assistiram às sessões do Concílio Vaticano II. Participou de todas as sessões. É evidente que as questões colocadas no Concílio – que apareceram como

---

73 LÖWY, Michel. *Op. cit.*, 2000, p. 119-120.
74 Conferir nota 52 na página 55.

novidades aos olhos de Samuel Ruiz – causaram algum impacto sobre seu entendimento acerca de sua tarefa enquanto bispo:

> [...] provavelmente porque ele contava com uma sólida formação científica, graças a qual pode entrar em contato com as elites intelectuais de bispos e teólogos europeus [...] E com os latino-americanos que abriam caminho [...][75]

No entanto, a partir das informações presentes na biografia realizada por Carlos Fazio é possível perceber que as mudanças ocorreram de maneira gradual e, de certo modo, foram superficiais.[76] O Concílio não gerou nenhuma grande ruptura na atuação *"indigenista"* de Dom Samuel Ruiz, mas houve algumas transformações importantes.

A partir do Concílio, Samuel Ruiz foi assumindo, paulatinamente, uma postura social orientada pelo desenvolvimentismo, que se encontrava em voga na América Latina deste período – como apresentado anteriormente. Isto reforçou a tendência ao isolamento frente ao clero Latino-Americano: "[...] Se sentia que relacionarmo-nos com a América do Sul era como querer aprender como nos tornarmos desenvolvidos a partir do subdesenvolvimento."[77]

---

75 FAZIO, Carlos. *Op. cit.*, p. 72. [TLA]

76 Todavia, segundo Víctor Gabriel Muro, em outras regiões mexicanas o Concílio impulsionou a formação em áreas rurais de grupos cristãos voltados para a transformação socioreligiosa, sobretudo no estado de *Morelos* (conferir mapa 01), onde, em 1967, foi criado pelo bispo Sergio Méndez a primeira CEB mexicana. Estas CEB's consistiam em pequenos grupos onde, por meio da leitura da Bíblia, refletia-se a respeito dos problemas específicos da comunidade e tentava-se solucioná-los. Estas e outras organizações progressistas foram duramente atacadas pelo episcopado tradicionalista mexicano, que as desarticulou e dissolveu. MURO, Víctor Gabriel. *Op. cit.*, p. 166-167.

77 RUIZ García *apud* FAZIO, Carlos. *Op. cit.*, p. 86. [TLA]

Também após 1962, o bispo de *Chiapas* abandonou as vestimentas resplendorosas que costumava utilizar e, em 1965, quando houve a criação uma terceira diocese no estado,[78] optou pela permanência em *San Cristóbal de las Casas*, cuja localização tornava mais fácil o acesso aos fiéis indígenas em comparação com a nova diocese mais rica em recursos, todavia com a sede episcopal localizada na capital do estado, *Tuxtla Gutiérrez*, muito distante da maioria das comunidades indígenas.

Além disso, as transformações mais efetivas ocorridas estão relacionadas, sobretudo, às orientações do documento *Regimini Episcoporum*, votado ainda na primeira sessão do Concílio, em 1962. Este documento propunha a descentralização da Igreja, o que levou Samuel Ruiz a buscar, logo após seu regresso a *Chiapas*, a aplicação desta orientação.

Juntamente com os bispos Alfonso Sánches Tinoco, de *Papantla*, estado de *Veracruz* (conferir mapa 01), e Adalberto Almeida, de Zacatecas, capital do estado de *Zacatecas* (conferir mapa 01), Samuel Ruiz criou uma pastoral em conjunto, que enfatizava a pastoral social. A partir de 1964, esta pastoral deu origem a *Unión de Mutua Ayuda* (UMAE), que em seu ápice, em 1967, chegou a incorporar vinte e cinco dioceses e uma grande equipe de assessores em diversos ramos das ciências sociais. Isto não significa que todos os participantes da UMAE partilhavam de uma ideologia comum. Apesar da tendência reformista e da ênfase fornecida à pastoral social, a UMAE era formada por um grupo heterogêneo, o que explica, ao menos parcialmente, a relativa facilidade com que o setor mais tradicionalista do episcopado mexicano logrou o aniquilamento total de sua estrutura

---

78 *Chiapas* conta com três dioceses: a de *San Cristóbal de las Casas* fundada em 1538; a de *Tapachula* (conferir mapas 10 e 02) em 1957; e a de *Tuxtla Gutiérrez* em 1965.

em 1971, após o falecimento de Dom Alfonso Sánches Tinoco, que nesse período era o principal pilar de sustentação em âmbito nacional da UMAE: "[...] O feudo episcopal, o caciquismo sacerdotal, o provincianismo, os cânones e a mentalidade retrógrada haviam ganhado mais uma batalha contra o setor reformista da Igreja."[79]

Neste contexto, o bispo de *Chiapas*, paulatinamente, foi recorrendo ao instrumental das ciências sociais – com apoio técnico da UMAE – para melhor conhecer a região onde se localizava a diocese e, até mesmo, a cultura indígena, contudo motivado apenas por preocupações sociais orientadas pelo desenvolvimentismo e pelo *indigenismo* e não a partir de intenções étnico-teológicas.

Outra grande transformação ocorrida refere-se aos catequistas indígenas atuantes sob o comando da diocese de *San Cristóbal* após 1962. Esta não foi uma inovação criada por Samuel Ruiz, uma vez que os primeiros catequistas indígenas foram formados a partir de 1952, pelo seu antecessor na diocese de *San Cristóbal*, o bispo Lucio Torreblanco, sobretudo como forma de combater o avanço inicial de algumas denominações protestantes de procedência estadunidense sobre as comunidades indígenas. A formação teológica fornecida a esses indígenas era tradicional e elementar, meramente introdutória, mas mesmo assim o movimento de catequistas cresceu consideravelmente, principalmente nas zonas *tzeltales*.[80] Por outro lado, sob a orientação de Samuel Ruiz esse modesto quadro inicial mudou de figura com a criação de duas escolas diocesanas – sob responsabilidade de representantes da ordem marista:

---

79 FAZIO, Carlos. *Op. cit.*, p. 74. [TLA]
80 VOS, Jan De. *Op. cit.*, p. 217-218.

Destas escolas saíram, entre 1962 e 1968, mais de 700 catequistas procedentes de distintas regiões indígenas de Chiapas. Saíram com boa preparação bíblica, dogmática e moral, além de terem se enriquecido com várias habilidades (carpintaria, horticultura, costura, culinária) e conhecimentos (espanhol, matemática, higiene e saúde). [Entretanto] O método utilizado era muito dinâmico, mas ocidentalizante e vertical. Padecia também de duas grandes lacunas. Em primeiro lugar, não levava em conta a cultura dos povos aos quais pertenciam os alunos, de maneira que estes, ao regressar a suas comunidades, tendiam a atuar contrariamente às crenças e práticas antigas. Por outro lado, tampouco oferecia respostas à situação de opressão na qual vivia o campesinato indígena.[81]

Portanto, sob o impacto do Concílio Vaticano II, Samuel Ruiz reforçou e buscou expandir para outras regiões mexicanas a missão evangelizadora e de melhora da condição de vida dos indígenas, entretanto sob uma perspectiva assistencialista, paternalista, *indigenista* e desenvolvimentista. Sua preocupação em relação aos indígenas possuía um caráter socioeconômico, mas não político, o que consistia em uma forma possível de interpretação das orientações do Concílio, apesar de não ser a única. Samuel Ruiz já não percebia a Igreja e seu papel como algo essencialmente transcendente e acima da sociedade, mas seu pensamento ainda era marcadamente anticomunista, além de *indigenista*: a saída para a "salvação" dos indígenas era vista como sua "mexicanização", isto é, com a integração do indígena à sociedade capitalista mexicana – que vivia um processo de industrialização – através da assistência social visando o desenvolvimento econômico e da educação (ladina) laica e, sobretudo, religiosa em moldes católicos romanos, ou seja, por meio do

---

81 VOS, Jan De. *Op. cit.*, p. 220. [TLA]

abandono paulatino da cultura étnica nativa – opção esta que possui raízes no ideário da intelectualidade de elites governantes mexicanas desde o século XIX, quando se iniciou a implantação de políticas públicas que visavam o forjamento de uma identidade nacional (o que trataremos de forma mais detalhada no capítulo IV).

Paralelamente ao processo que levou ao surgimento da Teologia da Libertação, ocorriam movimentações entre agentes envolvidos com um pequeno setor eclesiástico, que possuía preocupações e interesses gerais convergentes com aqueles representados pelo Cristianismo da Libertação, entretanto encontrava-se fortemente vinculado à realidade de diversas comunidades indígenas latino-americanas. A essa movimentação teológica atribui-se as raízes da Teologia Indígena.[82]

Nicanor Sarmiento Tupayupanqui aponta entre os antecedentes remotos da Teologia Indígena a formação de catequistas indígenas na Mesoamérica e nos Andes, que levou a criação de centros de formação e investigação em áreas culturais indígenas, cujo controle

---

82 É possível encontrar denominações como Teologia Autóctone, Nativa etc., em substituição ao termo Teologia Indígena ou Índia, o que se justifica com o argumento de que as civilizações pré-colombianas possuíam religiões com teologias, sacerdotes, ritos, práticas etc., altamente elaborados e, com o advento da conquista e colonização, esta teologia originária sofreu um processo de hibridização com a teologia católica, contudo mantendo-se viva e, consequentemente, em constante transformação, juntamente com diversos universos culturais indígenas (também hibridizados com as culturas de origem europeia). Isto torna inapropriada a designação de "indígena" a uma teologia de origem católica, mesmo que "encarnada" em uma cultura indígena. Neste livro optamos por manter o emprego da denominação Teologia Indígena em razão dos outros termos não parecerem resolver suficientemente o problema referido e deste termo ainda ser o que possui uso mais corrente. Para conhecer mais sobre a Teologia Indígena sugere-se consultar, entre outros, o site do Conselho Indigenista Missionário – CIMI (http://www.cimi.org.br/), onde é possível encontrar diversas resoluções, documentos finais de encontros e artigos que tratam do tema em questão.

prontamente passou a instituições eclesiásticas. De acordo com Juan Gorski, quanto ao desenvolvimento propriamente dito da Teologia Indígena, as duas dessas instituições que exerceram maior protagonismo foram o CENAMI (*Centro Nacional de Ayuda a las Misiones Indígenas*) no México – do qual trataremos mais atentamente no próximo capítulo – e o CIMI (Conselho Indigenista Missionário) no Brasil.[83]

Por outro lado, a tímida e paulatina tomada de consciência por parte desse setor da Igreja latino-americana acerca da realidade referente às culturas indígenas é possível de ser percebida através de Conferências e Encontros.[84]

Na Primeira Conferência Geral do Episcopado Latino-Americano, realizada no Rio de Janeiro em 1955, houve dois acontecimentos importantes, a criação do Conselho Episcopal Latino-Americano (CELAM), organismo episcopal que orienta a Igreja Latino-Americana até hoje; e a breve referência aos indígenas nos documentos de conclusão, cujo conteúdo orienta aos católicos, sobretudo professores de colégios e institutos, que procurem eliminar tudo aquilo que possa ser entendido como discriminação racial, além de incitar a criação de uma instituição eclesiástica indigenista, como resposta a então ascendente influência de instituições não católicas entre os indígenas. O atendimento a esta última recomendação somente se deu onze anos após a Conferência do Rio de Janeiro, quando o CELAM, à sombra das conclusões apresentadas pelo recém encerrado Concílio Vaticano II, criou o Departamento de Missões, em 1966.

---

83 GORSKI *apud* SARMIENTO Tupayupanqui, Nicanor. La Prehistoria de la Teología India. In: *Teología India en la Iglesia Latinoamericana*. Tese – Universidad Católica de Bolivia, Santa Cruz, 1999, p. 20-22.

84 SARMIENTO Tupayupanqui, Nicanor. *Op. cit.*

O primeiro Encontro do Departamento de Missões do CELAM ocorreu na cidade de *Ambato*, Equador, em abril de 1967. Em suas conclusões afirmou-se que a ação missionária em territórios indígenas deve prestar atenção nas condições socioeconômicas e políticas, além da identidade e valores culturais próprios das comunidades que são evangelizadas. Exigiu-se a adaptação dos missionários às condições culturais dos territórios de missão – o que vai ao encontro das orientações do documento *Ad Gentes* que abordaremos mais adiante. Em *Ambato* não apareceram referências a agentes evangelizadores indígenas.

Em abril de 1968, Samuel Ruiz aceitou o convite para participar do segundo Encontro patrocinado pelo Departamento de Missões do CELAM, que serviu como preparativo para a Conferência de *Medellín* e foi realizado em *Melgar* (Colômbia). A igreja mexicana do período ainda mantinha poucos contatos com representantes do clero de outras regiões latino-americanas e, desta forma, muitas questões que vinham sendo debatidas em outros países eram desconhecidas no México, como nos relata o próprio Samuel Ruiz:

> [...] Muitos de nós bispos mexicanos nem sequer sabíamos da existência do CELAM [...]
> Havia a ideia de que o México, havendo passado por experiências singulares como a perseguição religiosa, estava um passo a frente em matéria pastoral sobre o restante dos povos latino-americanos. Não tínhamos nada a aprender com os demais.[85]

Sendo assim, o impacto causado pelo que Samuel Ruiz presenciou em *Melgar* pode ser considerado como uma ruptura em sua maneira de pensar a evangelização dos indígenas e, consequentemente,

---

85 RUIZ García *apud* FAZIO, Carlos. *Op. cit.*, p. 85. [TLA]

o marco que iniciou o processo de transformação da atuação da diocese de *San Cristóbal de las Casas*.

Nas conclusões do Encontro de *Melgar* afirmou-se a pluralidade cultural latino-americana, apontada como um aspecto fundamental da problemática missionária, e a necessidade dos diferentes grupos culturais serem integrados à vida nacional, o que

> [...] se entende com frequência, desafortunadamente, mais como uma destruição de suas culturas, do que como o reconhecimento de seus direitos a desenvolver-se, a enriquecer o patrimônio cultural da nação e a enriquecer-se com ele.[86]

Como consequência teológica dessa pluralidade característica da América Latina, as conclusões alcançadas em *Melgar* orientam para uma valorização da história cultural (línguas, costumes, instituições, valores e aspirações) de cada povo e da diversidade cultural na Igreja católica "[...] que se manifesta e se expressa na fé e na linguagem cultural das igrejas locais [...]"[87]

Em outra parte das conclusões, afirma-se que a promoção humana por parte da Igreja não implica necessariamente na criação de instituições próprias:

> [...] mas em uma ação que ajude as comunidades indígenas a assumir sua própria responsabilidade, evitando todo paternalismo [...]
>
> É fundamental que a presença missionária da Igreja respeite as diversas culturas e as ajude a evoluir de acordo com suas características próprias, abertas ao intercâmbio com outros grupos culturais. Como se reconhece que as cultuas

---

86 MELGAR *apud* SARMIENTO Tupayupanqui, Nicanor. *Op. cit.*, p. 26. [TLA]
87 SARMIENTO Tupayupanqui, Nicanor. *Op. cit.*, p. 26. [TLA]

autóctones apresentam características marcadamente sacrais, e se estão dirigidas a receber o impacto da civilização técnica e da secularização, então há que prepará-las para que tal impacto não as desintegre.[88]

Além disso, para essa "promoção humana" que os documentos se referem constantemente, enfatiza-se o necessário acompanhamento de estudos apoiados nas ciências sociais, sobretudo antropológicos e linguísticos.

Como veremos em dois artigos de Samuel Ruiz analisados no capítulo posterior, o pensamento socioteológico de Samuel Ruiz foi profundamente marcado pelas conclusões do Encontro de *Melgar* acima citadas.

Acerca do impacto do Encontro é oportuno conferir as palavras do próprio bispo de *San Cristóbal*:

> [...] o antropólogo Gerardo Reichel-Dolmatoff[89] [...] Me fez ver que a evangelização tal como se estava levando a cabo no

---

88 MELGAR apud SARMIENTO Tupayupanqui, Nicanor. *Op. cit.*, p. 27. [TLA]
89 Gerardo Reichel-Dolmatoff nasceu em 1912 em Salzburgo, na Áustria, e faleceu em 1994. Às vésperas da Segunda Guerra Mundial emigrou para a Colômbia, onde iniciou suas pesquisas nas áreas da Antropologia e Arqueologia. Tornou-se cidadão colombiano em 1942. Foi um dos pioneiros e mais importantes pesquisadores no campo antropológico colombiano, tendo como especialidade o estudo de culturas originárias de regiões de florestas tropicais em toda a Colômbia e outras regiões das América do Sul, a partir de investigações holísticas, onde buscava adotar uma política consciente de observação participante, visando compreender as visões de mundo das populações em análise. Em 1967 já havia se tornado um pesquisador conhecido e respeitado em seu campo de atuação, tendo estabelecido um quadro de base cronológica para a área Etnológica da Colômbia – que é utilizado até hoje; criado uma equipe de pesquisadores concentrados em Arqueologia Colombiana; dirigido um instituto Etnológico; publicados estudos clássicos na área étnico-histórica; e criado o primeiro departamento de Antropologia da Colômbia, na *Universidad de Los Andes*.

continente, era simplesmente uma destruição de culturas e uma ação dominadora.

[...] Dolmattof fez ver que as culturas indígenas [...] eram o caminhar milenar de povos para chegar a configurar uma forma de pensar, de ser, de articular-se dentro da sociedade, e que a repercussão de uma transformação, de uma modificação feita desde o exterior trazia uma reação em cadeia, destrutiva [...]

Aquela explanação me deixou aturdido, confuso [...]

Parei e perguntei ao antropólogo: 'Nas culturas indígenas que o senhor conhece [...] a religião é algo secundário ou fundamental?'. Dolmattof me respondeu: 'Em todas as culturas indígenas que conheço, a religião é um elemento definitivamente aglutinante de todos os fatores culturais'.

[...] Fiquei com uma incógnita terrível: 'Então que coisa era evangelizar? Era destruir culturas? [...] Por que permitiu Deus a existência de tantas culturas?[90]

Uma indicação de onde poderiam surgir as respostas para essas e outras perguntas que atormentavam Samuel Ruiz adveio na palestra do dia seguinte em *Melgar*, onde Gustavo Gutiérrez apresentou um resumo da postura missionária presente em documentos (*Ad Gentes*) do Concílio Vaticano II.

O *Ad Gentes* é um documento onde predominam características inovadoras, relativamente pluralistas, por outro lado é um documento "aberto", facilmente passível a interpretações contrárias. É muito provável e compreensível que o resumo apresentado por Gustavo Gutiérrez – e consequentemente a chave de leitura a partir de então empregada por Samuel Ruiz – relegasse as passagens mais tradicionais e focasse nos apontamentos mais renovadores ou "progressistas" do

---

90 RUIZ García *apud* FAZIO, Carlos. *Op. cit.*, p. 86-87. [TLA]

Ad Gentes. A seguir destacaremos alguns destes apontamentos inovadores dentre os que consideramos mais "pluralistas":

> [...] Há dois bilhões de pessoas [...] que ainda não ou muito pouco ouviram a mensagem evangélica. Trata-se de povos numerosos unidos por estreitos laços culturais e antigas tradições religiosas, interligadas por firmes vínculos de relações sociais [...]
>
> [...] Como Cristo, por Sua encarnação se ligou as condições sociais e culturais dos homens com quem conviveu, assim deve a Igreja inserir-se em todas essas sociedades [...]
>
> [...] Reconheçam-se como membros do corpo social em que vivem, e tomem parte na vida cultural e social através das várias relações e ocupações da vida humana. Familiarizem-se com suas tradições nacionais e religiosas. Com alegria e respeito descubram as sementes do Verbo aí ocultas.[91]

Quanto à possibilidade do emprego das ciências para alcançar esse conhecimento e valorização da alteridade:

> [...] abrace a totalidade da Igreja e a diversidade dos povos. Isto vale acerca [...] das outras ciências que lhes subministram um conhecimento geral dos povos, culturas, religiões, com relação ao passado e ao presente. Naturalmente, qualquer um que vai se aproximar dalgum povo deve ter em grande estima seu patrimônio, línguas e costumes.
>
> [...] o reto e o ordenado exercício da atividade missionária impõe aos operários evangélicos a necessidade duma preparação científica para suas tarefas [...] Para realizá-las precisam de auxílio eficaz. Por isso é de desejar que em favor

---

91 As citações do documento *Ad Gentes* são referentes à: CONCÍLIO VATICANO II. *Ad Gentes* – Decreto "Ad Gentes" sobre a atividade missionária da Igreja. Disponível em <http://www.cleofas.com.br/virtual/impressao.php?doc=CONCILIO&id+con1043>. Acessado em: 15/10/2009.

das missões colaborem entre si generosa e fraternalmente quaisquer institutos científicos que cultivam a missiologia e outras disciplinas ou artes úteis as missões, como etnologia e lingüística, história e ciência das religiões, sociologia, artes pastorais e afins.

Sendo assim, a partir do encontro em *Melgar*, Samuel Ruiz alinhou-se ao pequeno grupo ligado ao Departamento de Missões do CELAM e retomou a leitura dos documentos do Concílio, sobretudo o *Ad Gentes*, reconhecendo que não havia assimilado questões importantes, assim iniciando a transformação de sua missão evangelizadora na diocese de *San Cristóbal*, ao mesmo tempo em que, paulatinamente, foi aprofundando as indicações de caráter renovador que passou a valorizar e buscar[92] a partir desse Encontro, partindo da premissa de que, uma vez que Deus quer a salvação de todos os homens, então Ele, de algum modo, está presente em todo e qualquer grupo humano e, assim sendo, ao invés de anunciar Cristo aos indígenas, o papel do evangelizador deve ser o de descobrir Deus encarnado na história e, consequentemente, na cultura daquelas comunidades: "Assim foi como Dom Samuel Ruiz iniciou em Chiapas uma catequese que partindo das festas da comunidade buscava respeitar a língua e a forma de ser dos indivíduos [...]"[93]

Além disso, outro encontro foi de extrema importância para desencadeamento de transformações no ideário socioteológico do bispo de *San Cristóbal*. Em virtude de uma série de acontecimentos

---

92 Samuel Ruiz buscou não somente por intermédio da bibliografia de caráter teológico, mas também nas ciências sociais, sobretudo nas vertentes antropológicas que criticavam o eurocentrismo, valorizam o relativismo cultural, e começavam a ganhar legitimidade nos meios acadêmicos do período.

93 FAZIO, Carlos. *Op. cit.*, p. 88. [TLA]

fortuitos[94] Samuel Ruiz acabou por ser um dos sete bispos de toda América Latina convidados a discursar em *Medellín*, onde se posicionou ao lado do setor mais radical do clero latino-americano. A preparação para sua conferência o levou a conhecer e aderir reflexões teológicas construídas a partir do contato com a teoria da dependência, todavia apropriando-se delas de maneira própria. Nas palavras do bispo de *Chiapas*:

> Creio que o que fez Medellín foi descobrir, com a sociologia, a situação de marginalização e dependência que viviam os povos da América Latina [...] Até então a Igreja havia estado unida às elites econômicas e de dominação; partia-se daquele conceito de que os desenvolvidos deviam ajudar os subdesenvolvidos. Mas em Medellín nós bispos nos deparamos com a análise sociológica da época: a da marginalização. E começamos a descobrir que os marginalizados não estão assim porque querem sê-lo, mas que é o sistema que os marginaliza [...] E que inseri-los na sociedade em tais condições significava não reconhecer que o sistema marginaliza. Enquanto se inseriam dez ou quinze ao sistema mediante um processo de ajuda, o sistema já havia fabricado mil marginalizados [...][95]

Em *Medellín* a questão indígena foi relegada, aparecendo somente quatro vezes nos documentos finais. Ainda assim, como ocorreu com outros assuntos tratados nessa Conferência, a abordagem

---

94 Por haver estado em *Melgar*, Samuel Ruiz foi convidado para outro encontro preparativo para a Conferência de *Medellín*. Neste novo encontro, o arcebispo Marcos MacGrath, do Panamá, que era o vice-presidente do CELAM, lhe fez um resumo das intervenções e pediu que as transcrevesse. Posteriormente este texto foi atribuído a Samuel Ruiz, ignorando que as indicações eram do arcebispo do Panamá. Foi em consequência desde mal entendido que o bispo de *Chiapas* foi convidado a discursar na Conferência de *Medellín*.

95 RUIZ García *apud* FAZIO, Carlos. *Op. cit.*, p. 95. [TLA]

apresentada é plural, sendo que, na primeira vez que a menção aos indígenas surge, é com o intuito de apresentar uma visão positiva do trabalho missionário no período da Conquista e Colonização da América. A segunda vez surge como uma proposta de promoção humana – sem referir-se à questão étnico-cultural – no sentido único de libertar os indígenas de sua situação de classe marginalizada. A terceira menção é mais elaborada e, tipificando os povos indígenas entre os marginalizados e pobres, afirma:

> [...] A tarefa de educação destes nossos irmãos [...] consiste na capacitação para que eles mesmos, como autores de seu próprio progresso, desenvolvam de uma maneira criativa e original um mundo cultural de acordo com sua própria riqueza e que seja fruto de seus próprios esforços. Especialmente no caso dos indígenas há de se respeitar os valores próprios de sua cultura, sem excluir o diálogo criador com outras culturas.[96]

Por fim, a quarta menção, após afirmar a necessidade dos religiosos de atender, isto é, educar, evangelizar e promover, acima de tudo as classes sociais marginalizadas, inclui os indígenas entre estas e como alvo principal do "espírito missionário".

Mesmo que marginais em meio ao extenso volume apresentado pelos documentos finais da Conferência, as orientações acima citadas foram importantíssimas para o pequeno setor da Igreja católica cujas principais preocupações relacionavam-se com a realidade indígena latino-americana. Por outro lado, entendemos que o aprendizado mais contundente proporcionado por *Medellín* para o pensamento de Samuel Ruiz foi o da percepção de que a situação de miséria encontrada nas comunidades indígenas não era produto

---

96 MEDELLÍN *apud* SARMIENTO Tupayupanqui, Nicanor. *Op. cit.*, p. 29. [TLA]

de algo individual, mas sim um assunto estrutural, sistêmico e, sendo assim, qualquer tipo de assistência social paternalista e tentativa de integração à sociedade nacional mestiça e "moderna" não seriam capazes de resolver – e até mesmo poderiam agravar – as precárias condições de vida nas quais se encontravam os indígenas. Atinou para necessidade da participação da Igreja em ações sociopolíticas, mas acreditava que "[...] os indígenas maias não tinham consciência de sua história [...]"[97] Deste modo, defendia que era necessário conscientizá-los de sua própria história de opressão.

Entretanto, isto não significou que o bispo de *San Cristóbal* simplesmente abandonou sua bagagem familiar e formação teológica. Apesar de haver incorporado alguns de seus elementos característicos, nunca defendeu o marxismo. Ademais, a própria realidade (indígena) com a qual lidava em *Chiapas* dificultava a adoção integral de explicações que reduzissem a complexidade do real aos aspectos econômico-estruturais, relegando outros, como as questões culturais.

Desta forma, o tema dominante no pensamento de Samuel Ruiz García passou a ser a encarnação da teologia nas culturas indígenas, entretanto sem esquecer-se da necessidade de combater a opressão às comunidades, tanto a opressão material como a cultural, na qual a própria Igreja possuía um papel de destaque ao impor, por meio da evangelização, um sistema cultural externo.

Portanto, os preparativos (*Melgar*) e a própria Conferência de *Medellín* contribuíram para transformar, além da relação teológica, também a atuação paternalista e desenvolvimentista da diocese de *San Cristóbal* para com as comunidades indígenas, o que pode ser

---

97 FAZIO, Carlos. *Op. cit.*, p. 107. [TLA]

percebido por meio da afirmação de Marie-Odíle Marion[98] de que, a partir de 1968, ações de cunho socioeconômico passaram a ser privilegiadas pela diocese de *San Cristóbal*, criando cooperativas, centros educacionais e de treinamento e capacitação etc., no entanto, sempre visando à adequação à realidade material e cultural dos indígenas, com intuito de que os próprios criassem as condições para sua autolibertação, além de reforçar a coesão comunitária e estimular o trabalho coletivo:

> [...] a evangelização tinha que ser integral [...] mediante a assistência técnica agropecuária, créditos, formação técnica, ações cooperativistas, de saúde e o que era propriamente o anúncio evangélico.[99]

Contudo, os efeitos dessa guinada do pensamento político-teológico do bispo de *Chiapas* não foram – tampouco poderiam ser – imediatos. As transformações possibilitadas foram ocorrendo de maneira paulatina. No *"Primer Consejo Indígena"* é possível perceber indícios do início desses processos de transformação, para os quais o papel desempenhado pelos catequistas indígenas foi fundamental.

---

98 MARION, Marie-Odile. Pueblos de Chiapas: una democracia a la defensiva. In: *Revista Mexicana de Sociología*. México: UNAM, n° 4, p. 37-73, 1987, p. 63.

99 FAZIO, Carlos. *Op. cit.*, p. 103. [TLA]

capítulo 2

DESCOBRIR A HISTÓRIA SALVÍFICA DE CADA CULTURA OU AURORA DA TEOLOGIA INDÍGENA CHIAPANECA

> Nossa cultura é como uma fonte de água e daí bebemos o que temos, o que sabemos e o que somos. É aí onde encontramos Deus, porque Deus nos fala por meio de nossa própria cultura.*
>
> Livro de catequese das comunidades tzeltales colonizadoras da Selva Lacandona

> ... conhecer estas culturas, não por um imperativo antropológico, mas porque é o único caminho, teologicamente falando, de conhecer o que Deus esta fazendo aí... antes de chegar a desenvolver qualquer atividade, tenho que conhecer o que Deus esta fazendo aí...
> Descobrir esta história salvífica, em cada cultura, e tomar esta como ponto de partida de uma evangelização encarnada nesta cultura...*
>
> Samuel Ruiz García

* [TLA]

Capítulo 2

DESCOBRIR A HISTÓRIA
SALVÍFICA DE CADA CULTURA,
OU AURORA DA TEOLOGIA
ÍNDIGENA CHIAPANECA

2.1 O Primeiro Conselho Indígena

Após a Conferência de Medellín, ocorreu o terceiro Encontro patrocinado pelo Departamento de Missões do CELAM, realizado na cidade de *Caracas* (Venezuela), em setembro de 1969, na qual participaram, além dos membros do Departamento de Missões, os bispos presidentes das Conferências Episcopais da América Latina. Quanto ao que se refere à questão indígena, em suma, o Encontro de Caracas retomou aquilo que foi apresentado no Encontro de *Melgar*.

À sombra deste encontro, em janeiro de 1970 ocorreu um Encontro mexicano em *Xicotepec de Juárez*, estado de *Puebla* (conferir mapa 01), promovido e patrocinado pelo *"Centro Episcopal de Ayuda a Misiones Indígenas"* (CENAMI) e organizado pelo recém criado *"Centro Nacional de Pastoral Indígena"* (CENAPI), cuja presidência competia a Samuel Ruiz, que pouco tempo antes havia assumido também a presidência do Departamento de Missões do CELAM e da *"Comisión Episcopal para los Indígenas"* da Conferência Episcopal Mexicana. Nesta ocasião, ocorreram, simultaneamente, dois encontros paralelos, o da Pastoral Indígena, composta por bispos, sacerdotes e missionários, denominado *"Primer Encuentro Pastoral sobre la misión de la Iglesia en las culturas aborígenes"*; e *"El Primer Consejo Indígena"*, onde dezenove indígenas eleitos por suas respectivas comunidades e representando quatro estados, *Chiapas, Michoacán, Hidalgo* e *Puebla* (conferir mapa 01) e seis etnias diferentes (*Tzeltal, Tojolabal, Tarasco, Nahuatl, Otomí* e *Totonaco*), foram convidados a debater sobre a relação entre a Igreja católica e os indígenas. As falas proferidas durante *"El Primer*

Consejo Indígena" foram gravadas, transcritas e publicadas no livro *Xicotepec – indígenas en polémica sobre la iglesia.*[1]

Dentre os indígenas participantes havia seis catequistas de *Chiapas* em ativo exercício pastoral, quatro *tzeltales* e dois *tojolabales*, o que permite que esta obra possa ser empregada como uma fonte importante para conhecermos alguns aspectos relevantes do pensamento dos catequistas indígenas, pouco tempo depois do início das transformações ocorridas nas orientações de evangelização da diocese de *San Cristóbal*, mas em um período que antecede o início da instauração da catequese do Êxodo na *Selva Lacandona* – que será tratada logo adiante.

Consideremos relevante abordar o tema dos catequistas indígenas em razão de que

> É com eles com quem se começa o projeto libertador, deles dependia a aceitação das ideias libertadoras da Igreja [...] Eles iam e vinham dos seus povoados, como verdadeiros missionários percorreram montanhas sob o consentimento e acompanhamento de seu bispo Samuel Ruiz. Assim converteram-se nos professores de seus companheiros, o que lhes outorgava prestígio dentro e fora da localidade. Desta maneira se converteram nos líderes de seus povoados de origem, porque não somente se dedicavam a cristianizar, mas se tornaram intermediários para as gestões agrárias, os que apoiavam na resolução dos problemas tanto familiares como locais, e sobretudo foram o enlace entre a população e o clero [...]
>
> Os catequistas eram quem sabia ler e escrever, participavam em organizações, às vezes as dirigiam [...] Também eram os que negociavam com agentes governamentais ou com

---

[1] CENAMI. *Xicotepec – indígenas en polémica sobre la iglesia.* México: Universidad Iberoamérica, 1970.

qualquer pessoa de fora de seu povoado. A eles se consultava sobre qual ou por qual decisão devia-se optar [...]²

As anotações do método de organização do *"Primer Consejo Indígena"* denotam a preocupação dos organizadores com que os indígenas se expressassem por si próprios, reduzindo as interferências externas ao mínimo, apesar de ser inegável algum direcionamento, uma vez os temas a serem tratados foram escolhidos a priori:

> 1. Antes de iniciar formalmente a reunião, dar-lhes tempo suficiente para que se conheçam, troquem experiências e entrem em confiança [...]
>
> 2. Que se sintam com liberdade para elaborar seus próprios horários; quer seja em reuniões, passeios, discussões ou recreação.
>
> 3. Dar-lhes a conhecer o tema que se discutirá e deixar que eles o desenvolvam como lhes pareça melhor e que tratem os pontos que sejam de maior interesse para eles já que estão vivendo seus problemas.
>
> 4. Confiar no grupo e em sua capacidade para discutir seus problemas.
>
> 5. Não tratar de apressá-los com uma ideia, ter paciência [...]
>
> 6. Ser parte do grupo, não levar a ideia de dirigir ou presidir, nem dar-lhes ideias pessoais. "Ser mais um entre eles".
>
> 7. Manter-se sempre no papel de observador sem intervir verbalmente nas discussões do grupo.
>
> 8. Empregar a recreação organizada como um meio para alcançar a confiança e a união do grupo.
>
> 9. Deixar que o grupo eleja seus representantes.

---

2 SÁNCHEZ Franco, Irene & MÜLLER, Eva Juliane. *Presencia de la religión y de la religiosidad en las sociedades avanzadas.* In: II Jornada de Sociología del Centro de Estudios Andaluces, Sevilla, 2007, p. 6-7. [TLA]

10. Deixar que o grupo decida, redate e de suas próprias conclusões.³

O livro inicia-se com um prólogo escrito, também em 1970, por Samuel Ruiz García. Nele o bispo de *Chiapas* afirma que existem mundos indígenas esquecidos, marginalizados e explorados no México, mas que os indígenas não têm consciência da magnitude de sua própria situação. Assim sendo, coloca as seguintes perguntas:

> Não será a conscientização dos irmãos indígenas, sobre a amplitude e proporções de seu problema, o primeiro passo a dar?
> Haverá um denominador comum para além do nome "indígena" que seja um ponto de partida?
> Poderá despertar-se em nossos irmãos indígenas um sentido de solidariedade que vá para além dos limites de sua tribo?⁴

Na primeira pergunta, entendemos que é possível perceber um bispo embebido no espírito da Conferência de *Medellín*, pregando a necessidade de uma conscientização política de seus fiéis indígenas. Na segunda e terceira perguntas, observamos um incentivo para que as barreiras comunitárias e étnicas sejam rompidas em nome de uma união dos indígenas frente a seus problemas comuns.

Ainda no prólogo, Samuel Ruiz nos expõe como sua visão da Igreja católica e da sua missão evangelizadora havia mudado desde o Encontro de *Melgar*: "No livro que agora oferecemos ao público [...] temos a visão indígena dos problemas que atualmente apresentam-se

---

3   CENAMI. *Op. cit.*, p. 21. [TLA]
4   *Ibidem*, p. 1. [TLA]

ante uma igreja de tradição ocidental, que se preocupa em se autoctonizar nas diversas culturas aborígenes do México."[5]

Entre as páginas nove e onze são apresentadas as atividades que os próprios indígenas decidiram realizar em cada um dos dias do Encontro. No primeiro dia, 25 de janeiro, chegaram os grupos de *Chiapas* e *Michoacán*. No segundo dia chegaram o restante dos participantes indígenas, e todos foram visitar povoados próximos de onde estavam instalados. Ao retornarem fizeram uma reunião, na qual "O grupo dos catequistas de Chiapas comentou que pelo fato de serem catequistas, o tratamento dentro de sua comunidade era diferente, pois eram reconhecidos como ocupantes de uma posição especial."[6]

Este prestígio alcançado e percebido pelos catequistas indígenas acabou por transcender a esfera religiosa. Muitos catequistas foram delegados do Congresso Indígena de 1974 e posteriormente se tornaram lideranças políticas de destaque, participando dos movimentos sociais surgidos e das relações com grupos externos que chegaram a *Chiapas*, o que inclui o grupo que junto com os indígenas *chiapanecos* deu origem às características do EZLN tal qual apresentadas ao mundo a partir de 1994.[7]

No terceiro dia pela manhã, o grupo de indígenas iniciou a discussão do tema principal do Encontro: as relações da Igreja católica, sobretudo por intermédio dos padres, com os indígenas (reunião transcrita). No período vespertino visitaram outro povoado da região e, ao retornar, continuaram a debater o tema iniciado pela manhã (reunião transcrita) e decidiram que, no dia seguinte, dois deles exporiam os pontos de vista do grupo aos bispos, sacerdotes e

---

5   CENAMI. *Op. cit.*, p. 21. [TLA]
6   *Ibidem*, p. 9. [TLA]
7   Assunto que será mais bem abordado no capítulo seguinte deste livro.

missionários durante o Encontro simultâneo, uma vez que, caso um se esquecesse de algo o outro poderia complementar a fala.

Um dos escolhidos foi Manuel Gómez López, catequista *tzeltal* do município de *Oxchúc* (conferir mapas 02 e 04), que juntamente com o outro escolhido, fez um resumo dos pontos discutidos e os foi apresentando até que todos estivessem de acordo. Assim terminou a sessão do dia 27. No último dia ocorreram as previstas apresentações durante o Encontro da Pastoral Indígena (reunião transcrita).

Antecipando a primeira citação dos indígenas no Encontro, queremos informar que o espanhol falado por eles é de difícil entendimento. Como afirma Samuel Ruiz no prólogo é "[...] um castelhano pitoresco, incisivo, vivencial e concreto [...]"[8] A isto se pode acrescentar quanto ao caso dos catequistas de *Chiapas* – foco de nossa análise – que as línguas de origem maia possuem uma construção que difere das línguas ocidentais, sem sujeito passivo, o que torna difícil para quem fala, sem dominar totalmente o espanhol, traduzir as reflexões surgidas a partir de sua cultura, e ainda é de mais difícil entendimento para quem ouve ou lê sem conhecer o idioma indígena de onde nasceu a construção intelectual original.[9] Estes apontamentos serão tratados de maneira mais profunda no próximo capítulo deste livro.

Uma questão que é ressaltada em vários momentos pelos catequistas de *Chiapas* durante o Encontro refere-se à falta de contato e atenção dos sacerdotes e à ineficácia de seus serviços, evidenciando

---

8   CENAMI. *Op. cit.*, p. 2. [TLA]

9   Razões pelas quais optamos por manter as citações dos catequistas indígenas chiapanecos em sua língua original, uma vez que seria muito deficitário e inadequado tentar traduzir para o português suas peculiares manifestações do castelhano. Para mais detalhes conferir: LENKERSDORF, Carlos. *Cosmovisión Maya*. México: Centro de Estudios Antropológicos, Científicos, Artísticos, Tradicionales y Lingüísticos "Centro Actl", 1999.

a importância – e o consequente prestígio – dos catequistas, uma vez que para muitas comunidades indígenas o catolicismo chegava somente através deles. Seguem algumas falas acerca dos padres e seus serviços:

Sebastián Hernández, catequista *Tzeltal* de *Tenejapa* (conferir mapas 02 e 04): "[...] su obligación de celebrar nomás, le hace y se va, como que no nos quiere."[10]

Juan Hernández, catequista *Tzeltal* de *Tenejapa*: "[...] que no se vaya a salir así de la comunidad, celebra allá, y ahí llegan y se van; no, que debe quedar y platicar en cada paraje [...]"[11]

Estanislao García, catequista *Tojolabal* de *Las Margaritas* (conferir mapas 02 e 05):

> allá en la región donde nosotros vivimos lo que hace falta es sacerdote, porque tenemos nada más un sacerdote [...] ese párroco que tenemos atiende a dos municipios, dice él que atiende 36,000 habitantes, muchos para él solo, y no alcanza más que una visita cada año.

Estanislao: "Es que nosotros que vivimos en Chiapas no tenemos sacerdote, entonces nosotros somos responsables."[12]

Estanislao: "[...] pues la gente les pide: queremos que venga usted a bautizar, a bendecir mi casita. Y el padre dice: dispénseme, no puedo; luego se va el padre y queda con ansia la gente. Y al pueblo le hace falta [...]"[13]

---

10 CENAMI. *Op. cit.*, p. 23.
11 *Ibidem*, p. 24.
12 *Ibidem*, p. 31.
13 *Ibidem*, p. 32.

Sebastián: "[...] si el padre no nos atiende o no tarda unos tiempos con nosotros, al fin que no podemos a dar cuentas tal como está viviendo nuestra comunidad, no podemos captar, y también el padre no nos platica."[14]

Manuel Gómez López, catequista *Tzeltal* de *Oxchúc*:

> [...] junto con el párroco, debemos estar junto con aquel. Estudiar con él, [...] estudiar lo problema lo que hay, entonces si, debe estar aquí junto con nosotros, si quiere, si deveramente quiere vivir con indígenas unas temporada, va a vivir ahí ¿no? [...][15]

Estanislao: "[...] el sacerdote no espera, luego se va, no hay comunicación ¿verdad? Porque nosotros esperamos al sacerdote, que enseñe [...]"[16]

Sebastián: "[...] no nos da bautizo, que nos deja, preocupa más lo trabajito con los animales; cuando llega ya después el tiempo del bautizo, ya no, no atiende al padre, ya preocupa más por los animales, por la granja."[17]

No entanto, muito de suas preocupações quanto à falta de sacerdotes, as reivindicações de que aprendam os idiomas indígenas, mantenham contato, ensinem adequadamente os catequistas e busquem conhecer os diferentes costumes de cada localidade indígena, ocorrem devido à crença de que partes desses costumes são "maus", errados e, portanto, devem ser corrigidos pelos padres, aos quais

---

14 CENAMI. *Op. cit.*, p. 50
15 *Idem*, p. 50.
16 *Ibidem*, p. 54.
17 *Idem*.

entendem, ademais, que cabe a proteção (paternalista) dos indígenas frente aos abusos dos ladinos.

Juan: "[...] que sepa también el padre cómo evitar costumbres que no es bueno, porque nomás si no sabe cómo es la costumbre, el padre, no se avanza en su trabajo [...]"[18]

Sebastián:

> Porque nosotros [...] tenemos varias costumbres: las costumbres que son buenas y las costumbres que son malas. ¿Porque? porque no nos enseñan [...] nosotros pensamos que ya estamos buenos y si no nos pregunta y no nos atiende pensamos que ya somos bien cristianos, pero no, está revuelto con las costumbres malas, revuelto.[19]

Juan respondendo a Sebastián: "[...] Pero sí, debe aprender un poquito cada idioma, porque los catequistas no todos sabemos hablar español, y también los sacerdotes no pueden hablar nuestro idioma y así no se puede controlar la comunidad."[20]

A respeito dos conflitos entre indígenas e os ladinos:

Manuel: "[...] queremos la fuerza del sacerdote, por eso nos estamos metiendo, y duro, y duro, y duro. No al esto y esto, estamos de plano como es lo que queremos si necesitamos."[21]

Tratando das festas (*bailes*) indígenas:

Juan: "[...] el padre, tiene que ver que el baile que hacemos, bueno si, si es que el baile, que ahí vamos ya de parte de la conciencia

---

18 CENAMI. *Op. cit.*, p. 24.
19 *Ibidem*, p. 25.
20 *Idem*, p. 25.
21 *Ibidem*, p. 40.

buena. Pues claro que el sacerdote nos tiene que decir un poquito ¿verdad? para evitar eso [...]"[22]

Juan: "[...] el padre tiene mayor conocimiento de las cosas buenas, cosa malas ¿no?"[23]

Seguir com os (maus) costumes é entendido pelos catequistas como um obstáculo ao progresso espiritual da comunidade:

Manuel: "[...] los sacerdotes [...] si nos deja boca abierta y no nos orienta ahí, y no nos orienta, ¿no?; por eso seguimos la costumbre. No hay progreso espiritual, no hay desarrollo espiritual como lo quiere Dios, como lo que gusta Cristo."[24]

Isto tudo se deve à formação ocidental e vertical – de acordo com moldes anteriormente apresentados[25] – que eles receberam nas escolas para catequistas num período que antecede à Conferência de *Medellín*.

Contudo, outras características são perceptíveis nas falas dos catequistas. Manuel Gómez López sempre que se refere ao que espera da Igreja para com as comunidades indígenas trata o espiritual e o material como inseparáveis. Segundo Manuel: "Traer una cosa anterior cómo nos va a acercar más a Cristo, como nos enseña a llegar hacia Cristo, obispos y sacerdotes es lo que esperamos [...] que nos trae a Cristo es lo que espero yo; tanto lo espiritual, tanto lo material."[26]

Nas declarações de Manuel, as questões de evangelização sempre aparecem associadas às necessidades materiais: "[...] no conozco la palabra de Dios, si no recibo todo lo que necesito para vivir con

---

22 CENAMI. *Op. cit.*, p. 44.
23 *Ibidem*, p. 46.
24 *Ibidem*, p. 49.
25 Conferir página 110 e 111.
26 CENAMI. *Op. cit.*, p. 23.

Cristo [...] no estamos tratando del que sabe o del que no sabe leer, hay esa también."[27]

E ainda: "[...] no podemos dejar un lado la palabra de Dios, más que va junto, tanto espiritual como material [...]"[28] ou "[...] Un desarrollo espiritual y material. Eso lo que sacamos todo con nosotros de zona indígena."[29]

Manuel não entende a função da Igreja como algo apenas transcendental, mas seu entendimento do material ainda não é o mesmo do Cristianismo da Libertação e sim algo próximo do assistencialismo.

O pensamento de Manuel e dos outros catequistas presentes no Encontro de *Xicotepec* pode ser apresentado como a representação desse momento no qual a nova postura evangelizadora da diocese estava sendo implantada, mas ainda convivia com as orientações que a antecederam.

Assim sendo, muitas reivindicações apresentadas podem ser entendidas como compatíveis com a renovação evangelizadora iniciada após 1968. Juan Hernández defende que a organização comunal sob a qual está estruturada a comunidade indígena seja respeitada pelos sacerdotes:

> [...] si él nada más escoge personas para platicar con él, pero nosotros ya no necesitamos porque si nos siente que nosotros somos aparte, y nomás los escogidos, ahí van con él, entonces el sacerdote no, porque debe decir que viene

---

27 CENAMI. *Op. cit.*, p. 31.
28 *Ibidem*, p. 59.
29 *Ibidem*, p. 65.

la cooperación del mejoramiento de la Iglesia, del templo, pues sin saber los demás, pues no.[30]

Manuel Gómez López nos fornece sinais do crescente poder dos catequistas, uma vez que são eles os conhecedores de cada localidade:

> [...] Si vemos nosotros como que lo hacen así, nosotros vamos a decirle al Padre: Padre no le gusta la gente y no es bueno que lo hagas así, si la gente desanima [...] regresan en parte sin recibir sacramentos [...] Bueno así ha pasado al principio allá, pero ora ya no, porque nosotros que vamos a decirle, a presentarle de qué debe hacer en un pueblo, no.[31]

E demanda, em nome de todos os participantes indígenas, durante sua participação no Encontro dos padres e bispos, que o papel dos catequistas indígenas seja valorizado, pois é por intermédio deles que se torna possível conhecer as peculiaridades de cada localidade a ser atendida:

> [...] Ahí va el sembrador... Si no hay compañeros ¿cómo va a sembrar en ese campo? si no sabe qué produzca ahí en ese lugar, qué cosecha ahí en lugar [...] Haga cuenta el sacerdote que llega en su parroquia en misión, en tal lugar que la están en zona indígena [...] Necesita un ayudante. Por eso si los misioneros deveramente nos cooperamos, cosecha almas Cristo.[32]

---

30 CENAMI. *Op. cit.*, p. 27. Demanda que acabou por ser atendida, uma vez que, ao longo do tempo, os catequistas passaram a ser eleitos pela comunidade, no entanto, houve casos em que os sacerdotes continuaram o impor sua escolha. Para mais detalhes conferir: SÁNCHEZ Franco, Irene & MÜLLER, Eva Juliane. *Op. cit.*, p. 8.

31 CENAMI. *Op. cit.*, p. 42.

32 *Ibidem*, p. 64.

A questão das festas indígenas reflete essa transição do pensamento, uma vez que, ao mesmo tempo em que os catequistas acreditam que os padres devem proibir as festas que são "ruins", "anticristãs", exigem que lhes seja explicado os motivos da proibição, para que se proíbam somente aquelas festas que realmente sejam "maléficas":

Sebastián: "Si porque un padre que nos dice que no guste el baile, queremos a saber, porque si estamos haciendo mal. Porque queremos que nos expliquen en qué punto es el mal; porque hay bailes yo creo que no todos son malos ¿no?"[33]

Juan: "[...] el padre tiene que decir qué cosa es lo que vemos, tiene que decir cuál es el punto que lo ve mal [...]"[34]

Manuel: "[...] el padre debe ser explicarlo, darnos a saber [...]"[35]

Sebastián: "[...] ¿por qué el padre nos prohíbe todos los bailes? Porque todos los bailes no pueden ser malos ¿no?, algunos bailes son buenos también. La comunidad debe saber por qué lo prohíbe el padre, cual es el defecto de eso."[36]

Outros posicionamentos dúbios dos catequistas referem-se à questão da necessidade de que os sacerdotes aprendam os idiomas indígenas; e também à questão da visão de si dos catequistas que, por um lado, se entendem como "ignorantes" das questões ligadas ao catolicismo, mas, por outro lado, quanto a outros assuntos exigem ser tratados com respeito.

Ao mesmo tempo em que Juan, como vimos, quer que os padres aprendam os idiomas indígenas para assim poder controlar melhor e corrigir mais eficazmente os "maus costumes" dos indígenas,

---

33 CENAMI. *Op. cit.*, p. 44.
34 *Ibidem*, p. 46.
35 *Idem*.
36 *Ibidem*, p. 54.

Manuel defende que eles aprendam os idiomas nativos para que realmente possam compreender a realidade indígena: "[...] Creo que realmente lo que necesitamos, es que realmente el sacerdote llegue a comprendernos a nosotros los indígenas, llegue a comprender la realidad que tenemos [...]"[37]

Quanto ao segundo posicionamento:

Sebastián: "[...] Por medio del trabajo espiritual queremos que nos trate como chiquito ¿verdad? por mi parte siento así; pero cosas materiales, quiero que me explique, me oriente como una persona grande [...]"[38]

Demanda por respeito que é reforçada pelo discurso de Manuel durante o Encontro com os missionários, padres e bispos:

> [...] nosotros podemos dar servicio mutuamente, ayuda de sacrificio. Nosotros con meterles en nuestro pueblo, comunidad, ayudar a los padres misioneros si deveramente nos ama, si nos quiere. No que va también, estudiamos en eso, no que nos va a tratar como niños chiquitos; más de trato como hombres, trabajador y campesino.[39]

O referido Encontro simultâneo dos missionários, padres e bispos, isto é, o *"Primer Encuentro Pastoral sobre la misión de la Iglesia en las culturas aborígenes"*, foi marcado pela nova proposta pastoral de evangelização dos indígenas – abraçada por Samuel Ruiz desde *Melgar* – o que pode ser percebido por meio de passagens de seu documento final:

---

37 CENAMI. *Op. cit.*, p. 60.
38 *Ibidem*, p. 50.
39 *Ibidem*, p. 65.

Deus fala no próprio coração das culturas indígenas. (...) E se a missão da Igreja é precisamente descobrir Cristo nas culturas, realizar nelas a plenitude da palavra, sua tarefa é simultaneamente levá-las à plenitude de seu desenvolvimento cultural.[40]

Juan Gorski faz uma comparação entre *Xicotepec* e *Melgar* na qual se destacam as diferenças quanto à abordagem da problemática social: "Melgar falou da 'marginalização'; Xicotepec, da 'opressão'; Melgar chamou a atenção sobre aspectos do 'desenvolvimento econômico'; Xicotepec, sobre 'a politização do problema indígena'."[41] Desta forma, Gorski nos ajuda a compreender que em Xicotepec, a riqueza "antropológica" associada ao pensamento teológico apresentada em *Melgar*, foi amalgamada a uma politização advinda da Conferência de *Medellín*. No Encontro eclesiástico em *Xicotepec* a valorização teológica da cultura indígena persistiu, entretanto, o desenvolvimentismo foi abandonado em prol da busca por uma politização mais próxima das reflexões características à Teoria da Dependência.

Esse Encontro (duplo) ocorrido em *Xicotepec de Juárez* pode ser considerado, para a Igreja mexicana, como um prelúdio das preocupações teológicas latino-americanas acerca das relações entre a alteridade cultural e o catolicismo, cujas sementes contribuíram para gerar a corrente conhecida como Teologia Indígena.

Por fim, merece menção o "I Encontro Pastoral de Missões no Alto Amazonas", realizado em março de 1971 na cidade de *Iquitos* (Peru), uma vez que este, apesar de ter a participação apenas de países

---

40 PREZIA, Benedito. 60 anos de presença missionária junto aos povos indígenas. In: PREZIA, Benedito (org.). *Caminhando na luta e na esperança* – retrospectiva dos últimos 60 anos da Pastoral Indígena e dos 30 anos do CIMI. São Paulo: Edições Loyola, 2003, p. 54.

41 GORSKI *apud* SARMIENTO Tupayupanqui, Nicanor. *Op. cit.*, p. 31. [TLA]

da região, isto é, Venezuela, Colômbia, Equador, Peru e Bolívia (não houve participantes do Brasil), foi convocado pelo Departamento de Missões do CELAM, então sob a presidência de Samuel Ruiz García.

Nas conclusões do Encontro de *Iquitos* é possível observar o firme caminhar da proposta de "encarnar a teologia", isto é, da proposta de valorizar a pluralidade cultural e possibilitar a assunção de uma crença e de uma teologia que nasçam a partir do universo cultural das próprias comunidades indígenas:

> A Igreja decide fazer-se ela mesma amazônica, solidarizando-se com estes povos aos quais foi enviada e se encarnado em suas culturas, seus ritos, seus ministros e suas estruturas [...] com o mesmo afeto com que Cristo se uniu, por sua encarnação, a determinadas condições sociais e culturais dos homens com quem viveu [...][42]
>
> Continuamos afirmando que o pluralismo cultural dos povos amazônicos, evidentemente, não representa um obstáculo para as sociedades nacionais, mas um verdadeiro enriquecimento. Sua aceitação é a única garantia de que as nações podem integrar-se dentro de uma comunidade mundial, sem perder sua autonomia e individualidade.[43]

2.2 O êxodo dos Tzeltales

O *lócus* principal – mas não o único – do trabalho renovado de evangelização da diocese de *San Cristóbal* após 1968 ocorreu nas comunidades que migraram para a *Selva Lacandona*,[44] cujo momento

---

42 IQUITOS *apud* SARMIENTO Tupayupanqui, Nicanor. *Op. cit.*, p. 33. [TLA]
43 IQUITOS *apud* PREZIA, Benedito. *Op. cit.*, p. 54.
44 As considerações relativas ao "Êxodo *tzeltal*" foram realizadas, sobretudo, a partir dos relatos obtidos em BARABAS, Alícia M. *Op. cit.*; FAZIO, Carlos. *Op. cit.*; e VOS, Jan De. *Op. cit.*

de intensidade migratória havia iniciado nos anos 1950 e aumentado ainda mais nos anos 1960, quando muitas fazendas trocaram o cultivo do café pela criação de gado, que demandava grandes extensões de terra e pouca mão de obra.

A colonização da *Selva Lacandona* implicou na criação de novas comunidades formadas a partir da necessidade de convivência entre indígenas de diferentes comunidades e, até mesmo, distintas origens étnicas: "[...] As novas comunidades são mais 'modernas', mais aculturadas, ainda que sem esquecer suas raízes, e menos estratificadas socialmente e portanto mais 'comunitárias' e democráticas."[45]

Além disso, Alicia M. Barabas[46] afirma que, devido aos problemas que muitas colônias que se instalaram na *Selva* tiveram para conseguir a posse legal das terras ocupadas – como já foi apresentado – tendo que enfrentar criadores de gado, companhias madeireiras e grandes produtores de café, elas aprenderam, paulatinamente, a se organizar para resistir de forma semelhante às comunidades eclesiais de base nas quais todos os membros participavam das tomadas de decisões, o que contribuiu para reforçar essa característica pré-existente na cultura dos indígenas *chiapanecos* de origem maia.[47]

Essa situação forçosamente levou as novas comunidades selváticas a adotar identidades étnicas relativamente mais flexíveis e a tenderem a uma maior politização. Foram essas comunidades as primeiras a estabelecer relações com o grupo de militantes da FLN no início da década de 1980. Todavia, antes disso acontecer, juntamente

---

45 MESTRIES, Francis. *Op. cit.* 2001, p. 130. [TLA]
46 BARABAS, Alícia M. *Op. cit.*, p. 4-5.
47 As questões ligadas às características da cultura das comunidades indígenas *chiapanecas* com ascendência maia, sobretudo naquilo que tange ao político e às tomadas de decisões coletivas, serão trabalhadas com mais profundidade no capítulo IV deste livro.

com outras comunidades indígenas do estado, grande parte delas foi alcançada por diversos processos de transformação – tratados no capítulo III – e pela catequese do Êxodo.

Equipes de missionários, imbuídas da nova orientação da diocese de "encarnar o evangelho" na realidade indígena, buscaram aproximar-se desses colonos da *Selva Lacandona*. Frente à carência de padres e legitimado pela flexibilização das estruturas internas da Igreja defendida pela Teologia da Libertação, Samuel Ruiz delegou poderes e os missionários capacitaram muitos catequistas indígenas. Um dos resultados dessa aproximação foi a descoberta dos responsáveis pela paróquia de *Ocosingo* (conferir mapas 02 e 08) – que abrangia a maior parte da região da *Selva Lacandona* – de que os migrantes pioneiros da etnia *Tzeltal* enxergavam a *Selva* como uma espécie de terra prometida, uma vez que a distância e as muitas adversidades encontradas eram entendidas como uma proteção contra a exploração dos fazendeiros.

Segundo Jan de Vos,[48] a partir de 1971, os paroquianos de *Ocosingo* liderados pelo marista Javier Vargas – antigo diretor de uma das escolas de catequistas de *San Cristóbal* e grande conhecedor da cultura e da língua *Tzeltal*[49] – conjuntamente com os catequistas indígenas *tzeltales*, introduziram o que Jan de Vos denominou como catequese do

---

48 VOS, Jan De. *Op. cit.*, p. 222-223.

49 "Javier Vargas formulaba tres condiciones para que los proyectos promovidos entre los colonos pudieran tener éxito: un trato justo con ellos, la participación de todos, y un respeto total a sus valores [...] Cualquier programa estaría condenado al fracaso si no se consideraran 1) la dinámica comunitaria ('pajal ayotic': todos iguales); 2) el 'acuerdo' o convencimiento con base en argumentos para llegar a la convicción común; 3) el 'tiempo indígena', de duración notablemente más larga que el occidental; 4) la lengua, medio orgánico, participativo y responsabilizante del acuerdo; 5) el respeto a la autoridad en la comunidad; y 6) el 'trato' o convenio con todo el rigor de la ley, ya que es definitivo y debe ser cumplido." VOS, Jan De. *Op. cit.*, p. 175.

Êxodo (passagem bíblica do Velho Testamento bastante retomada pelos adeptos da Teologia da Libertação). Partindo dessa crença prévia, da realidade material e cultural e da pressão dos *tzeltales* para que as comunidades fossem consultadas antes da tomada de quaisquer decisões (o que incluía decisões referentes à religião), foi realizado um paralelo entre a caminhada efetuada pelo povo judeu para escapar da escravidão e a migração do "povo *Tzeltal*" até a *Selva Lacandona*, rumo à libertação de sua situação de opressão. Em linhas gerais ressaltaremos os pontos levantados por Jan de Vos[50] que consideramos importante apresentar acerca dessa catequese do Êxodo.

O título dado à catequese do Êxodo é revelador: *"Los tzeltales de la selva anuncian la buena nueva"*, ou seja, eles anunciam e não recebem, se apresentam como sujeitos ativos da pregação do evangelho.[51] Outra questão relevante é a busca de Deus não apenas por meio da palavra escrita da Bíblia, mas também da vida da própria comunidade. Juntos, a Bíblia e a comunidade revelam a boa nova, isto é, a vontade de Deus para que os *tzeltales* se (auto) libertem de qualquer forma de opressão e caminhem – como os judeus caminharam – para construir um povo novo em uma nova terra, onde haja justiça. Algumas passagens de uma versão em espanhol da catequese do Êxodo, retiradas da supracitada obra de Jan de Vos, servirão para ilustrar essas afirmações.

> [...] Todos nós homens temos direito a possuir a terra pelo trabalho que realizamos: é vontade de Deus [...] Nossos pais e nossos avós foram jovens nas fazendas dos grandes ricos. Eles e muitos outros mexicanos sentiram a escravidão e

---

50 VOS, Jan De. *Op. cit.*, p. 224-231.
51 No Capítulo IV deste livro serão apresentadas as ligações deste tipo de construção léxica com a cosmovisão maia e suas implicações sociopolíticas.

começaram a lutar por liberdade [...] Não somos livres se não temos terra para fazer nossa casa, para semear, para ter nossos animais e para viver em comunidade [...][52]

Partindo das seguintes palavras atribuídas a Jesus pela Bíblia: "Eu vim para que tenham vida e a tenham em abundância", concluem: "[...] A vida abundante é ter boa terra bem cultivada; ter dinheiro; ter boa saúde [...] A comunidade tem direito a que lhes ensinem outras novas formas de semear."[53]

Essas interpretações voltadas para a própria realidade vivenciada pelos *tzeltales* ocorrem com outras passagens bíblicas, como a seguinte: "Eu colocarei minha lei em todos os homens, a escreverei em seu coração e serei seu Deus e eles serão meu povo".

> Assim como cada um tem a lei de Deus escrita no coração, cada comunidade tem leis que nascem da lei de Deus. Essas leis ou costumes de nossa comunidade não são feitas sem motivos. Saem do pensamento de Deus e do consenso de toda a comunidade [...] Nossos avós e pais nos ensinaram-nas porque são coisas boas que nos servem e devemos respeitar. Quando vai passando o tempo, estas leis vão mudando um pouco. Muda a maneira como as fazem os homens, mas não muda o Espírito de Deus que há nelas.[54]

Essa valorização cultural vista na passagem acima citada, se repete acerca da relação entre a vontade de Deus e a cultura *Tzeltal*:

> Ao fazer o homem, Deus não o fez só, abandonado. O fez em companhia de outros homens, que são sua família e sua

---

52 vos, Jan De. *Op. cit.*, p. 225. [TLA]
53 *Ibidem*, p. 226. [TLA]
54 *Idem*. [TLA]

> comunidade [...] Nosso idioma, nossas vestimentas, nossas festas, nossa maneira de trabalhar e tudo que temos e sabemos, é como uma herança que nos deram nossos antepassados. A essa herança denominamos: nossa cultura. Nossa cultura é como um sobrenome, é o que nos faz sermos irmãos [...] Nossa cultura é como uma fonte de água e daí bebemos o temos, o que sabemos e o que somos. É aí onde encontramos Deus, porque Deus nos fala por meio de nossa própria cultura.[55]

Na continuação desta passagem, identificam-se quem seriam os que fazem parte desta mesma cultura e que, portanto, deveriam se unir, isto é, busca-se estabelecer ou reforçar a união entre as colônias selváticas de origem *Tzeltal*, o que evidencia que uma união que transcendesse as barreiras étnicas, tal qual almejava Dom Samuel Ruiz, ainda não estava em pauta na catequese do Êxodo:

> São de nossa cultura todas as colônias que tem nossa mesma história, nossos mesmos costumes, nosso mesmo idioma [...] Se temos os mesmos problemas, as mesmas esperanças e as mesmas lutas para viver melhor, temos que nos unir como uma só família [...] O segundo mandamento da lei de Deus diz assim: Ama a teu próximo como amas a ti mesmo. Deus manda que nos amemos a nós mesmos, que amemos nossa raça, nosso povo, nossa família [...] O que deprecia sua raça, age como se depreciasse sua mãe, como se depreciasse a obra de Deus.[56]

Um último ponto relevante consiste na interpretação dos *tzeltales* acerca da passagem bíblica referente à terra prometida e à (auto) libertação, onde é legitimada a luta pelo direito à terra:

---

55 vos, Jan De. *Op. cit.*, p. 226-227. [TLA]
56 *Ibidem*, p. 227. [TLA]

> Desde o passado Deus tem prometido aos homens uma terra nova [...] nossa esperança e nossa responsabilidade é chegar a conseguir por nosso trabalho a terra nova que Deus nos dá [...] Os que têm um coração novo, nada os detém de lutar, para fazer a Terra Nova, porque Deus está conosco e Ele cumpre sua Promessa.[57]

Todo esse trabalho desenvolvido com os *tzeltales* recebeu o aval de Samuel Ruiz García, que buscou ampliar a catequese do Êxodo às regiões da *Selva Lacandona* não alcançadas pela paróquia de *Ocosingo*.

Entretanto, alguns setores atrelados à diocese e ligados à ortodoxia marxista acusavam essa atuação de "culturalista", argumentando que a ênfase depositada na conscientização cultural dos indígenas e na questão da terra consistia em algo menor, devendo ser priorizada a conscientização da condição de oprimidos pelo sistema capitalista e que resultasse no apoio à classe trabalhadora, uma vez que ela seria a única capaz de impulsionar uma transformação real, pois se encontra no ponto de sustentação do sistema.

Por outro lado, havia trabalhos paralelos sendo desenvolvidos. O mais relevante é o da Missão jesuítica de *Bacharón*, que atendia comunidades *tzeltales* do município de *Chilón* (conferir mapas 02 e 08) e cuja evangelização também procurou adequar-se às exigências culturais encontradas, mas adotando uma postura sociopolítica menos radical do que a da paróquia de *Ocosingo*. Contudo, segundo Jan de Vos,[58] o contato diário com a situação das comunidades indígenas e a pressão exercida pelos catequistas levaram os jesuítas de *Bacharón*,

---

57 vos, Jan De, p. 227. [TLA]
58 *Ibidem*, p. 229.

em 1972, a denunciar a exploração do trabalho e o despejo da terra que atingiam seus fiéis.[59]

2.3 Dom Samuel Ruiz e o problema indígena como encruzilhada do problema de toda sociedade

Encerraremos as análises deste capítulo com dois artigos publicados em 1972 e 1973 pela *Revista Christus*.[60] Nestes artigos é possível perceber peculiaridades da linha político-teológica elaborada por Samuel Ruiz García sob a influência das reflexões que passou a abraçar a partir de 1968 e foram enriquecidas pela aplicação prática cotidiana nos contatos com as comunidades indígenas, em um período no qual, primeiro, a catequese de Êxodo já havia se estabelecido nas zonas selváticas sob o alcance da paróquia de *Ocosingo* e, com o aval do bispo de *Chiapas*, começava a se espalhar para outras regiões da *Selva Lacandona*; segundo, mesmo em paróquias onde as principais preocupações eram estritamente religiosas, começava a haver fortes movimentações sociais; terceiro, antecede brevemente o início dos preparativos para o Congresso Indígena de 1974, organizado sob os auspícios de Samuel Ruiz e que será tratado no seguinte capítulo deste livro. Neste período, marcado pela reação do setor

---

59 As consequências desta denúncia serão retomadas no próximo capítulo, quando trataremos das questões relativas ao Congresso Indígena de 1974.

60 Revista mexicana fundada em 1935 por um grupo de jesuítas. Inicialmente a revista possuía um caráter estritamente clerical, entretanto, a partir da Conferência de *Medellín* tendeu a adotar posturas e opções político-sociais e teológicas compatíveis com as correntes renovadoras da Igreja católica que viriam a ser denominadas como Teologia da Libertação, assim ampliando seus espaços de reflexão. Entre 1968 e 1973 seu diretor foi o jesuíta Enrique Maza. A revista ainda é publicada e continua reivindicando uma linha de pensamento e ação ligada à Teologia da Libertação.

"tradicionalista" da Igreja latino-americana,[61] Samuel Ruiz já era respeitado no meio teológico renovador como uma autoridade no que se refere às missões evangelizadoras em regiões indígenas e acumulava os cargos de presidente da *"Comisión Episcopal de Indígenas"* e presidente do *"Departamento de Misiones"* do CELAM.

O artigo de 1972 consiste em uma entrevista a Samuel Ruiz realizada pelo jesuíta Enrique Maza, diretor da revista. A primeira pergunta referiu-se à exploração dos indígenas e na resposta é possível perceber o quanto Samuel Ruiz absorveu de *Medellín* acerca das explicações estruturais para exploração, mas também como ele foi além, colocando os indígenas em uma situação abaixo dos explorados, uma vez que fora do sistema:

> [...] Algumas vezes falamos das zonas ou grupos de pessoas que estão marginalizadas da sociedade, em uma situação de funcionamento indevido das estruturas sociais, que empurra uma imensa quantidade de pessoas fora de tudo aquilo a que tem direito um indivíduo – pessoa humana –, mas o indígena está em uma situação pior, porque está fora, inclusive, da marginalização mesma.[62]

Na sequência apresentou o fenômeno do *"cacicazgo"* como uma consequência da estrutura social:

> [...] Há, indiscutivelmente, uma quantidade de irmãos indígenas, também vítimas, por sua vez, de outra situação de pressão que vem a eles desde fora de sua cultura, que converte, eles também, em manipuladores de suas próprias

---

61 Como apontado nas páginas 99-100.
62 RUIZ GARCÍA, Samuel. El problema indígena, encrucijada de toda nuestra sociedad. In: *Revista Christus*. México: Centro de Reflexión Teológica, abr., p. 46-51, 1972, p. 47. [TLA]

comunidades. Podemos falar dos caciquismos internos dentro das comunidades [...] A exploração não é somente de fora, sendo que o sistema produz, no interior da comunidade indígena, uma exploração interna, um colonialismo, uma dominação, uma injustiça.[63]

A segunda questão versou sobre como lidar com a chegada da "modernização" aos territórios indígenas, ao que Samuel Ruiz respondeu que o caminho não consistia no isolamento da cultura indígena, mas sim em uma conscientização, por meio da evangelização, que permitisse encontrar na própria cultura indígena os mecanismos que possibilitassem lidar com a chegada da modernização sem que a cultura indígena fosse destruída, levando as comunidades a lutar tanto pelo melhoramento individual, quanto coletivo:

> [...] me pergunto se a palavra "integração", quer dizer absorção, nesse questionamento, sai ilesa ou não.
> A posição não é criar uma espécie de isolamento das comunidades indígenas, como se estivéssemos cegos e não enxergássemos que existem atualmente, dentro da inter-relação mundial, repercussões culturais e que nenhuma cultura é estática. Mas se trataria de encontrar, desde o próprio fundo da cultura indígena, os mecanismos que sirvam para poder se relacionar melhor com uma sociedade de consumo, que está também em questionamento.
> [...] Dá a impressão que este processo pode comparar-se a um grande rolo compressor, nossa civilização que vai esmagar a outra cultura, preço que o indígena tem que pagar por um certo melhoramento econômico, bastante discutível, porque permanece no piso baixo da sociedade.

---

63 RUIZ García. *Op. cit.*, p. 47. [TLA]

> [...] quando a mensagem evangélica faça o indígena dar-se conta de seu próprio esmagamento e da urgência que ele tem de realizar a caridade em uma luta por seu melhoramento individual e coletivo, isto, creio eu, não terá comparação com um processo de absorção.[64]

Nessa resposta é possível observar paralelos com reflexões que a Teologia da Libertação ressaltava no período: a visão negativa do sistema capitalista sob o qual se estrutura a sociedade ocidental; a conscientização sociopolítica como papel da evangelização, visando que os explorados busquem sua própria libertação; e a avaliação da modernização a partir de como ela afetava os pobres, no caso, os indígenas.

Entretanto, acreditamos que pode ser traçado um paralelo, ainda mais expressivo, com as reflexões apresentadas em *Melgar* e, consequentemente, com vertentes antropológicas – relativamente novas para o período – paulatinamente enriquecidas pela politização advinda com a Conferência de *Medellín* e pelo trabalho prático cotidiano com as comunidades indígenas. É possível dividi-lo em três aspectos: primeiro, a avaliação dos possíveis prejuízos trazidos para os pobres transcende os aspectos socioeconômicos, enfatizando o perigo de causar danos à cultura indígena; segundo, quanto ao entendimento da cultura, que não precisaria isolar-se para sobreviver, uma vez que nunca se apresenta como algo petrificado, estático; e terceiro, com a possibilidade de conscientização e libertação a partir da própria cultura e não com uma "proletarização" do indígena.

Questionado sobre a educação indígena, o bispo colocou a questão da necessidade de adequação à realidade vivenciada, apontando

---

64 RUIZ GARCÍA, Samuel. *Op. cit.*, p. 47-48. [TLA]

para a inadequação dos promotores e programas educacionais, que acabava por gerar desprezo pela cultura indígena:

> Até agora, o que tenho visto é que o indígena que passa pelo processo escolar, vai recebendo um sutil desprezo a seu próprio ser cultural e seus próprios irmãos [...] fruto de uma educação que injeta desprezo a seu próprio ser cultural.
>
> E, para mim, é fruto também de uma desorientação do promotor, que é um indivíduo desculturalizado [...] sofre a tragédia de não saber onde cabe na sociedade. Não cabe na nossa, onde é rechaçado, porque ainda se vê nele manifestações indígenas, quer seja em suas feições, no que resta de relíquia sociológica em seu modo de agir ou em sua forma de expressar-se. E recebe também um rechaço por parte da própria comunidade, que o sente como estranho a ela mesma [...] E isto, naturalmente, se transmite aos próprios educandos.
>
> [...] os programas não contemplam a relação real, não serve ao indígena para sua situação concreta, serve para a transculturação.[65]

A pergunta seguinte referiu-se à opressão da Igreja católica sobre os indígenas. Samuel Ruiz respondeu da seguinte maneira:

> [...] o indígena, para poder ser cristão, tem que viver sua fé em moldes culturais que não lhe são próprios. Tem que viver sua fé como mestiço. Aqui estamos, de uma maneira involuntária, exercendo uma opressão ao indígena, que exige que viva sua fé deixando de ser ele mesmo.
>
> [...] Tampouco podemos escapar [...] a um vício, que é o etnocentrismo. Estamos condicionados de tal maneira por nosso próprio ser cultural, que possuímos um instinto, uma maneira de atuar, uma personalidade, digamos assim, que

---

65 RUIZ García, Samuel. *Op. cit.*, p. 48. [TLA]

> nos faz contemplar a cultura do indígena desde o ângulo de nossa própria cultura, não desde o ângulo da cultura deles. E medir os valores de sua cultura pelos nossos. O que acaba por negar os valores de sua cultura, e leva também a um desprezo de sua situação cultural. Este ângulo etnocêntrico nos leva a uma atitude de paternalismo. Nós decidimos por eles o que devem fazer.[66]

Essa resposta de Samuel Ruiz soa quase como um pedido de desculpas por suas ações desde quando assumiu a diocese de *San Cristóbal*, em 1960, passando desde a inadequação à realidade material, até chegar ao paternalismo e à depreciação da cultura indígena ao impor um cristianismo baseado na cosmovisão ocidental. Contudo, o bispo de *Chiapas* parece apontar os erros para defender a nova proposta de encarnar a teologia na cultura indígena:

> [...] há um caminho novo que temos que descobrir, à luz do Concílio; uma iluminação nova também, ao interpretar a ciência moderna e o fenômeno da sociedade que questiona toda nossa ação missionária; e temos um dever de consciência, porque há um feito teológico, uma palavra de Deus nesses acontecimentos, que temos que descobrir, e dar uma viragem por caminhos distintos.[67]

É possível perceber o impacto da Conferência de *Medellín* a partir da necessidade, apresentada pelo bispo, de reagir às críticas trazidas pela ciência moderna e, além disso, fica claro que o embasamento teológico para a nova postura missionária partiu de uma retomada dos documentos do Concílio Vaticano II – iniciada após o Encontro

---

66 RUIZ García, Samuel. *Op. cit.*, p. 48-49. [TLA]
67 *Ibidem*, p. 49. [TLA]

de *Melgar* – uma vez que Samuel Ruiz está falando, em 1972, de um novo caminho que se inicia.

Ainda nessa mesma resposta, Samuel Ruiz pareceu referir-se aos fenômenos que estavam ocorrendo em decorrência das renovadas experiências de evangelização realizadas com os colonos da *Selva Lacandona*. Ao falar da opressão causada pela imposição do cristianismo a partir de moldes ocidentais, afirmou: "[...] o indígena [...] onde se faz certa evangelização, começa a tomar consciência disto e questiona, nos fornecendo indicações muito concretas sobre nossa maneira de atuar, e nos obriga a revisar toda esta posição."[68] É provável que nessa passagem Samuel Ruiz estivesse referindo-se ao trabalho que estava sendo realizado na paróquia de *Ocosingo* com os catequistas *tzeltales* ligados à catequese do Êxodo. De qualquer forma, nesta passagem percebe-se a importância do trabalho prático cotidiano para a renovação pastoral empreendida.

Dando continuação a essa temática, o entrevistador perguntou o que a Igreja católica estava fazendo ou pretendia fazer pela libertação dos indígenas. Nessa resposta Samuel Ruiz afirmou que hoje (1972) possuía uma nova visão da situação indígena, em virtude de sua presença em alguns encontros (muito provavelmente refere-se à *Melgar* e *Medellín*) que lhe possibilitaram observar sob novos aspectos e de maneira mais profunda as reflexões do Concílio Vaticano II, além de perceber a miséria como fruto de um fenômeno global. Segue uma passagem da resposta:

> [...] Creio agora ver, em uma dimensão nova e mais profunda, as orientações do Concílio. Não como um fruto propriamente pessoal, mas é que Deus me deu a oportunidade de

---

68 RUIZ García, Samuel. *Op. cit.*, p. 49. [TLA]

> estar em alguns encontros nos quais me iluminaram aspectos, que me projetaram uma série de interrogações novas que não possuía [...] ao chegar aqui. Para mim, a situação inicialmente se apresentava, simplesmente, como existência efetiva de uma grande pobreza indígena, sem observá-la como um fenômeno do mecanismo da sociedade [...]
> Agora vejo que todo o funcionamento da sociedade leva a isto [...] Agora percebo o problema indígena como a encruzilhada do problema de toda nossa sociedade. Caso se resolva, ou se queira resolver, realmente este problema, deve-se concluir que todo o sistema de toda nossa sociedade está questionado.[69]

Encontramos nessa resposta sinais confirmando que foi a Conferência de *Medellín* e seus encontros preparatórios que levaram a uma profunda transformação do pensamento do bispo, levando-o a questionar as estruturas imperantes na sociedade, mas se inserindo num quadro de agentes ligados ao Departamento de Missões do CELAM, desta forma, aliando uma postura politizada, com a complementação a partir de questões trazidas pela antropologia, além da releitura e reinterpretação de documentos do Concílio Vaticano II referentes a questões que estavam diretamente ligadas à realidade indígena, com a qual lidava diariamente em *Chiapas*.

Nesta perspectiva, Samuel Ruiz enfatizou a necessidade de repensar a postura da missão evangelizadora, partindo do conhecimento da realidade e do entendimento da caridade cristã como sendo sinônimo de compromisso com a construção de uma sociedade melhor:

> Por isso, as etapas que percebemos são, inicialmente, uma reflexão sobre a teologia da missão à luz do Concílio; mas iluminada, primeiramente, por uma análise concreta da

---

69 RUIZ GARCÍA, Samuel. *Op. cit.*, p. 49. [TLA]

realidade, a fim de que se difunda a consciência clara de que não se pode ser cristão sem que o indivíduo esteja comprometido na construção de uma sociedade melhor, como única condição para poder exercer a caridade cristã.[70]

No trecho citado a seguir, Samuel Ruiz defendeu a postura renovada da atividade pastoral apontando elementos que, mais uma vez, remetem claramente a reflexões introduzidas em *Melgar* e, além disso, apesar de apresentados de maneira mais elaborada pelos neozapatistas, são essencialmente os mesmo que norteiam o discurso do EZLN:

> Daí parte uma revisão profunda de nossa própria atitude, com esta visão teológica questionadora de nossa atividade pastoral anterior [...] Se pensará que estamos nos esforçando por um retrocesso do indígena, impedindo sua verdadeira integração à Nação, quando o que estamos pedindo é uma integração de maneira diferente, desde o centro de sua própria cultura; não com a destruição de seus valores, o que cancelará precisamente a possibilidade de um enriquecimento para toda a cultura nacional, e quiçá um enriquecimento para a solução nas buscas das formas de uma futura sociedade, que devemos construir.[71]

É possível comparar essa passagem com palavras de ordem que representam algumas das principais demandas e sempre aparecem no discurso neozapatista como, por exemplo, "Por um mundo onde caibam todos os mundos" ou "Nunca mais um México sem nós".[72]

---

70 RUIZ, Samuel. *Op. cit.*, p. 49. *Idem*. [TLA]
71 *Idem*. [TLA]
72 Algumas das principais demandas do EZLN serão apresentadas de forma mais detalhada no capítulo IV deste livro.

Na sequência da resposta percebe-se todo o peso de *Medellín* no discurso de Samuel Ruiz, que enfatizou a necessidade de conscientização como cerne da missão evangelizadora, visando que os próprios indígenas buscassem sua libertação. Todavia, em razão dos motivos que já observamos anteriormente, sua aceitação da necessidade de desmascarar o sistema em vigor, uma vez que ele gera exploração e injustiças, não significava a adoção do marxismo como norteador de sua conduta:

> Se há um sistema, uma forma de atuar, uma injustiça concretizada, enquanto não se esforce para sair dela, por exigir os próprios direitos, por fazer que o indígena se sinta consciente de que é manipulado em muitíssimos aspectos, não somente no político, mas também no religioso, enquanto esta consciência não se desperte, não podemos dizer que estamos cumprindo com a missão de evangelizar [...] Nos colocarão etiquetas que estão na moda para todo aquele que questiona a injustiça da sociedade, como a de marxista. Estes são os perigos que vamos suportar.[73]

Respondendo a duas perguntas sobre o que os governantes estavam fazendo para a libertação dos indígenas, Samuel Ruiz afirmou que não havia intenção por parte dos governantes em libertar os indígenas, o que implicaria em questionar o próprio sistema. O que existia eram apenas projetos para a implantação de melhorias elementares, porém indispensáveis, em razão das precárias condições de vida dos indígenas, e muito bem-vindas quando existisse uma preparação e conscientização prévias. No entanto, o real intuito de muitas dessas melhorias consistia em integrar o indígena à sociedade de consumo,

---

73 RUIZ GARCÍA, Samuel. *Op. cit.*, p. 49-50. [TLA]

assim evitando sua conscientização política e o ligando aos mecanismos de controle e exploração:

> Creio que se trata de resolver o problema indígena – e isto eu colocaria entre aspas –, no sentido de eliminar uma possível conscientização destas minorias, à luz do que está acontecendo [...] com outros grupos minoritários que começam a despertar, tomando consciência de sua situação de opressão. Parece-me, pelo que vejo, que há um enfoque do problema no qual não se projeta a situação de libertação; porque isso equivale a questionar o próprio sistema.
>
> [...] não creio que se esteja questionando, até o grau de considerar-se a libertação do indígena, mas seu melhoramento, com uma integração ao sistema da sociedade.
>
> [...] está em jogo, verdadeiramente, uma situação desesperada do indígena [...] Creio eu que não se pode, por mais boa vontade que haja, sair de pronto desta situação. Pode haver, certamente, uma melhora. É o que todos estamos esperando. E aqui temos que somar forças, onde quer que esteja em jogo o melhoramento verdadeiro e autêntico do indígena, e não uma exploração maior.
>
> [...] Há um melhoramento, que coincide com um reforço dos controles e de um sistema de exploração.[74]

Nessas passagens acima citadas, mais uma vez o bispo de *Chiapas* deixou transparecer seu alinhamento com algumas explicações estruturais e anti-sistêmicas que sobressaíram na Conferência de *Medellín*.

Na pergunta seguinte o entrevistador referiu-se à diversidade cultural indígena encontrada no território atendido pela diocese de *San Cristóbal de las Casas*, ao que Samuel Ruiz respondeu afirmando que, apesar de possuírem vínculos comuns derivados de sua ascendência

---

74 RUIZ García, Samuel. *Op. cit.*, p. 50. [TLA]

maia, cada agrupamento étnico possuía características próprias, não podendo ser generalizadas nem mesmo pela divisão entre os quatro grupos linguísticos predominantes na região, *tzeltal, tzotzil, tojolabal* e *chol*, uma vez que entre comunidades pertencentes ao mesmo grupo linguístico, mas localizadas em regiões distintas, existiam grandes diferenças culturais. Isto levou o bispo de *Chiapas* a referir-se aos problemas acarretados por esta situação para a implantação de uma evangelização encarnada, explanando longamente quais objetivos buscados e em que reflexões teológicas estava embasada esta conduta adotada há pouco tempo pela diocese de *San Cristóbal*:

> [...] a pastoral tem aqui um questionamento muito forte. Como poder fazer que se viva a caridade intertribal, em um relacionamento também com a sociedade majoritária do país, conservando sua própria identidade cultural? [...] temos que dizer que estamos, timidamente, dando o primeiro passo. Quer dizer, conhecer estas culturas, não por um imperativo antropológico, mas porque é o único caminho, teologicamente falando, de conhecer o que Deus está fazendo aí, no seio destas culturas. Sua ação salvífica concreta. Então, antes de chegar a desenvolver qualquer atividade, tenho que conhecer o que é que Deus está fazendo aí, primeiro. Descobrir esta palavra de Deus. Descobrir esta história salvífica em cada cultura, e tomar como ponto de partida de uma evangelização encarnada nesta cultura [...]
> Depois disto, não cronologicamente, mas como um passo simultâneo, se impõe uma reflexão teológica, para alcançar modelos pastorais de ação, nos quais seja o indígena que surja dentro de sua própria situação cultural. Que surja a Igreja autóctone. Uma evangelização encarnada termina em uma Igreja autóctone, que vive sua fé e a expressa dentro de seus próprios moldes culturais. Prevendo que esta evangelização, com suas próprias exigências, levará a uma dinamização

> destas culturas – não a um passo retroativo na história, como estavam na colônia – desde sua situação cultural atual, com todos os sedimentos que foram absorvendo da cultura ocidental. A situação atual, o que existe concretamente, nesse momento, nessa cultura, é o ponto de partida para evangelização encarnada, que, como disse o documento conciliar das missões, dinamiza internamente a cultura, em um processo de libertação do homem, levando-o a uma possibilidade de poder dialogar com outras culturas, majoritárias ou minoritárias, que se encontrem em um país determinado. Estabelecer esta vinculação, na vivência da caridade, é a função da Igreja, cuja tarefa não é fazer uma monocultura universal, mas fazer que a riqueza de cada cultura, dinamizada à luz do Evangelho, possa entrar em jogo na constituição de uma maior sociedade que se integre, no verdadeiro sentido da palavra, não por absorção, mas conservando cada um sua própria identidade cultural, em uma inter-relação e uma intercomunicação de bens e valores.[75]

Apesar do alinhamento de Samuel Ruiz, como foi apresentado anteriormente, com explicações ligadas à Teologia da Libertação desse período, é possível observar nessa resposta uma empatia maior com as questões chaves para o pequeno setor que daria origem à Teologia Indígena, uma vez que coloca ênfase na importância da cultura indígena e apresenta um entendimento da cultura como algo móvel, que pode relacionar-se e absorver aspectos de outras culturas sem que isso resulte em seu empobrecimento ou extinção, podendo, pelo contrário, significar sua dinamização. Estas reflexões consistem em um desenvolvimento e na colocação em prática de algumas questões apresentadas pelo Concílio Vaticano II, mas que estavam em segundo plano frente a questões político-econômicas

---

75 RUIZ García, Samuel. *Op. cit.*, p. 50-51. [TLA]

que formavam o cerne das preocupações da Teologia da Libertação nesse período.

Além disso, novamente é possível traçar um paralelo claro entre os objetivos da evangelização encarnada buscada por Samuel Ruiz, com aquilo que foi apresentado em *Melgar* e aprofundado paulatinamente pelas reflexões dos agentes ligados ao Departamento de Missões do CELAM, e com algumas das principais demandas do EZLN, uma vez que ela visa alcançar uma integração dos indígenas à Nação mexicana, sem que para isso cada etnia deva abandonar sua cultura própria, mas sim o contrário, com a incorporação da diversidade cultural significando uma dinamização e o enriquecimento da cultura nacional mexicana.

A resposta fornecida por Samuel Ruiz, quando perguntado sobre as traduções da Bíblia para as línguas indígenas, serve como um exemplo do trabalho realizado a partir da nova conduta pastoral, baseada em uma teologia encarnada:

> Anteriormente, o sacerdote fazia a tradução, com um grupo de indígenas como informantes [...] Mas [...] começamos a dar-nos conta de que estávamos vendo o indígena desde nosso ângulo, e não enxergávamos a contribuição do indígena, não sabíamos qual era a palavra do indígena, nem sua situação concreta [...] Agora é o indígena quem está fazendo esta tradução por comunidades, e é o sacerdote o informante do indígena, quem o assessora em alguns aspectos. Já não é o indígena que ajuda [...] supõe-se que ele possui maior capacidade para falar em sua própria língua e que [...] ele tem esta capacidade para poder expressar a palavra de Deus.[76]

---

76 RUIZ García, Samuel. *Op. cit.*, p. 51. [TLA]

Na passagem acima citada também é possível inferir, mais uma vez, a importância alcançada pelos catequistas indígenas, afinal muito provavelmente são eles os tradutores da Bíblia[77] a que se referiu Samuel Ruiz.

Na continuação da resposta, o bispo seguiu apresentando o que entendia como papel da diocese sob a nova conduta pastoral adotada, novamente enfatizando a valorização da cultura indígena, depreciada em alguns aspectos até pelos próprios indígenas:

> Nós estamos ali como um elemento catalisador, não manipulador, como alguém que ajuda a questionar aquelas coisas que eles não podem questionar. Servimos como um espelho, que ajuda a que olhem eles mesmos dentro de seu próprio ser cultural; a que reconheçam seus próprios valores, que têm sido depreciados por eles mesmos, à força de ouvir e ver as atitudes depreciativas para com eles, de maneira que é para eles uma grande surpresa descobrir que estes valores existem.[78]

Por fim, utilizou como exemplo das mudanças ocorridas a partir da implantação da evangelização encarnada, a transformação na forma de escolha dos catequistas indígenas:

> [...] Penso, por exemplo, em dois mil e tantos catequistas indígenas desta região, que, dentro da projeção anterior, não eram outra coisa que o prolongamento de nossa mão dominadora na comunidade; porque eram indivíduos selecionados por nós, que recebiam uma evangelização ocidentalizante,

---

77 Muito provavelmente a versão da Bíblia que serviu de base para estas traduções foi a Bíblia Latino-Americana, que surgiu no bojo das novas modalidades de ler a "Palavra de Deus" que emergiram após o advento do Cristianismo da Libertação, com o intuito de propiciar uma leitura comunitária popular da Bíblia, possuindo como característica de fundo uma acentuada atenção ao ambiente histórico sociorreligioso, político e econômico.

78 RUIZ GARCÍA, Samuel. *Op. cit.*, p. 51. [TLA]

que vão transmitir com uma maior ou menor adaptação dentro da comunidade, a fim de que se transculture dentro do seio da Igreja. Por outro lado, a viragem que deve-se dar, questiona toda esta situação e obriga-nos a tomar como ponto de partida a própria comunidade, aos que eles elejam para que transmitam esta palavra de Deus a suas comunidades.[79]

Nesse trecho, encontramos a confirmação de que a formação teológica fornecida aos catequistas indígenas de *Chiapas* no período que antecedeu a Conferência de *Medellín* possuía um caráter ocidentalizante. Por outro lado, essa transformação na forma de escolha dos catequistas indígenas era uma demanda antiga, inclusive apresentada, grosso modo, pelo catequista *tzeltal* Juan Hernández durante o Encontro de *Xicotepec*, como foi apontado anteriormente.[80]

2.4 Os cristãos e a justiça na América Latina

O segundo artigo consiste no discurso proferido por Samuel Ruiz García durante a *Conferência Católica de Cooperación Inter-Americana*, realizada pelo CICOP[81] em fevereiro de 1973. O texto gira em torno do tema "justiça" e é dividido em introdução e mais quatros itens.

Na *Introducción*, o bispo deixou claro qual o tipo de justiça que se referia, ou seja, a justiça como sinônimo de libertação dos oprimidos, a justiça que consiste na essência daquilo que almejava o Cristianismo da Libertação:

---

79 RUIZ García, Samuel. *Op. cit.*, p. 51. [TLA]

80 Conferir páginas 137-138.

81 O CICOP foi um programa de origem estadunidense (*Catholic Inter-Amerian Cooperation Program*) que existiu de 1964 a 1973 e promovia um grande encontro anual, no qual se reuniam estudiosos e líderes religiosos e políticos para debater temas relacionados à América Latina.

o espírito e consciência social de nossa época nos leva a colocar de lado o critério individualista e fixista da justiça comutativa e a destacar os ideais de justiça (social) [...]

Não resisto à tentação de afirmar que com este avanço em nossa concepção e busca da justiça integral, nós cristãos não intentamos outra coisa senão voltar ao Deus dos profetas e de Jesus Cristo. A Javé a quem não se conhece senão compadecendo-se dos necessitados e fazendo justiça, a Javé que não quer culto a não ser justiça inter-humana, e a quem somente se ama no amor-justiça ao próximo.[82]

O item que sucede a introdução é intitulado *Los nuevos planteos*, subdividindo-se em *planteos sociológicos – antropológicos* e *planteos teológicos*. Nos *planteos sociológicos – antropológicos*, o bispo realizou um balanço geral das transformações ocorridas nas interpretações das ciências sociais sob as quais se apoiavam setores renovadores da Igreja católica. Esse subitem se inicia tratando da passagem do desenvolvimentismo para a teoria da dependência:

> [...] havia-se passado de um enfoque de "desenvolvimento" a um enfoque de "libertação" em meados dos anos 60 [...]
>
> Por conseguinte, no final da década de 60 [...] já se havia rechaçado na América Latina a esperança de um processo de desenvolvimento que lograsse alcançar as condições atuais das sociedades de consumo, repetindo sua trajetória histórica.
>
> Optou-se, pois, por abandonar o enfoque (não os grandes ideais do "desenvolvimento"), por ser paliativo e estéril, e generalizou-se a adoção da "teoria da dependência" e a terminologia da libertação [...] Não se tratava, enfatizemos, de rechaçar o desenvolvimento, mas aceitar que o caminho até essa meta ideal enfrenta, na América Latina, as redes da

---

82 RUIZ García, Samuel. Los cristianos y la justicia en América Latina. In: *Revista Christus*. México: Centro de Reflexión Teológica, out., p. 32-37, 1973, p. 32. [TLA]

dependência estrutural, tecidas com laços de um capitalismo subdesenvolvido e dependente e de umas burguesias dependentes e herodianas.[83]

Por outro lado, na sequência desse subitem, Samuel Ruiz fez questão de ressaltar que havia críticas à insuficiência explicativa da teoria da dependência quando esta apresentava uma preocupação excessiva com fatores externos:

> No entanto, ao começar a década atual, considera-se ao enfoque "dependência" não inválido, mas sim insuficiente e bastante deteriorado em alguns setores que adotaram-no sem avançar a novas análises.
>
> [...] A captação da crise atual está levando a impedir o esquematismo, mecanicismo e maniqueísmo que ameaçam a esta teoria quando se apresenta com uma preocupação excessiva pelos fatores externos. E está levando os cientistas a examinar com mais precisão o papel decisivo das estruturas e processos internos na constituição, manutenção, atenuação ou ruptura da dependência.[84]

E dentre estes processos internos, cuja importância os cientistas estavam examinando mais atentamente, o bispo destacou, por razões óbvias, a questão dos indígenas, apontando o fator cultural, para além do estritamente econômico, como determinante para a emancipação e legitimando essa posição teológica por alinhar-se

---

83 RUIZ García, Samuel. *Op. cit.*, 1973, p. 33. Segundo Enrique Dussel, o termo "herodiano" foi inicialmente empregado por Toynbee e posteriormente tornou-se usual no pensamento cristão latino-americano para designar as oligarquias opressoras nacionais, que não possuem apoio popular e são respaldadas pelo "império internacional do dinheiro". DUSSEL, Enrique. *Op. cit.*, p. 238. [TLA]

84 RUIZ García, Samuel. *Op. cit.* 1973, p. 33. [TLA]

com vertentes antropológicas apresentadas por ele próprio como as mais avançadas ("antropólogos de vanguardia"):

> [...] entre as estruturas e processo internos de nossos países, analisa-se atualmente com especial interesse a situação dos chamados "índios" e de seus grupos culturais ou "étnicos". O enfoque que tende a prevalecer entre os missionários cristãos e entre os antropólogos de vanguarda [...] começa a intentar a busca de emancipação do indígena, que será a afirmação das etnias ou grupos culturais a respeito de seus direitos culturais e sociais [...][85]

Os *planteos teológicos* se iniciam com uma longa descrição das características essenciais da Teologia da Libertação, na qual Samuel Ruiz – recorrendo principalmente aos apontamentos de Gustavo Gutiérrez – afirma que na América Latina ocorreu uma superação da teologia tradicional, que se constituía como um saber espiritual, ao passo que a Teologia da Libertação era uma teologia do concreto, "[...] uma reflexão crítica acerca da fé dos cristãos enquanto práxis libertadora [...]"[86]

Destaca-se nessa descrição o entendimento apresentado acerca do conceito de práxis, que apareceu com as mesmas características presentes na teoria da dependência, isto é, a necessidade de libertação da dependência estrutural latino-americana por meio da superação do sistema capitalista em vigência. Contudo, Samuel Ruiz colocou que a práxis não deve se resumir a essa busca, deve procurar também novas formas de atualizar as potencialidades e capacidades humanas, ou seja, o bispo procurou abrir espaço para o trabalho de

---

85 RUIZ García, Samuel. *Op. cit.*, p. 33, 1973. [TLA]
86 *Idem*, p. 33. [TLA]

capacitação técnica e educacional, formação de cooperativas e, sobretudo, valorização cultural dos indígenas:

> [...] A práxis não é qualquer ação, mas a ação estratégica e taticamente eficaz frente à dependência estrutural na América Latina, como libertação política e econômica do sistema sociopolítico estabelecido (capitado como "injustiça estrutural", "violência institucionalizada"), mas abarca também a libertação como processo permanente e ascendente até novas formas de "ser mais" atualizando a capacidade e potencialidade humanas [...][87]

Na continuação, o bispo apontou os temas que considera mais recorrentes nas exposições sobre a Teologia da Libertação, na qual, entre outros, elencou a salvação de Cristo como um processo que se inscreve na história humana, comportando a luta por uma sociedade mais justa; e a conexão do tema do Êxodo com a libertação atual da América Latina.[88]

Em seguida apresentou uma tentativa de resolver os conflitos que, muito provavelmente, povoavam seus pensamentos, tratando da ligação entre a Teologia da Libertação e temas como revolução, política, radicalidade e a possibilidade ou não de haver conciliação entre opressores e oprimidos:

> [...] esta teologia da libertação não é "uma teologia da revolução" [...] É, certamente, um TEOLOGIA POLÍTICA, porque é uma teologia que se compromete com a transformação da realidade [...] reflete desde uma opção radical pela justiça para todo homem e desde um compromisso que quer ser radical, total e eficaz.

---

87 RUIZ García, Samuel. *Op. cit.*, 1973, p. 33. [TLA]
88 *Idem.*

[...] trata de resgatar a morte de Cristo de suas mistificações alienantes ("teoria ideologizada da satisfação substitutiva, reconciliação apaziguante de conflitos"etc.) devolvendo sua dimensão histórica e política [...]

[...] uma postura de autêntico amor que não é conciliação impossível entre opressores e oprimidos, mas libertação de ambos, mediante o processo revolucionário do oprimido.[89]

A respeito dessa última afirmação, que identifica a libertação com o processo revolucionário do oprimido, Samuel Ruiz recorreu a Enrique Dussel para apresentar qual o caráter dessa revolução necessária: "[...] O opressor não é aniquilado pelo oprimido, pelo contrário, é humanizado na destruição da própria relação de opressão [...]"[90] Não fica claro como se daria a destruição das relações de opressão. Enrique Dussel[91] defende que a violência é justificável, como pode ser percebido, por exemplo, em sua obra *Ética comunitaria*,[92] no entanto, isto importa menos para o caso do que a interpretação realizada por Samuel Ruiz que, a partir dessa passagem pouco clara que retirou do artigo de Dussel, procurou legitimar sua

---

89 RUIZ García, Samuel. *Op. cit.* 1973, p. 34. [TLA]
90 DUSSEL *apud* RUIZ García, Samuel. *Op. cit.* 1973, p. 37. [TLA]
91 Nascido em *Mendoza*, Argentina, em 1934, Enrique Dussel é um filósofo radicado (exilado), desde 1975, no México. Autor de uma grande quantidade de obras, seu pensamento discorre sobre temas como filosofia, política, ética e teologia. Além dos temas diretamente relacionados à Teologia da Libertação, sua contribuição mais importante é a Filosofia da Libertação, onde critica o método filosófico clássico e propõe a Analética como um novo método de pensamento integral sobre a realidade humana. Crítico do pensamento eurocêntrico contemporâneo, coloca-se também como crítico da "pós-modernidade", chamando por um novo momento denominado transmodernidade. Mantem diálogos com filósofos como Apel, Gianni Vattimo, Jürgen Habermas, Richard Rorty, Lévinas.
92 DUSSEL, Enrique. Lucha de clases, violencia y revolución. In: *Ética comunitaria*. Madrid: Ediciones Paulinas, 1986, p. 184-195.

preferência por outros caminhos diante da possibilidade de que a revolução fosse buscada através de vias violentas. [93]

Feito isto, Samuel Ruiz passou a tratar da teologia missionária. A partir desse ponto, nesse subitem não existem referências a nenhum autor, sendo as únicas referências tiradas do documento *Ad Gentes* do Concílio Vaticano II. O que o bispo apresenta é mais uma sistematização do embasamento teológico de seu renovado trabalho de evangelização indígena em andamento na região abrangida pela diocese de *San Cristóbal*:

> Está também em processo de elaboração uma teologia missionária de nosso mundo indígena. Esta teologia consiste hoje no realismo da Encarnação e seu crescente processo. Não há missão sem encarnação. A encarnação da atividade missionária deve ter a mesma profundidade da Encarnação do Verbo: encarnação SOCIOCULTURAL como a de Cristo; encarnação da mensagem dentro dos valores e categorias da cultura, encarnação da comunidade eclesial nas formas dessas culturas.[94]

Ainda nessa apresentação, aparece uma crítica a busca por libertação apenas em sentido socioeconômico e macroestrutural: "[...] esta teologia missionária sustenta que a salvação tem a mesma dimensão da Encarnação, ou seja, é salvação para o homem inteiro, em todos seus aspectos: social, econômico, político, cultural [...]".[95]

---

93 O que vai ao encontro do que afirma Michael Löwy, segundo o qual o trabalho da diocese do bispo Samuel Ruiz García recusava toda ação violenta. LÖWY, Michael. *Op. cit.* 2003, p. 62.
94 RUIZ García, Samuel. *Op. cit.* 1973, p. 34. [TLA]
95 *Idem.* [TLA]

Por fim, tratou das finalidades da teologia encarnada que, além da procura por propiciar a construção de Igrejas autóctones, poderia contribuir para a descoberta, a partir da realidade dos próprios indígenas, dos meios para alcançar a libertação:

> A universalidade da Igreja não implica identificação com a cultura ocidental, portanto, a atividade missionária deve superar a tensão entre unidade e pluralismo, universalidade e autoctonia, para fazer que as novas igrejas locais indígenas nasçam e se desenvolvam com sua própria figura e maneira de ser.
>
> [...] não é estranho que a teologia missionária assuma a realidade hoje melhor captada do índio e das etnias e que descubra neles os anseios de libertação.[96]

O segundo item intitula-se *Diversas clases de compromisos de los cristianos*, no qual o bispo construiu uma espécie de cronologia dos diferentes compromissos defendidos pelos cristãos, no entanto, Samuel Ruiz ressalvou que essa divisão não é uma "camisa de força" e, assim sendo, pode existir no presente uma convivência conflituosa entre os diferentes tipos de compromissos.

O primeiro subitem é *La etapa de la "Acción Social Católica"*, que marcou a década de 1950 "[...] a década da chamada 'Ação Social Católica', que ainda que se diferenciando da ação assistencial, ocupava-se em atender problemas específicos."[97]

O segundo subitem é *La etapa del desarrollo integral*, predominante a partir da década de 1960. Marcada pelo desenvolvimentismo e pela busca de uma integração por vias harmoniosas dos grupos

---

96 RUIZ García, Samuel. *Op. cit.* 1973, p. 34. [TLA]
97 *Ibidem*, p. 35. [TLA]

étnicos mais pobres, visando que pudessem participar das decisões e usufruir do progresso e bem-estar social.[98]

O terceiro subitem é *Movimientos, reivindicaciones y presionantes*, que consiste na reação de alguns cristãos à concentração de poder econômico, cultural, político e religioso, que os levou a buscar a realização da justiça para as maiorias por meio da organização ou participação em grupos de pressão, não exclusivamente cristãos. Ainda nesse subitem existe uma passagem que soa como uma justificativa de Samuel Ruiz para o anticomunismo que, em maior ou menor grau segundo o período, marcou seu pensamento pelo menos até sua participação na *Conferência de Medellín*:

> [...] me atrevo a mencionar minha opinião de que, mesmo em movimentos extremistas e fundamentalistas de direita, encontram-se cristãos que desta forma buscam lutar por justiça, uma vez que tem sido tão longa a história de confusão do cristianismo com anticomunismo na América Latina, que não é incomum encontrar jovens e adultos que militam em organizações repressivas a movimentos libertadores com a consciência de estar lutando "por Deus e pela Pátria", contra a injustiça de um comunismo satanizado.[99]

O último subitem é *Liberación de un nuevo poder*, onde Samuel Ruiz afirmou que começava a ganhar força na Igreja Latino-Americana uma nova concepção do poder, que iria além daquela que o entendia apenas como um instrumento que as elites possuíam e que os dominados deveriam lutar para se apoderar. Esta nova concepção considerava o poder como algo maior, presente em todo homem (individualmente e como coletividade), sendo necessário que

---

98 RUIZ García, Samuel. *Op. cit.* 1973, p. 35. [TLA]
99 *Idem.* [TLA]

se encontrasse os canais de manifestação desse poder, por meio da conscientização, da autoconfiança, da criatividade etc.

Na sequência o bispo apresentou quais são as consequências da atuação a partir dessa nova concepção do poder. Nestas passagens que a seguir serão citadas, Samuel Ruiz marcou seu posicionamento político-teológico, apresentando quais características e expectativas tinha quanto ao trabalho que buscava realizar com os indígenas de *Chiapas*:

> [...] um projeto de libertação que deve ser elaborado, conduzido e executado pelo próprio povo latino-americano majoritário, que deve decidir seu próprio desenvolvimento, levando em conta os avanços da ciência, da técnica e da experiência histórica dos demais povos.[100]

Acima percebemos uma defesa da busca por autolibertação de acordo com as próprias necessidades e características civilizacionais, no entanto, levando em conta aquilo que pode ser apropriado da sociedade ocidental.

> Neste contexto, de promoção libertadora, encontramos, tanto sindicatos, como cooperativas, associações de colonos, ligas camponesas, organismo técnicos, centros de promoção, movimentos de alfabetização, movimentos de educação de base etc. Todos eles caracterizados por haver rejeitado o desenvolvimentismo reformista e por visar à transformação global da atual sociedade a partir da conscientização, mobilização e organização do povo. Seria simplismo acreditar que todos estes grupos e movimentos seguem esquemas marxistas [...] Seria simplismo igualmente, acreditar que todos estes grupos seguem ao pé da letra "o método Freire", mas

---

100 RUIZ García, Samuel. *Op. cit.* 1973, p. 35. [TLA]

certamente buscam a mobilização popular mediante a "educação libertadora" do mesmo povo.

Parece-me que a ação missionária e indígena entre os índios da América Latina inscreve-se, por direito próprio, neste setor, pois visa à criação de seu próprio "poder índio" e de uma sociedade global que aceite a emergência da cultura própria das etnias, livre de opressões econômicas, políticas, culturais e raciais.[101]

Nestes parágrafos citados acima, Samuel Ruiz apontou que a ação missionária indígena, ou seja, o *lócus* principal de seu pensamento e atuação, inscrevia-se nessa nova concepção do poder, o que nos possibilita compreender o sentido da ligação entre a busca pela autolibertação e a ênfase colocada pela diocese de *San Cristóbal*, a partir de 1968, na criação de cooperativas, centros educacionais e de capacitação etc.,[102] uma vez que estes passaram a ser entendidos como parte de uma "educação libertadora", que abandonou o reformismo (advindo com o desenvolvimentismo) e passou a visar transformações radicais da sociedade, partindo de uma conscientização que levasse os indígenas a se organizar e mobilizar. Por outro lado, mais uma vez o bispo faz questão de esclarecer que esta proposta – que é a dele próprio – não é a mesma dos marxistas e não se reduz a libertação econômica.

O item três intitula-se *Los actuales replanteos*. Nele o bispo apresentou as circunstâncias que no momento lhe pareciam fazer os cristãos refletirem sobre seus enfoques e compromissos, dividindo-as em quatro subitens, onde se percebe os sinais da forte repressão que todos os setores ligados ao Cristianismo da Libertação vinham

---

101 RUIZ García, Samuel. *Op. cit.*, 1973, p. 35. [TLA]
102 Conferir páginas 122-123.

enfrentando no período e a preocupação de Samuel Ruiz com as divisões geradas pelas radicalizações à direita e à esquerda, evidenciando que sua busca por transformações, mesmo que radicais, era contrária às ações violentas e à luta pela revolução em moldes socialistas – a conciliação da teologia cristã com o socialismo é apresentada como algo radical e alarmante, comparável com a junção oposta entre cristianismo e um conservadorismo repressivo:

> 3.1 [...] Temos observado que já apareceram em diversos países não somente cristãos arrojados na guerrilha, mas cristãos que afirmam sua opção socialista, a racionalizam e a vivenciam em paz com sua teologia e sua consciência e em camaradagem revolucionária como homens de outras ideias. Entretanto cresce também o número de cristão que reafirmam suas tendências conservadoras e mesmo fundamentalistas, às vezes violentamente repressivas [...]
>
> 3.2 Do lado das hierarquias católicas parece ir se extinguindo o ardor profético de Medellín. As torturas ou o cansaço parecem haver calado, ou ao menos diminuído algumas vozes [...] Em todos os países silencia-se Medellín [...]
>
> 3.3 Mais ainda, não passa despercebida a preocupação em investigar supostas infiltrações marxistas dentro da Igreja, com a ideia de descobri-las naqueles que adotam uma linha de promoção libertadora [...]
>
> 3.4 [...] ameaça [...] de neutralização do profetismo, e também de toda relevância social, para evitar todo tipo de enfrentamentos e colaborar para permanência de uma chamada "ordem" e uma mal chamada "paz".[103]

Por outro lado, Samuel Ruiz encerrou o item dando a entender que a única saída, a saída libertadora, para alcançar a justiça na

---

103 RUIZ García, Samuel. *Op. cit.* 1973, p. 35-36. [TLA]

América Latina é acabar com a sociedade capitalista por meio das vias revolucionárias:

> [...] não há muitas alternativas de fundo para América Latina na consecução da justiça, mas um só dilema: reformismo ou revolução com algumas variantes em estratégias e táticas. Nem o reformismo nem a opção libertadora discutem a necessidade de liquidar a velha sociedade capitalista; mas o reformismo encomenda essa tarefa ao capital, enquanto que a opção revolucionária visa o capital e a velha sociedade injusta unidos estruturalmente.[104]

Somada à citação anterior e a outras, esta passagem acima aparenta como uma grande contradição vinda de um bispo preso em uma encruzilhada onde se chocavam, por um lado, valores arraigados por sua formação familiar e teológica e, por outro lado, explicações de origem marxista que predominavam no ambiente cristão libertador do qual se sentia e fazia parte. A contradição se mantém, a não ser que se aceite que a revolução de que falou Samuel Ruiz não era violenta e fugia aos moldes marxistas.

E é com intuito de apontar reflexões acerca dessa pluralidade de compromissos e seu próprio caminho escolhido frente a essa angústia, isto é, a difícil conciliação entre a busca radical por justiça e a fidelidade cristã, que Samuel Ruiz encerrou o artigo com o item *Caminos de salida para el compromiso cristiano*:

> Seguirão existindo, aperfeiçoando-se e entrechocando-se em nossos países as diversas captações da realidade e da Palavra de Deus aqui expressadas. Assim sendo, haverá margem para um pluralismo de compromissos.

---

104 RUIZ García, Samuel. *Op. cit.* 1973, p. 36. [TLA]

[...] E crescerá a consciência [...] da necessidade de colocar limites ao crescimento, e de uma sociedade sem dominadores nem dominados.

Desta forma, a evangelização das culturas hoje dominadas será cada dia mais encarnada, mais dialogante, e mais enriquecedora para a Igreja e para as sociedades que se abram à aceitação de maiores diversidades.[105]

Acreditamos que essas passagens podem nos indicar uma chave para a leitura e compreensão da proposta de ação sociopolítica de Samuel Ruiz às vésperas de se iniciar o processo de organização do Congresso Indígena de 1974, ou seja, entendemos que o seu ideário sociopolítico era composto, principalmente, por dois pilares de sustentação, por um lado, a recusa à proposta marxista de ingresso em um partido revolucionário, formado por uma base de proletários e camponeses e que visasse à libertação por meio da tomada do poder político e do controle sobre os meios de produção; por outro lado, como proposta substitutiva para ação, os três pontos indicados pelo bispo, isto é, conscientização (política e étnica), organização e mobilização social do povo – no caso os indígenas de *Chiapas* – visando uma libertação radical e integral, isto é, econômica, política, étnico-cultural, religiosa e social – com ênfase na educação.

O trabalho prático com a realidade indígena com a qual Samuel Ruiz García lidava cotidianamente impedia que as explicações fossem resumidas a fatores externos, o que, somado a herança anticomunista introjetada em sua formação familiar e teológica, resultou na opção por não aderir estritamente à teoria da dependência – o que não impediu que o bispo adotasse decididamente parte de suas reflexões e apontamentos. Assim que surgiram as primeiras críticas a essa

---

105 RUIZ García, Samuel. *Op. cit.*, 1973, p. 36. [TLA]

teoria, Ruiz as abraçou. Foi muito mais confortável para ele alinhar-se junto a novas correntes antropológicas do que aderir totalmente a uma teoria marxista.

Portanto, sua teologia, apesar de partir do essencial pregado pela Teologia da Libertação na época, enfatizava questões outras. Esta proposta de encontrar Deus na cultura alheia não foi uma invenção que a genialidade de Samuel Ruiz criou do nada, foi uma construção coletiva empreendida pelo pequeno setor de agentes eclesiásticos ligados ao Departamento de Missões do CELAM e, consequentemente, à realidade indígena, que retomou a leitura de documentos do Concílio Vaticano II (o que também foi realizado por personagens protagonistas no cenário da Teologia da Libertação do período, como Gustavo Gutiérrez que, no entanto, enfatizava as questões econômicas e relegou as questões étnico-culturais). Foi esse grupo que enfatizou a "Teologia Encarnada" e paulatinamente a aprofundou a partir do contato com vertentes relativamente novas, sobretudo da antropologia – como visto no caso do antropólogo Gerardo Reichel-Dolmatoff – mas principalmente por sua colocação em prática frente a culturas indígenas extremamente ricas, como as de *Chiapas*, em um período no qual as questões étnicas eram ignoradas ou vistas como algo secundário pela teologia de um modo geral.

Paulatinamente e por intermédio das experimentações – que a flexibilização da estrutura hierárquica permitiu – sobretudo com a catequese do Êxodo, a diocese de *San Cristóbal* tornou-se pioneira na implantação do que posteriormente constituiria a chamada de Teologia Indígena.[106]

---

106 De acordo com Jan de Vos, o caminho rumo à Igreja autóctone levou à nomeação de diáconos indígenas uxorados (casados) a serviço exclusivo das comunidades e, posteriormente, à solicitação ao Vaticano de que alguns deles fossem nomeados sacerdotes (também uxorados), sendo que nas comunidades eles já vinham exercendo tal função. VOS, Jan De. *Op. cit.*, p. 231-243. A resposta negativa do Vaticano veio

A influência da proposta de ação sociopolítica de Samuel Ruiz e as consequências dessa valorização da cultura indígena e abertura para o livre pensamento político e sociorreligioso serão apresentadas no próximo capítulo, quando se tratará do Congresso de 1974.

---

em 2006 e, além de não permitir o sacerdócio indígena, condenou a "igreja indígena", "nativa" ou "autóctone", vinculada ao que atualmente intitula-se como Teologia Indígena, segundo o Vaticano, uma ramificação da Teologia da Libertação, impulsionada por Samuel Ruiz García em *Chiapas*, mas que ultrapassou fronteiras nacionais e internacionais espalhando-se rapidamente por outros estados mexicanos e países como Guatemala, Bolívia, Equador e Peru. Atualmente se faz presente e atuante em outros países latino-americanos, inclusive no Brasil. MONFORT – Associação Cultural. *Santa Sé diz não a "igreja indígena" e sacerdócio casado na América Latina*. Disponível em <http://www.monfort.org.br/index.php?secao= imprensa&subsecao= igreja&artigo=20060309&lanf=bra>. Acessado em: 06/08/2009.

capítulo 3

O PRIMEIRO CONGRESSO INDÍGENA DE CHIAPAS

> Padre Bartolomeu...
> Hoje, Padre, entra nesta casa comigo...
> Vou mostrar-te as dores antigas.
> E para não tombar, para firmar-me
> sobre a terra, continuar lutando,
> deixa em meu coração o vinho errante
> e o pão implacável da tua doçura.
>
> Pablo Neruda

> Bem companheiros, agora Frei Bartolomé já não vive. Somente em seu nome fazemos este congresso. Ele já morreu e já não esperamos outro. Quem vai nos defender das injustiças e para que tenhamos liberdade?... Nós temos que ser todos o Bartolomé. Então nós mesmos vamos nos defender pela organização de todos...*
>
> Discurso proferido durante a abertura do
> Primeiro Congresso Indígena de Chiapas

---

* [TLA]

3.1 O tiro que saiu pela culatra: o surgimento da ideia do Congresso Indígena

A denúncia quanto ao despojo da terra e à exploração do trabalho dos indígenas *tzeltales*, realizada em 1972 pelos jesuítas de *Bacharón*, cuja paróquia apresentava características político-teológicas bem mais moderadas do que as da paróquia de *Ocosingo* – onde nasceu a catequese do Êxodo[1] – foi o estopim para o início de fortes mobilizações da população *tzeltal*, tanto na região de *Los Altos*, quanto na *Selva Lacandona*.[2]

Neste contexto, em 1973, o então governador de *Chiapas*, Doutor Manuel Velasco Suárez – cuja política de governo se inseria no bojo das características "populistas" apresentadas pelo presidente da república Luis Echeverría Alvarez[3] – propôs a realização de um congresso para comemorar os 150 anos da "mexicanidade" de *Chiapas*,[4] focando na figura do *Frei Bartolomé de las Casas*.[5] O evento ocorreu como

---

1 Conferir páginas 142 a 148.
2 Uma possível explicação para a tolerância ao trabalho realizado – por exemplo, pelas paróquias de *Bacharón* e *Ocosingo* – com as comunidades indígenas ligadas à diocese de *San Cristóbal*, está relacionada ao preconceito frente ao indígena e sua cultura, que tornava as autoridades "cegas" à capacidade de organização e resistência impulsionadas pelo trabalho de revalorização étnica e conscientização política empreendido, sobretudo, pelos catequistas indígenas. Capacidade esta que foi prontamente percebida e combatida – como apresentaremos mais adiante – pelos poderes governamentais após o Congresso Indígena de 1974.
3 Conferir página 61-62.
4 Conferir páginas 53.
5 Para conhecer mais acerca da história do "defensor dos indígenas" e primeiro bispo de *Chiapas*, Frei Bartolomé de Las Casas, sugere-se conferir: BRUIT, Héctor Hernán. Derrota e Simulação. Os índios e conquista da América. In: *Resgate: Revista de Cultura*. Campinas, nº 2, p. 09-19, 1991 e, sobretudo, FREITAS NETO, José Alves de. *Bartolomé de Las Casas*: a narrativa trágica, o amor cristão e a memória americana. São Paulo: Annablume. 2003.

um ato acadêmico de especialistas "lascasianos", dividindo-se em um encontro de direito internacional, outro de antropólogos e um terceiro, realizado pela diocese de *San Cristóbal*, que tratou da história da Igreja na América Latina, no qual um indígena discursou em *tzeltal*, sendo traduzido pelo próprio bispo Samuel Ruiz.[6]

Após esse evento, surgiu a ideia da realização de outro encontro, um congresso indígena como parte dos festejos para comemorar o quinto centenário do nascimento do Frei Bartolomé de Las Casas. Para a efetivação desse congresso foi chamado o bispo da diocese de *San Cristóbál de las Casas*, Samuel Ruiz García, devido a sua grande capacidade convocatória entre as comunidades indígenas *chiapanecas*.

A análise que seguirá dos preparativos, do próprio Congresso Indígena, de seus resultados e consequências, se embasará, sobretudo, em duas fontes. A primeira fonte primária que servirá como base para este capítulo consiste na ata do Congresso Indígena de 1974. Nela encontram-se: os *Antecedentes* e o *Nacimiento de la idea: un congreso de indígenas y para indígenas*, que tratam do surgimento da ideia do congresso e de como ele foi organizado até tomar as características que possuía em 1974; a *Inauguración del congreso indígena*, ou seja, o discurso de abertura do congresso em 13 de outubro de 1974; um *Discurso sobre Fray Bartolomé de las Casas*; as exposições de cada etnia sobre os temas do congresso, começando com *Ponencia Tzotzil – La tierra, Ponencia Ts'eltal – La tierra, Ponencia Tojolab'al – La tierra, Ponecia Ch'ol – La tierra* e *Acuerdos sobre la tierra*, seguindo a mesma estrutura com *El comercio, Educación* e *Salud* respectivamente e de modo que as *"ponencias"* são as exposições de cada etnia e os *"acuerdos"* são as demandas e propostas em conjunto de mais de uma das etnias; e o

---

6 FAZIO, Carlos. *Op. cit.*, p. 103.

texto termina com o discurso de encerramento *Continuadores de la lucha de Zapata en el Congreso.*

A versão deste documento aqui empregada é uma tradução para o espanhol realizada pelo *"Centro Nacional de Comunicación Social"* (CENCOS)[7] e disponibilizada pelo *"Centro de Investigaciones Económicas y Políticas de Acción Comunitária"* (CIEPAC). Segundo o CENCOS, a tradução foi feita respeitando os textos originais, uma vez que neles as exposições encontram-se nas línguas em que foram faladas, ou seja, na língua de cada etnia que participou do congresso.

A segunda fonte consiste em um artigo que se propõe a fornecer um testemunho ocular e apresenta também, ao final, uma avaliação do Congresso de 1974 construída a *posteriori*, ou seja, apontamentos construídos a partir do distanciamento atual – o artigo foi publicado originalmente em 1991, isto é, dezoito anos após o início dos preparativos para o Congresso – acerca dos erros e acertos, da importância e dos resultados, de acordo com o ponto

---

[7] De acordo com informações fornecidas pelo próprio CENCOS, este centro nasceu em 22 de junho de 1964 e constituiu-se como Associação Civil em 23 de abril de 1965. Surgiu no contexto em que se iniciava a massificação dos meios de comunicação no México. Sua principal preocupação é funcionar como um instrumento para que setores organizados, mas sem espaço nos grandes meios de comunicação, consigam tornar visíveis suas reivindicações de justiça social e, sobretudo, denunciar os atentados contra os Direitos Humanos. Inicialmente estava intimamente ligado a setores da Igreja católica. A partir da década de 1970, seu foco passou a ser a divulgação de campanhas contra a tortura e em prol da libertação de vítimas dos cárceres controlados pelas ditaduras latino-americanas. Na década de 1980 sua ênfase recaiu no espaço fornecido a movimentos populares da sociedade civil, o que é continuado a partir da década de 1990, quando se agregou também a denúncia e articulação frente ao novo contexto internacional, no qual o México se fazia participante com a assinatura do Tratado de Livre Comércio da América do Norte (TLCAN). Nesse período o CENCOS participou de uma convenção que visava encontrar uma saída pacífica para o conflito entre os insurgentes neozapatistas de *Chiapas* e o governo mexicano.

de vista do autor, o filósofo e teólogo Jesús Morales Bermúdez, que foi um dos organizadores do Congresso.

De acordo com os itens que antecedem a transcrição das falas na ata supracitada, o bispo Samuel Ruiz García respondeu ao comitê organizador que somente aceitaria o convite para realizar o congresso se este fosse "[...] um Congresso de Indígenas e para Indígenas; de nenhuma maneira um congresso de tipo turístico, folclórico nem muito menos com tintes demagógicos."[8]

Apostando que poderia permitir a participação de alguns setores progressistas e a livre expressão das comunidades indígenas, uma vez que assim obteria apoio consensual para o seu governo e poderia controlar o congresso, o comitê organizador deu "carta branca" para o bispo Samuel Ruiz García realizar o mesmo, aceitando as condições impostas.

Estas afirmações são confirmadas pelo testemunho apresentado por Jesús Morales:

> Esta primeira reunião da que se deriva a Ideia de não levar a cabo um congresso folclórico, mas uma congregação de indígenas na qual sejam eles mesmos que digam sua palavra, foi levada a cabo pelo bispo de San Cristóbal com os promotores diocesanos que mais significavam ante seus olhos por sua prática pastoral de encarnação em comunidades indígenas [...] Partindo do princípio de respeito cultural como premissa sine qua non, propunham um Congresso no qual de maneira completa os indígenas fossem os protagonistas, e se comprometessem a trabalhar para realizá-lo.[9]

---

8   CIEPAC. *Primer congreso indígena 1974*. Disponível em <http://www.ciepac.org/analysis/index. html>. Acessado em: 10/01/2009. [TLA]
9   MORALES BERMÚDEZ, Jesús. El Congreso Indígena de Chiapas: Un testimonio. In: *Revista América Indígena*. México: Instituto Indigenista Interamericano, nº 55, p. 305-340, 1995, p. 307. [TLA]

3.2 Os promotores e os preparativos para o Congresso de 1974

Em agosto de 1973, o bispo Samuel Ruiz García reuniu uma equipe formada por pessoas que já trabalhavam com as bases indígenas. De acordo com Morales,[10] os seis promotores diocesanos escolhidos pelo bispo para dirigir o processo que levaria à realização do Congresso Indígena criaram uma dinâmica de direção colegiada, onde o foco recaía na busca pela "entrega" às comunidades indígenas, com intuito de garantir seu protagonismo no Congresso. No entanto, esse grupo diretivo podia ser dividido em dois: o primeiro formado por jovens marcados por sua formação universitária: um marista e sociólogo assentado em *San Cristóbal de las Casas*, na zona *tojolabal*, um ex-marista e professor de pedagogia assentado na região de *Ocosingo*, na zona *tzeltal* e, por fim, o próprio Jesús Morales Bermúdez, assentado em *Sabanilla*, na zona Chol; o segundo grupo era formado por três religiosos com mais de quarenta anos: um jesuíta assentado em *Bacharón*, também na zona *tzeltal* e dois sacerdotes assentados na zona *tzotzil*, um em *Chenalhó* e outro em *Chamula*.

Essa divisão correspondia, também, a posições político-sociais distintas, sendo que no segundo grupo "[...] existiu maior apego à chamada 'doutrina social da Igreja'[...]",[11] enquanto no primeiro existiu "[...] a propensão a uma explicação marxista da história, com suas variantes 'leninista' e 'maoísta' [...]"[12]

Esta afirmação de Morales nos fornece os primeiros indícios da chave de leitura do Congresso Indígena empregada pelo autor.

---
10 MORALES Bermúdez, Jesús. *Op. cit.*, p. 308.
11 *Idem.* [TLA]
12 *Idem.* [TLA]

Acreditamos que as análises realizadas por Jesús Morales ao longo de seu testemunho e, sobretudo, em sua avaliação final – que serão apresentadas no decorrer deste capítulo – nos permitem enquadrar o autor junto aqueles grupos ligados à diocese comandada por Samuel Ruiz, mas que a acusavam de apresentar uma ênfase "culturalista", que não contribuía para uma verdadeira conscientização das comunidades indígenas.[13]

Os relatos de Morales e da ata coincidem em afirmar que o primeiro passo do grupo de promotores foi convocar autoridades indígenas locais para assim começar os trabalhos preparativos para o congresso. Nestas primeiras reuniões:

> [...] deu-se a conhecer a intenção do Congresso e o motivo pelo qual se realizava: a celebração de Frei Bartolomé de las Casas.[14] Imediatamente depois desse ponto, e como parte de uma metodologia adotada, abordava-se a questão da situação social das comunidades; ofereciam-se elementos para que os próprios indígenas formulassem uma análise de suas próprias comunidades; discutia-se "o problema"; pensava-se na conveniência de ampliar os espaços de discussão e nos princípios de uma organização.[15]

Em seguida iniciou-se, paulatinamente, a realização de reuniões regionais e intermunicipais, segundo o pertencimento a cada uma das quatro zonas linguísticas. Estas reuniões, que alcançaram mais de mil comunidades, foram denominadas como subcongressos. Para

---

13 Conferir página 148.
14 De acordo com Morales, a figura do Frei Bartolomé de Las Casas serviu como um mero pretexto para a organização do Congresso, uma vez que, devido a distancia temporal, sua imagem e discursos não significavam nada, não estavam presentes no ideário dos promotores e, muito menos, das comunidades indígenas.
15 MORALES BERMÚDEZ, Jesús. *Op. cit.*, p. 309. [TLA]

sua realização visando "[...] abordar o indígena desde suas próprias línguas e não desde a língua da colonização [...]"[16], formou-se um grupo de tradutores indígenas que, posteriormente, também realizou as traduções durante o Congresso de 1974.

Dessas reuniões foram surgindo os representantes, isto é, os coordenadores indígenas que foram se somando a equipe diretiva do Congresso e os oradores de cada etnia. A dinâmica destas reuniões parece ter sido a mesma das reuniões locais, uma vez que a ata afirma que nelas:

> [...] Apresentava-se a figura de Frei Bartolomé, seu pensamento e sua luta; depois se faziam breves reflexões sobre a realidade atual do indígena com vistas a provocar a reflexão dos grupos. Em seguida passavam a formar os grupos de reflexão, para voltar novamente à plenária, a fim de expor seus pontos de vistas.[17]

No item *Discurso sobre Fray Bartolomé de las Casas*, a ata nos fornece um modelo do que os promotores apresentaram às comunidades indígenas nestas reuniões:

> Primeiro veio a esta terra um senhor chamado Cristóvão Colombo [...] ficou admirado com nossos costumes, a terra tão boa dos velhinhos. Foi avisar a seus companheiros que viviam do outro lado do mar, lhes disse que havia terra boa e muitas pessoas desconhecidas.
> Nesse tempo os velhinhos tinham boas organizações. Tinham médicos, engenheiros, advogados, construtores. Tinham autoridades como nós queríamos.

---

16 MORALES Bermúdez, Jesús. *Op. cit.*, p. 312. [TLA]
17 CIEPAC. *Op. cit.* [TLA]

> Veio com seus companheiros para conhecer as pessoas e para incomodá-las. Com eles veio Frei Bartolomé de las Casas, começaram a importunar os velhinhos, a tirar suas terras, e fazê-los trabalhar sem salário e trabalhando duramente o dia todo. Tiraram-nos toda a organização que possuíamos. Então todos os ladinos trataram-nos como animais.
>
> Frei Bartolomé de las Casas viu que era muito ruim o que estavam fazendo seus outros companheiros, então começou a defender aos indígenas [...] Como eram muitos, os ladinos até queriam matar ao Frei Bartolomé, porque estava nos defendendo.
>
> Lutou bastante e pediu às autoridades do outro lado do mar [...] que houvesse uma lei para que sejamos todos iguais [...] viajou 14 vezes até obter a lei de que somos todos iguais. [TLA]

Na sequência, o discurso muda de rumo e passa a tratar da realidade atual (década de 1970) das comunidades indígenas de *Chiapas*:

> Para nós, indígenas, agora é tempo de que comecemos a pensar e verificar se verdadeiramente possuímos a liberdade que deixou Frei Bartolomé de las Casas.
>
> [...] Temos sofrido a injustiça durante 500 anos e seguido igual. Seguem as injustiças sobre nós. Sempre querem nos manipular como criaturas, porque nós somos indígenas. Ou pensam que nós não possuímos direitos.
>
> Bem companheiros, agora Frei Bartolomé já não vive. Somente em seu nome fazemos este congresso. Ele já morreu e já não esperemos outro.
>
> Quem vai nos defender das injustiças e para que tenhamos liberdade? [...] Nós temos que ser todos o Bartolomé. Então nós mesmos vamos a nos defender pela organização de todos [...][18]

---

18 A partir daqui todas as citações não indicadas são referentes à CIEPAC. *Primer congreso indígena 1974*. Disponível em <http://www.ciepac.org/analysis/index.html>.

A imagem do Frei Bartolomé de las Casas e dos próprios indígenas – *os velhinhos* – que esse discurso transmite é idealizada e nela pode-se perceber a influência do ideário cristão. Este Frei Bartolomé de las Casas apresentado é um arquétipo religioso, aproximado da figura de Jesus Cristo, uma vez que ele é aquele que se sacrificou – *os ladinos até o queriam matar* – para salvar os indígenas indefesos.

Segundo Werner Altmann: "[...] historicamente, o camponês mexicano tem elevado seus líderes, heróis, mártires no panteão de seus mitos, o que realimentaria a revolução que viria de novo, depois".[19]

Parece-nos que foi isto o que ocorreu com a figura do Frei Bartolomé de las Casas, ou seja, ele foi elevado à condição de mito e, principalmente na segunda parte do discurso citado, serviu de incentivo, de combustível, para a luta das comunidades indígenas do presente, isto é, em meados da década de 1970.

Além disso, outras questões são perceptíveis nesse discurso:
• a constante ênfase colocada na importância da organização;
• a valorização das autoridades serem estabelecidas de acordo com as tradições indígenas – *os velhinhos tinham [...] a autoridade que queríamos*; [TLA]
• o entendimento dos indígenas como portadores de direitos comuns a todos – *pensam que nós não possuímos direitos*; [TLA]
• a busca pela autolibertação – *nós mesmos vamos a nos defender* [TLA] – característica ligada à Teologia da Libertação;

Acessado em: 10/01/2009. [TLA]
19 ALTMANN, Werner. A rebelião indígena de Chiapas: o anti-neoliberalismo orgânico da América Latina. In: BARSOTTI, Paulo e PERICÁS, Luiz Bernardo (orgs.). *América Latina – história, idéias e revolução*. São Paulo: Xamã, 1998, 2ª ed., p. 184.

• e a valorização da autonomia – *Tiraram-nos toda a organização que possuíamos. Então todos os ladinos trataram-nos como animais.* [TLA]

A partir das proposições das comunidades indígenas, também surgidas nestas reuniões, entre agosto de 1973 e julho de 1974 foram escolhidos os temas a serem tratados no Congresso: terra, comércio, educação e saúde. "[...] A temática referente à questão política não foi abordada porque em nenhum momento apareceu nem como projeto, nem sequer como preocupação das comunidades."[20]

Contudo, Sergio Silva[21] afirma que, quando o primeiro tema foi escolhido, a questão da terra, as autoridades passaram a recuar em seu apoio. Entretanto, o Congresso já se encontrava em um ponto irreversível e o que restou ao governo de *Chiapas* foi advertir que o Congresso não se realizaria caso possuísse alguma intenção política. A preocupação das autoridades com o Congresso pode ser percebida na fala do representante enviado a *San Cristóbal de las Casas*, o subdiretor do departamento jurídico de assuntos indígenas Pablo Ramírez, que pronunciou as palavras de abertura do mesmo, em 13 de outubro de 1974, onde afirmou que:

> A intenção dos governantes máximos do País e do Estado, a intenção das autoridades religiosas, eclesiásticas de Chiapas, a intenção de todos nós que pensamos nas pessoas, deve ser ausente de qualquer intenção política [...] [TLA]

As tentativas de calar as demandas dos congressistas demonstram "[...] que o congresso havia ultrapassado os limites permitidos pelo Estado."[22]

---

20 MORALES BERMÚDEZ, Jesús. *Op. cit.*, p. 312. [TLA]
21 SARMIENTO Silva, Sergio. *Op. cit.*, p. 205.
22 *Idem.* [TLA]

3.3 O evento de outubro

O Primeiro *Congreso Indígena de Chiapas Fray Bartolomé de Las Casas* ocorreu entre os dias 14 e 17 de outubro de 1974, no auditório municipal da cidade de *San Cristóbal de las Casas*, recebendo observadores externos e cobertura nacional da imprensa mexicana. Segundo Francis Mestries, o congresso reuniu representantes de 327 comunidades indígenas, com 587 delegados *tzeltales*, 330 *tzotziles*, 152 *tojolabales* e 161 *choles*.[23] Antonio García de León nos fornece uma visão de como a comunicação tornou-se possível:

> Como aquilo era uma torre de Babel composta por cinco línguas distintas (quatro maias e uma latina, o espanhol), se havia capacitado, desde o mês de maio, a uma dúzia de tradutores: jovens bilíngues e multilíngues, provenientes das zonas de colonização (como a selva Lacandona) ou de fronteira linguística (como Sabanilla, onde se fala chol e tzotzil, ou Altamirano, tzeltal e tojolabal). Assim, o Congresso teve um privilégio tão moderno como o que tem as Nações Unidas: sessões com tradução simultânea e discussão em cinco línguas, que se realizavam em tendas separadas colocadas no exterior do auditório das plenárias (o Auditório Municipal); com observadores externos (antropólogos, padres, indigenistas, estudantes...) e uma sala de imprensa que tornou possíveis declarações e comunicados em espanhol para a imprensa local e nacional (na qual se destacava

---

[23] Estes números são referentes a um universo populacional *chiapaneco* de aproximadamente 96.000 *tzeltales*, 84.000 *tzotziles*, 13.000 *tojolabales* e 48.000 *choles*. MESTRIES, Francis. Testimonios del Congreso Indígena de San Cristóbal de las Casas. Octubre de 1974. In: MOGUEL, Julio. *Historia de la Cuestión Agraria Mexicana* – Los tiempos de la crisis (Segunda parte) 1970-1982. México: Siglo Veintiuno, 1990, p. 473.

o periódico *El Tiempo*, de dom Amado Avendaño, e jornais como *Excélsior, El Día, El Universal* e outros).[24]

Jesús Morales, em diversas passagens de seu relato, afirma que o Congresso foi pensado desde o início como um processo que não se esgotaria com a "reunião de agosto":

> [...] O Congresso seria dois momentos: o primeiro "a reunião de agosto" [...] o segundo, o processo organizativo que se derivaria das assembleias de discussão, da sistematização da informação, da "conscientização" que se lograria.[25]

A dinâmica e coordenação das sessões plenárias e das mesas de discussão do Congresso ficaram a cargo de um grupo de coordenadores indígenas, dois da zona *tzeltal*, um da zona *tojolabal*, dois da zona *tzotzil*, um da zona *chol* e uma religiosa da zona *tzeltal* que exerceu o papel de secretária. Quanto a esta questão, Morales nos fornece um longo relato:

> É claro que a dinâmica da reunião reproduziu as formas mestiças de assembleia mais que as indígenas. Esta "contribuição" dos promotores, apropriada pelos coordenadores indígenas para o caso do evento [...] oferecia a vantagem de organizar as fases e intervenções sob uma "ordem do dia" e permitia o rumor coletivo do acordo indígena[26] nos momentos de discussão. As fases [...] foram duas: sessões plenárias dentro do auditório, ao longo das quais se deram a conhecer

---

24 GARCÍA DE LEÓN, Antonio. La vuelta del Katún (Chiapas: a veinte años del Primer Congreso Indígena). In: *Revista Chiapas*. México: Era, n° 1, p. 93-108, 1995, p. 94-95. [TLA]

25 MORALES BERMÚDEZ, Jesús. *Op. cit.*, p. 313. [TLA]

26 Tratar-se-á do *acuerdo* e de outras questões relacionadas às formas indígenas de organização e debate no capítulo seguinte deste livro.

as exposições e se confirmaram os acordos, e mesas de trabalho por línguas nas quais se traduziram as exposições dos outros grupos étnicos e surgiram os principias acordos [...]
Um após outro se sucederam os oradores, todos indígenas [...] O balanço de um ano de trabalho esteve presente nas exposições [...] Nada se deixou à improvisação, nada se inventou, nada se deixou sem discutir.

[...] Logo de seu enunciado no auditório os grupos passavam às tendas fora do prédio [...] sob o rumor, na forma normal em que os grupos indígenas tomam suas decisões, foram emergindo paulatinamente os acordos.

[...] Os acordos [...] seriam a base sobre a qual haveria de constituir-se o futuro do Congresso.

[...] quanto ao que diz respeito à dinâmica do Congresso [...] Por uma parte expressou o consenso de cada zona, segundo se manifestou nos subcongressos, e por outra parte permitiu a discussão indígena de acordo com suas modalidades e sem restrições de tempo; e não se marginalizou, tampouco, a manifestação festiva e cultural.[27]

A partir deste ponto realizaremos uma análise da ata do Congresso, para depois retornarmos à análise do artigo de Morales, sobretudo ao relato do período posterior ao "evento de agosto" e a sua avaliação final do Congresso.

O item da ata denominado *Antecedentes*, após apontar como surgiu a ideia e como foi realizado o Congresso, termina com os seguintes parágrafos:

Estamos agora diante do passo mais importante do processo, ainda que não o último. A confrontação direta não mais das diversas comunidades de um mesmo grupo, mas a confrontação dos problemas dos diversos grupos linguísticos. Daqui

---

27 MORALES BERMÚDEZ, Jesús. *Op. cit.*, p. 313-316. [TLA]

sairão os passos seguintes que deverão dar as comunidades Indígenas a fim de lograr sua libertação humana.

Apresentam-se na continuação as conclusões que chegaram os diversos grupos e que constituem as exposições. [TLA]

Nesta passagem fica clara a preocupação em concretizar "o passo mais importante do processo", "a confrontação dos problemas dos diversos grupos linguísticos", ou seja, é possível perceber que, entre os realizadores do congresso, já existia uma vontade de união de forças para enfrentar os problemas pelos quais passavam as diferentes etnias.

Isto significa que a união de diferentes comunidades e, principalmente, entre diferentes etnias, já havia sido pensada e encarada como algo extremamente importante para o Congresso Indígena de 1974. No entanto, o termo que mais nos chamou a atenção foi "libertação humana", que parece remeter diretamente ao ideário da Teologia da Libertação, indicando o peso que esta corrente teológica representava no ideário dos organizadores do Congresso. A partir dessa passagem interpretamos que os organizadores estavam propondo que o Congresso de 1974 deveria dar os primeiros passos de um processo que levaria as comunidades indígenas participantes, por meio de sua união, a alcançarem sua libertação humana, seguindo moldes do pensamento da Teologia da Libertação.

O subitem *La tierra es de quien la trabaja* dos *Acuerdos sobre la tierra*, começa assim: "todos queremos solucionar os problemas da terra, mas estamos divididos, cada um por seu lado, por isso sentimos que não temos força". [TLA]

Ainda nos *Acuerdos sobre la tierra*, os *tzotziles* afirmam que é necessária "Uma união de todos os grupos para ter força"[TLA]; os *tzeltales* pedem "Que haja organização de todos os grupos para ter força" [TLA], "Que haja representantes de cada grupo"[TLA] e "Que continue a organização depois do Congresso" [TLA]; e os *choles* propõem "Que se unam com outros grupos para ter força". [TLA]

Na *Ponencia Ts'eltal* sobre o comércio, encontra-se a seguinte frase: "[...] Outra falha importante é que nos deixamos dividir entre nós e não nos unimos para vender nossos produtos". [TLA] No subitem *Posible solución*, os *tojolabales* sugerem "Unirmos-nos para vender alguns de nossos produtos" [TLA] e no subitem *Pedimos*, os *tzeltales* propõem "[...] Cuidar e nos unirmos na venda de nossos produtos". [TLA]

Em *Acuerdos – igualdad y justicia en los precios*, os *tzotziles* dizem que "devemos nos unir nas comunidades, com as demais comunidades, com o município para a compra – venda de nossos produtos" [TLA]; os *tzeltales* pedem "Necessitamos de organização por meio de um mercado indígena entre os quatro grupos de Tzotziles, Tzeltales, Tojolabales, Choles". [TLA]

Em *Acuerdos sobre educación*, os *tzotziles* demandam "Que haja um periódico em língua tzoltzil para nos informarmos e nos comunicarmos com os demais grupos". [TLA] Nos *Acuerdos educación – renovar la educación de nuestros hijos*, demanda-se "Que haja um periódico indígena em nossas quatro línguas". [TLA]

O que acreditamos ser possível concluir com estas passagens, e ao longo da leitura de todo o documento, é que já havia ocorrido o início de um processo de união entre comunidades de mesma etnia, segundo a hipótese defendida neste trabalho, graças à influência da Teologia Libertação propagada pela diocese sob os auspícios de Samuel Ruiz. O que nos parece que ocorreu no Congresso Indígena de 1974 – e em suas reuniões preparativas – foi que esta união foi incentivada, fortalecida e, até mesmo, aumentada para uma união maior, de enfrentamento de problemas comuns e auxílio mútuo entre as quatro diferentes etnias que participaram do congresso.

Esta conclusão vai de encontro com as que Morales apresenta em seu relato, no qual afirma que as problemáticas apresentadas no Congresso Indígena não eram novidades, mas que a inovação:

> [...] era encontrada tanto na sistematização de problemas comuns como no manejo hábil que dela realizavam os indígenas [...] Era pura denúncia [...] mas era também a primeira vez que quatro etnias se reuniam para discutir o próprio, pela primeira vez mostravam seus problemas e apesar de bastante improvável resultava que tivessem respostas de solução [...] O contato interétnico acerca de interesses próprios e o intercambio de sua fala, para além do tradicional etnocentrismo, é um ganho ainda não avaliado que quiçá tenha haver com a mobilidade política dos anos seguintes.[28]

Continuando com a análise da ata, acreditamos que é possível perceber indícios de que, além da "Teologia Encarnada" ter impulsionado o início de um processo de união entre as comunidades indígenas, ela impulsionou uma revalorização étnica entre os indígenas de *Chiapas*, o que possibilitou que estes voltassem a defender seus costumes, valores, normas e tradições, assim deixando de aceitar sua estigmatização como inferiores, construída ao longo de séculos de racismo.[29] Principalmente nas passagens referentes à educação e à saúde, pode-se perceber que as demandas dos congressistas partem de pressupostos de valorização do ser indígena e sua cultura.

Na *Ponencia Tzotzil – educación*, os expoentes desta etnia denunciam que:

---

28 MORALES BERMÚDEZ, Jesús. *Op. cit.*, p. 314. [TLA]
29 Como apresentamos no capítulo II (conferir páginas 134 a 140), mesmo em 1970 e entre os catequistas indígenas, ainda havia uma depreciação, ao menos parcial, dos costumes vivenciados pelas comunidades indígenas.

[...] As crianças que saem do 6° ano seguem o exemplo do professor. A escola os ladiniza, depreciam aos mais velhos e envergonham-se de seus costumes. Já não querem trabalhar no campo e começam a buscar trabalho na cidade, onde se convertem em jovens ladinos [...] [TLA]

Propõem como solução:

> Um sistema educativo que afiance os valores de nosso povo Tzotzil, que prepare para a defesa e serviço à Comunidade, que ajude a ter melhores conhecimentos para o cultivo de nossas terras.
>
> Que os professores sejam indígenas que respeitem os costumes, ensinem bem e estejam unidos à comunidade. Que recebam boa preparação. [TLA]

Nas exposições das outras etnias ocorrem reivindicações muito semelhantes. Os *tzeltales* afirmam que:

> Em geral o professor federal é uma pessoa ladina que vem da cidade com diferente cultura, se crê superior a nós e não respeita nossa maneira de ser.
>
> O professor não ensina bem. As crianças perdem muito tempo. Muito se deve a que o professor fala em castelhano e as crianças não entendem o que lhes explica. Os alunos que terminam o 6° ano não sabem o que fazer porque não podem seguir estudando o secundário e já se desacostumaram a trabalhar a milpa e tampouco aprenderam a ajudar à sua Comunidade [...] É muito importante o castelhano, mas que não se envergonhem de ser indígenas e queiram ajudar a seus companheiros.
>
> Em alguns lugares o professor do INI trabalha bem, é de nossa raça, fala nossa língua e vem da mesma tradição, mas se

crê muito e se envergonha de ser indígena, zomba de nossos costumes [...] [TLA]

Além disto, na maioria das terras *tzeltales* não existem escolas e, devido ao isolamento destas terras, as crianças que são mandadas às escolas "[...] quando regressam não sabem em que trabalhar. Já perderam seus costumes". [TLA]

Os *choles* demandam que os professores "falem nosso idioma e ensinem conforme as necessidades da comunidade", uma vez que:

> As crianças não aprendem ainda que assistam vários anos à escola. Impõe-se o castelhano que eles não entendem.
>
> Nas poucas escolas onde logram aprender algo, pelos métodos que se empregam, as crianças depreciam suas comunidades [...] [TLA]

Por fim, os *tojolabales* afirmam que:

> [...] a escola como está não se adéqua com nossas necessidades, a nossos costumes, à nossa cultura.
>
> Somos camponeses, mas nossos filhos na escola não aprendem a melhorar o trabalho da terra.
>
> A maioria dos professores tem sido mestiços, que não conhecem nossos costumes nem falam nossa língua, não respeitam nosso modo de ser. [TLA]

E até mesmo "Até mesmo o professor do INI, ainda que seja de nossa raça e conheça nossos costumes, alguns se envergonham de ser indígenas". [TLA] Demandam que os professores "[...] falem nossa mesma língua, conheçam e respeitem nossos costumes, que sejam de nossa mesma raça [...]". [TLA]

Nos *Acuerdos sobre educación*, os *tzotziles* concluem que "Não queremos professores ladinos que não sabem nosso idioma", "Queremos professores indígenas", "Queremos que o professor respeite os costumes da comunidade" [TLA]; os *tzeltales*: "Que os professores que venham, saibam respeitar os costumes das comunidades" [TLA]; os *choles* que: "A educação é muito necessária, mas que seja conforme as necessidades da comunidade", "Que não haja professores ladinos, porque somente ensinam coisas que não servem à comunidade, que não são verdadeira educação", "Queremos professores indígenas, que respeitem nossas culturas, porque nossa cultura não é um mal" [TLA]; e os *tojolabales*: "Que nossos professores sejam indígenas, que ensinem em nossa língua e também em espanhol". [TLA]

Em *Acuerdos – educación*, todas as etnias concordam:

> [...] Queremos que preparem nossos indígenas, que ensinem nossa língua e costume e também ensinem espanhol. Não queremos professores que não saibam nosso idioma e costumes. Queremos professores que respeitem as comunidades e seus costumes. [TLA]

É possível perceber em todas estas demandas e reivindicações, que os indígenas chegaram ao congresso de 1974 imbuídos de uma visão valorizadora de sua cultura e exigiram que ela fosse, não somente respeitada, mas ensinada como parte das atribuições escolares.

Nas exposições a respeito da saúde, as etnias encontraram-se frente a uma encruzilhada, por um lado, sua *"medicina tradicional de plantas"* e, por outro lado, a *"medicina dos médicos"*. [TLA]

Os mesmos problemas em relação aos professores reaparecem quanto aos médicos. Estes últimos não falam a língua, ignoram os costumes locais e depreciam os indígenas.

Os *tzotziles* reclamam dos programas de saúde do governo – "[...] que não são realistas, pois não conhecem nossos costumes e nunca levam em conta a medicina de plantas". [TLA] Exigem que suas plantas medicinais sejam estudadas, uma vez que "[...] A medicina de plantas é boa, mas já não basta para combater as epidemias. Sabemos que das plantas fazem os comprimidos, mas ninguém estuda nossas plantas para que nos digam quais são boas e para que". [TLA] Propõem:

> Que haja um Comitê de Saúde na comunidade, que vigie, eduque e receba preparação de pessoas que conheçam a medicina indígena e a medicina do médico.
>
> Que haja preparação de enfermeiras indígenas e que não inculquem preconceitos contra a medicina indígena. Que se estude o modo de integrar ambas as medicinas com a colaboração dos curandeiros tradicionais.
>
> Fazer uma pesquisa séria da medicina indígena e que os médicos a conheçam [...]. [TLA]

Os *tzeltales* pedem "[...] que conheçam nossa medicina natural e que a utilizem aqueles que a aprendam com desejos de curar e ajudar [...]". [TLA]

Os *tojolabales* afirmam que é necessário:

> [...] fazer um promoção da medicina de plantas que conhecemos. Que os que conhecem estas plantas medicinais ensinem e orientem os demais. Há que conhecer e conservar as plantas medicinais, cultivá-las [...]. [TLA]

Os *choles* afirmam que "[...] A medicina de plantas é boa, mas muitos a usam mal por vergonha ou por não saber" [TLA], o que faz necessário conhecer a medicina indígena.

Nos *Acuerdos salud – la salud es vida*, as quatro etnias concluem:

> Queremos que a medicina antiga não se perca. É necessário conhecer as plantas medicinais para usá-las para o bem de todos" e que "[...] se atendam as comunidades menores com enfermeiros Indígenas que conheçam as duas medicinas, a de comprimidos e a de plantas [...]. [TLA]

Nestas passagens referentes à saúde, pode-se perceber que, entre as comunidades *chiapanecas*, a revalorização da cultura indígena já havia alcançado um patamar muito elevado, o que permitiu aos congressistas demandarem que sua *"medicina tradicional de plantas"* [TLA], sem relegar a medicina moderna, fosse mantida e estudada, para que pudesse atender de melhor forma as necessidades das comunidades, sem que estas esqueçam seus valores, costumes, enfim, suas raízes.

3.4 Identidade étnica e cidadania

Esta revalorização do ser indígena percebida no Congresso de *San Cristóbal de las Casas*, além de ter sido influenciada pelo trabalho de evangelização renovada desenvolvido pela diocese do bispo Samuel Ruiz García, se insere no âmbito do movimento global de enfraquecimento das identidades nacionais frente a outras identidades, sendo que uma das novas formas de identidade possibilitada por esse movimento foi o retorno da supremacia das identidades étnicas[30] frente à

---

30 Quando adotamos o conceito de etnia para tratar da identidade de comunidades indígenas *chiapanecas* nós não estamos nos reportando a uma ancestralidade indígena sobrevivente à conquista espanhola, relegando aos indígenas o status de sobreviventes de um mundo pré-colombiano destruído. Entendemos as comunidades indígenas *chiapanecas* de ascendência maia como etnias viventes, com identidades próprias que possuem raízes pré-colombianas, todavia não estão petrificadas, sem História, mas sim em constante processo de transformação, sobretudo, a partir do contato com as outras culturas, o que as tornam culturas híbridas, que possuem elos comuns, universais,

identidade nacional, todavia, sem o desaparecimento do sentimento de pertencimento à nação, tal qual apresentamos na Introdução.[31]

Ademais, esse catolicismo "progressista" em território *chiapaneco*, além de estimular a conscientização étnica e o auxílio mútuo, influenciou, por meio do incentivo à autossalvação, a busca pelos direitos reservados aos cidadãos. Segundo Michael Löwy, o trabalho da diocese do bispo Samuel Ruiz García em *Chiapas* incentivou as comunidades indígenas a se auto-organizarem para reivindicar seus direitos.[32]

Pode-se perceber que as demandas dos congressistas expoentes giraram em torno da relação entre a valorização de seus costumes, tradições, normas e crenças, ou seja, de suas culturas étnicas e a busca pelos direitos garantidos pela lei a todos os cidadãos mexicanos.

Antes de se refletir a respeito desta questão, apresentar-se-á a maneira como este trabalho empregará o conceito de cidadania.

Em *Sobre a política de assistência social no Brasil*, Potyara Amazoneida P. Pereira,[33] antes de desenvolver sua argumentação sobre este tema, define sua visão a respeito do conceito de cidadania, principalmente no que se refere ao que ela denomina como direito de cidadania social. Esta definição do conceito de cidadania será a adotada neste trabalho.

---

com as outras culturas mexicanas, o que, por sua vez, não nega – inclusive pode reforçar – suas peculiaridades culturais próprias. Para o conceito de hibridismo, conferir as obras: HALL, Stuart. *Op. cit.* 2003, p. 73-76; GRUZINSKI, Serge. *O pensamento mestiço*. São Paulo: Companhia das Letras, 2002; e GRUZINSKI, Serge. *A colonização do imaginário*. São Paulo: Companhia das Letras, 2003.

31 Conferir páginas 35 a 39.
32 LÖWY, Michael. *Op. cit.* 2003, p. 62.
33 PEREIRA, Potyara Amazoneida Pereira. Sobre a política de assistência social no Brasil. In: BRAVO, Maria Inês e PEREIRA, Potyara Amazoneida Pereira (orgs.). *Política social e democracia*. São Paulo: Cortez, 2001, p. 217-234.

A autora divide os direitos do cidadão em três: direitos civis, políticos e sociais. Os dois primeiros:

> [...] por se regerem pelo princípio da liberdade, colocam-se, inclusive, contra o Estado, para impedir que este interfira nas esferas individuais protegidas. É por isso que estes direitos são comumente chamados de direitos de liberdade negativa (de herança kantiana), porque nega a intervenção do Estado nos assuntos privados.[34]

Segundo a autora, o terceiro direito, que é o direito de cidadania social, deve ser regido pelo princípio da igualdade e da justiça social, o que faz com que caiba ao Estado possuir uma postura ativa e positiva, que consiste no dever de prover e fazer o que for devido ao cidadão, que se converte em credor e titular legítimo desse atendimento.

Portanto, o direito de cidadania social pressupõe um dever de prestação por parte do Estado, que deve intervir, de par com a sociedade, com intuito de transformar o ideal de equidade e justiça em realidade, e um direito de crédito por parte da população, que deve receber aquilo que responda a suas necessidades sociais, ou seja, o que é essencial para garantir sua qualidade de vida e sua participação cidadã.

Quanto à maior dinâmica e consequente maior especialização do direito de cidadania social, frente aos outros dois direitos, a autora afirma que:

> [...] É possível identificar, nos últimos vintes anos, o aparecimento de novos sujeitos ou titulares de direitos, cujas garantias se especificam guiadas pelo critério da diferença ou das peculiaridades concretas que distinguem esses sujeitos entre

---

34 PEREIRA, Potyara Amazoneida Pereira. *Op. cit.*, p. 221.

si [...] Esta não é a tendência dos direitos individuais, pois estes concebem o cidadão com sujeito genérico e abstrato.[35]

Sendo assim, além dos direitos de liberdade negativa, é esse tipo de direito de cidadania social especializado que foi buscado pelas comunidades indígenas *chiapanecas*, representadas pelos expoentes no congresso de *San Cristóbal de las Casas*, em 1974.

Além disso, Potyara Pereira afirma que o direito de cidadania social não deve ser voltado apenas para a satisfação de necessidades biológicas, uma vez que o ser humano é um ser social, dotado de dimensões emocionais, cognitivas e de capacidade de aprendizagem, que devem ser levadas em conta, contribuindo para a concretização dos direitos do homem à autonomia, à informação, à convivência comunitária saudável, ao desenvolvimento intelectual e às oportunidades de participação e usufruto da tecnologia.

Para que ocorra isto, o direito social deve ser desmercadorizado: "[...] seu destinatário deve usufruir dos benefícios que lhe são devidos como uma questão de direito e não de cálculo contratual, atuarial ou contábil"[36], ou seja, a visão contratualista de proteção social deve ser rompida, uma vez que o cidadão enquanto tal dispensa qualquer tipo de condição ou contrapartida, independente de sua capa-

---

35 PEREIRA, Potyara Amazoneida Pereira. *Op. cit.*, p. 224. É possível traçar um paralelo entre esta divisão dos direitos dos cidadãos adotada por Pereira, com o entendimento de Boaventura de Souza Santos acerca dos direitos humanos: "[...] enquanto a primeira geração dos direitos humanos (os direitos cívicos e políticos) foi concebida como uma luta da sociedade civil contra o Estado [...] a segunda e terceira gerações (direitos econômicos e sociais e direitos culturais, da qualidade de vida etc.) pressupõe que o Estado é o principal garantidor dos direitos humanos." Conferir: SANTOS, Boaventura de Souza. *As tensões da modernidade*. Disponível em <http://acd.ufrj.br/pacc/z/ensaio/boaventura.htm>. Acessado em: 10/01/2009.

36 PEREIRA, Potyara Amazoneida Pereira. *Op. cit.*, p. 224-225.

cidade de contribuir para o financiamento dos benefícios e serviços que recebe.

Acreditamos que é possível perceber nos exemplos abaixo citados, que os indígenas de *Chiapas* já não procuravam que o Estado somente suprisse suas necessidades mínimas de sobrevivência, mas também seu direito de viver segundo sua cultura, campesina e indígena que, portanto, pouco contribui materialmente para os cofres do Estado mexicano. Igualmente, passaram a exigir seus direitos de possuir boas terras e em quantidade suficiente, fator essencial para sua existência material e cultural; condições justas de comércio; além de educação e saúde de qualidade e de acordo com suas realidades materiais e culturais. Isto ocorreu porque as comunidades indígenas participantes do congresso passaram a enxergar suas demandas como dever do Estado para com eles, enquanto cidadãos mexicanos.

No subitem *Solicitan*, da exposição dos *tzotziles* a respeito da terra, os congressistas exigem a "Ampliación del Ejido Miguel Utrilla Los Choros, sobre esta finca, y el rancho San José Buenavista (ambos a menos de 3 km, por lo qual es aplicable el artículo 203 de la Ley Federal de Reforma Agraria)."

No subitem *La tierra es de quien la trabaja*, dos *Acuerdos sobre la tierra*, as etnias demandam juntas: "Que se pague o salário mínimo ao indígena que trabalha nas fazendas e nas cidades e que lhe sejam dados todas os direitos que a lei garante [...]". [TLA]

Em *Juicio sobre el sistema educativo*, subitem da exposição dos *choles* a respeito da educação, os congressistas afirmam que "As comunidade Choles desejam escolas onde lhes ensinem quais são seus deveres e direitos [...]". [TLA]

No subitem *Los impuestos*, da exposição dos *tojolabales* referente ao comércio, os congressistas exigem: "[...] nós queremos saber onde vão nossos impostos, pois não vemos melhoramentos em nossas comunidades". [TLA]

Nos *Acuerdos educación – renovar la educación de nuestros hijos*, as quatro etnias demandam: "[...] que nos ensinem nossos direitos de cidadãos. Queremos que ensinem à comunidade seus direitos". [TLA]

Além disso, quando tratando da questão da terra, os expoentes reclamam da sua falta de conhecimento das leis agrárias e florestais mexicanas e da falta de terras, em quantidade e qualidade.

No subitem *Tierras nuevas en los terrenos llamados "nacionales" en la selva Palenque, Chilón y Ocosingo* (conferir mapas 02 e 08), os congressistas afirmam que as comunidades *tzeltales*: "Desejam conhecer a legislação agrária e o modo de utilizar melhor suas terras e preservar seus bosques. Creem que não basta a ação negativa da polícia florestal [...]". [TLA]

Na *Ponencia Ch'ol – la tierra*, existe um subitem denominado *Las colonias*, no qual os expoentes queixam-se de que: "Os ejidatários não conhecem a legislação agrária. O chefe da zona não os orienta, pelo contrário, desvirtua a lei e dá toda a autoridade ao comissariado, com o que se constitui em cacique". [TLA]

O subitem *La tierra y sus problemas: vision de conjunto* inicia-se com uma parte denominada *Problemas indígenas internos*, onde as etnias afirmam que:

> Os quatro grupos indígenas: tzotziles, tzeltales, tojolabales e choles carecem de terras suficientes.
>
> Em geral nossas terras indígenas são as piores. [...] A isto se junta a ignorância sobre agricultura e a Lei de Reforma Agrária [...]

Os quatro grupos demandam a quantidade de terras necessárias para poder viver, e a educação agrária e agrícola para manter e explorar nossas posses. [TLA]

A partir da análise dessas e de outras passagens, interpretamos que os indígenas das etnias participantes do congresso de *San Cristóbal* entenderam suas demandas como dever, e não como favor, por parte do Estado, uma vez que passaram a enxergar-se como cidadãos mexicanos que possuem direitos, contudo, sem que exista a necessidade de abdicar de suas culturas, de *"ladinizarem-se"*, para usufruírem seus direitos de cidadania.

Além dessa busca pela auto-organização visando conhecer e reivindicar seus direitos enquanto cidadãos mexicanos, entendemos que é possível perceber nas falas dos congressistas indígenas de 1974 o início de um processo de conscientização política, que apontava para a necessidade de lutar para fazer valer seus direitos, ou seja, a necessidade de lutar para garantir que seus direitos fossem concretizados.

No subitem *Tierras comunales perdidas total mente para la comunidad*, da *Ponencia Ts'eltal – la tierra*, encontra-se a seguinte passagem: "[...] Nossa angústia consiste em que tudo tem um limite e buscamos ardentemente a solução justa, legal e pacífica". [TLA]

Por todo documento podem ser encontradas várias denúncias, advindas das quatro etnias, quanto à corrupção e incompetência das autoridades para resolver os problemas que afetavam as comunidades indígenas, quando estas procuravam os poucos direitos legais que conheciam. Este trecho do discurso *tzeltal*[37], nos parece conter um forte indício do início de uma percepção da necessidade de lutar para

---
37 Etnia preponderantemente ligada à radicalidade proposta pela catequese do Êxodo. Conferir páginas 142 a 148.

fazer valer seus direitos quando as formas pacíficas e legais, ardente e exaustivamente buscadas, já não conseguem cumprir seu papel.

O que nos parece que os congressistas *tzeltales* estão dizendo neste trecho é que, caso as autoridades estabelecidas – representantes das formas legais e pacíficas – continuassem a ignorar e até mesmo a contribuir para manutenção da exploração a que as comunidades indígenas se encontravam sujeitas, o "limite" seria atingido e as próprias comunidades buscariam, por meio de outras formas de luta, a garantia da concretização de seus direitos.

3.5 A segunda fase do Congresso Indígena de Chiapas

Jesús Morales relata que, ainda durante o "evento de outubro", os promotores e coordenadores perceberam que o Congresso havia ultrapassado os limites de tolerância do Estado. Como principais reações do Estado, Morales aponta:

> [...] o encarceramento de mais de quarenta tzotziles[38] [...] e a instrumentalização, em 1975, do Congresso Nacional Indígena [...] no qual se nomeariam os conselhos supremos

---

38 Segundo Francis Mestries, estes *tzotziles* são do município de *San Juan de Chamula* e foram presos por participar da tomada da prefeitura municipal e expulsão do prefeito que havia sido imposto contra a vontade das comunidades indígenas. A tomada da prefeitura ocorreu no dia 13 de outubro, aproveitando a abertura do Congresso Indígena. Em consequência ocorreu uma repressão policial que, ao restabelecer o antigo prefeito ao cargo, feriu várias pessoas e efetuou a prisão dos mais de quarenta *tzotziles* referidos por Jesús Morales. Ainda segundo Mestries, durante o Congresso foi patente o apoio e a solidariedade dos delegados das quatro etnias aos *tzotziles* de *Chamula* (que se localiza a apenas quinze quilômetros de *San Cristóbal de las Casas*). MESTRIES, Francis. *Op. cit.* 1990, p. 488-489.

indígenas, e em Chiapas buscou-se cooptar [...] quadros do
Congresso Indígena Frei Bartolomé de las Casas.[39]

Todavia nenhum dos principais dirigentes indígenas aceitou o
convite para participar do Congresso Nacional e, ainda em 1975, o
grupo de promotores, os assessores de tradução e os coordenadores
indígenas das quatro zonas étnicas se reuniram para impulsionar a
esperada continuidade do Congresso de *Chiapas*. Criou-se uma direção colegiada constituída por um presidente, o sociólogo marista
da zona *tojolabal*, um secretário, indígena *tzeltal* assentado na selva,
e coordenadores regionais que formavam o "conselho supremo" de
cada zona étnica. Na primeira reunião desta direção decidiu-se trabalhar para alcançar as demandas comuns surgidas nos *Acuerdos* do
Congresso, aos quais se denominou *caballitos de batalla*.

Morales relata a importância para cada etnia das demandas transformadas em *caballitos de batalha*. A questão da terra foi a mais enfatizada, sendo que para as comunidades *tzeltales* e *tojolabales* da *Selva
Lacandona* e também da zona *chol*, a maior preocupação referia-se
ao decreto que concedia 614.321 hectares de terras da selva a pouco
mais de 300 indígenas *lacandones*.[40] Além do Congresso, o principal

---

39 MORALES BERMÚDEZ, Jesús. *Op. cit.*, p. 318. [TLA]

40 *Lancandones* é a denominação empregada por antropólogos a uma etnia – dividida em duas comunidades culturalmente distintas – que habitava a região da *Selva Lacandona* anteriormente ao início das tentativas de exploração em larga escala por madeireiras e do início da migração em massa de outras etnias. Em 1972 uma resolução presidencial criou uma reserva na selva com exorbitantes 614.321 hectares destinados apenas às 66 famílias *Lacandones*. Jan de Vos demonstra como esta dotação ocorreu apoiada em inúmeras irregularidades legais, distorções históricas, antropológicas e referentes a localizações geográficas, por fim apontando que o principal interesse do Estado ao criar tal reserva foi o de refrear os intentos de exploração da floresta, sobretudo da Madeireira Maya, e também retomar as terras colonizadas por indígenas de outras regiões, assim garantindo para si os lucros referentes à extração

meio de luta adotado por estas comunidades foi a união de *ejidos* – sobretudo a *Quiptic ta Lecubetzel* cuja importância e características apresentaremos mais adiante. Na zona *tzeltal* o ponto central ligava-se à denúncia realizada pelos missionários jesuítas de *Bacharón*. Na zona *tzotzil* a iniciativa de organização apontava para a inexistência de uma distribuição de terras e para a persistência do problema dos *peones acasillados* nas fazendas da região.

Quanto ao comércio, Morales afirma que a importância era similar para os quatro grupos e que a ênfase dos trabalhos recaiu sobre a criação de cooperativas de consumo e transporte. Saúde e Educação parecem ter sido relegadas pela equipe diretiva do Congresso como sendo de menor urgência, buscando apenas criar cursos de saúde, formar promotores de saúde e realizar exercícios de educação alternativa e bilíngue.

O período de lutas a partir dos caballitos de batalha, segundo Morales, gerou:

> [...] um incremento sistemático na formação não somente dos quadros diretivos ou dos representantes de comunidades, mas de grupos humanos numerosos, das quatro zonas do Congresso.[41]
>
> [...] A consciência de um fortalecimento organizativo como condição para a conquista das demandas e satisfações viveu seu melhor momento.[42]

---

dos ricos recursos naturais da floresta, cedidos pelos *lacandones* por contrato a uma empresa estatal para exploração de madeiras na região, criada em 1974. vos, Jan De. *Op. cit.*, p. 93-134.

41 Inclusive com a publicação em língua local de vários documentos nos quais os indígenas podiam conhecer seus direitos e deveres enquanto cidadãos mexicanos.

42 MORALES BERMÚDEZ, Jesús. *Op. cit.*, p. 320. [TLA]

O autor calcula que nesse período, somando as quatro zonas étnicas, era possível mobilizar cerca de 20 mil indígenas. Afirma que os *tzotziles* da região de *Los Altos* foram os que permaneceram mais marginalizados ao movimento. Aponta outra demanda do Congresso que foi concretizada: a publicação de periódico indígena (*La Voz del Pueblo*) escrito em espanhol e nos quatro idiomas locais (infelizmente este periódico durou apenas dois números). Também afirma que foi nesse período que começaram a chegar agentes externos a convite dos conselhos de cada zona étnica ou em razão da repercussão do Congresso de 1974.

Em agosto de 1976, segundo Morales, motivado por questões de cunho religioso, o então presidente do Congresso renunciou ao cargo. Em seu lugar a direção nomeou como presidente o dirigente da zona *chol*, Jesús Morales Bermúdez, e também um novo secretário geral, dirigente da zona *tzotzil*.

A nova direção defendia que o Congresso possuía uma estrutura pouco centralizada e política,[43] que permitia muita autonomia aos conselhos regionais de cada zona, que acabavam por centrar-se em seus interesses imediatos. Assim decidiu-se reformular a proposta do Congresso criando objetivos de curto e longo prazo:

> 1. Em longo prazo:
> O Congresso Indígena persegue a mudança do atual sistema socioeconômico por uma sociedade na qual não exista propriedade privada dos meios de produção.
> 2. A curto prazo:

---

43 Pouco política, segundo o entendimento do novo presidente, que interpretava o político como sinônimo de conscientização de classe (proletária) para construção da Revolução em moldes marxistas.

...ciência proletária em nós e em nossas
... como uma verdadeira organização
... as lutas econômica, ideológica e política,
... que elas suponham.⁴⁴

... ao período de sua presidência são
... aconteceu a partir de então: "Desta ma-
... nova dimensão. Tal dimensão, no entanto,

... realizada 17 de março de 1977, o
... encerrou as atividades do Congresso
... principal que Morales nos apresen-
... êxito alcançado até 1976 não ter con-
... ando à consequente derrocada do

... dizer que cada zona foi determinando campos
... de acordo com as necessidades das comu-
... distintos problemas que nelas foram apresen-
... necessidades foram mais fortes que o acordo
... "⁴⁶

... ção, parece-nos que Morales não con-
... a aceitar) a possibilidade de que o de-
... sob a nova direção não tenha ocorrido
... algo que o valha, mas em decorrência

dos interesses concretos e do próprio [...]
munidades indígenas não serem co[...]
a proposta revolucionária abstrata de [...]
sociedade socialista ou comunista. E[...]
Congresso de 1974 não se limitara[...]

3.6 À sombra do Congresso [...]

Antes de realizarmos uma análise d[...]
sentação do Congresso Indígena, de [...]
e acertos que Jesús Morales procura tra[...]
lise a partir da qual procuraremos ilu[...]
à nossa tentativa de compreender melh[...]
quências do próprio Congresso – aprese[...]
movimentos que caminharam tamb[...]
1974, mas paralelamente à sua [...]
ando após 1977 (quando o Congr[...]
1983, quando se iniciaram os diálogos [...]
cesso de formação do EZLN – entre [...]
comunidades indígenas *chiapanecas*.

> É uma constante na his[...]
> mobilizações indígenas ten[...]
> uma iniciativa da Igreja c[...]

Em 1968, sob a nova orientaçã[...]
impulsionada pelos ventos de *Medellín*, [...]
cola de catequistas, integrou-se com[...]

---

47 vos, Jan De. *Op. cit.*, p. 250. As passa[...]
Congresso Indígena se baseiam amplamente n[...]
cit., p. 245-285. [TLA]

Ocosingo, onde colocou em prática uma proposta pastoral divida em duas vertentes, *Skop te Dios* e *Ach Lecubtesel*, que em *tzeltal* significam, respectivamente, "a palavra de Deus" e "novo viver melhor".

A colocação em prática desta nova proposta pastoral ficou a cargo de catequistas indígenas por todo o município, assim nascendo as primeiras cooperativas de produção e consumo, os primeiros experimentos de agricultura sustentável e, de acordo com Jan de Vos, foi nesse período que surgiu entre os participantes uma convicção de que "[...] a essência de sua força estava e estaria na capacidade de formar comunidade e salvaguardar sua identidade de indígenas [...]"[48]

Os preparativos para o Congresso de 1974 surgiram como uma oportunidade ideal para que comunidades colonizadoras da *Selva Lacandona* alcançadas pela *Ach Lecubtesel* e que se encontravam econômica e legalmente desprotegidas – como apontado no capítulo II – pudessem iniciar um processo de união para auto defesa, ainda mais fortemente almejada após o já referido decreto que criou uma reserva de mais de 600 mil hectares destinados apenas a um ínfimo número de *lacandones*.

Como consequência da aproximação entre distintas comunidades possibilitada pelo Congresso Indígena, surgiu em 1975, agrupando legalmente sob um mesmo estatuto quarenta e três comunidades, a *Unión de Ejidos Quiptic ta Lectubtesel*, idealizada por delegados que representavam colônias selváticas de *Ocosingo* e por assessores ligados ao grupo *Unión del Pueblo*, cuja complexa inspiração intelectual, segundo Jan de Vos, passava pelo leninismo, castrismo, pelos movimentos liderados por Villa e Zapata durante a Revolução Mexicana, por Tupac Amaru no Uruguai e, sobretudo, pelo maoísmo:

---

48 VARGAS *apud* VOS, Jan De. *Op. cit.*, p. 252. [TLA]

> [...] Três concepções de coesão comunitária foram empregadas para formar um mescla muito original e particularmente resistentes: a utopia religiosa da irmandade cristã, o ideal maoísta da assembleia igualitária e a tradição indígena do consenso coletivo [...][49]

Dentre estas três influências, catolicismo e tradição indígena prevaleciam, entretanto, o ideário dos assessores encontrou nas assembleias o *locus* ideal onde foi possível

> [...] colocar em prática seu ideal maoísta de linha de massas: "o povo manda". Os indígenas, acostumados a tomar decisões comunitárias devido a sua tradição do "acordo coletivo", não tiveram inconveniente para adotar o novo estilo de discussão proposto pelos militantes [...][50]

Desta forma, a *Quiptic ta Lectubtesel* cresceu impulsionada pela busca de soluções contra os desmandos legais sofridos pelos colonos da selva e, sobretudo, pelo combate à reserva destinada aos *lacandones*, levando a uma radicalização inesperada que "[...] colocou os colonos da selva inevitavelmente em uma postura de franco desafio ante as autoridades."[51] O episódio conhecido como "*La matanza del 9 de julio*" é ilustrativo quanta a essa radicalização da *Quiptic ta Lectubtesel*.

Em oito de janeiro de 1977, um grupo de campesinos mestiços convertidos a Testemunhas de Jeová, que haviam sido retirados de seu *ejido* por um fazendeiro, que utilizou razões religiosas como desculpa para a expulsão, procuraram ajuda no único lugar onde

---

49 vos, Jan De. *Op. cit.*, p. 256. [TLA]
50 *Ibidem*, p. 258. [TLA]
51 *Idem.* [TLA]

chance de lutar eficazmente contra
Quiptic ta Lectubtesel.

 Quiptic não hesitaram em ajudar os
", criando uma comissão para exigir
 de Reforma Agrária, localizada em
 meses de idas e vindas à distante
 nenhum resultado, decidiu-se que a
 própria.

 da *Quiptic* de interferir na situação, o
 que, por sua vez, mandaram onze
 guardias blancas (capangas) montadas
 de resguardar a segurança.

 armados invadiram as terras, matan-
 tomando a fazenda. Após este ocorrido
 uma vez que não se sabia qual seria a
 mentais. Foi nessa ocasião que pela
 serviu como mediador entre o governo e
 apanecas armadas, o que iria se repetir

 uma vez que as autoridades condu-
 qual constataram que a *Quiptic* não
 com a gestação de qualquer movimento
 expulsos retomaram suas terras e passa-

" foi noticiada nacionalmente e desper-
 da *Linea Proletaria*, uma organização ma-
 grupos, inclusive da *Unión del Pueblo*.
 esta organização convidou Samuel Ruiz
 o trabalho da organização realizado na

cidade de *Torreón*, localizada n̶
na aprovação do bispo para q̶
Chiapas auxiliar a *Quiptic*.

Contudo, Jan de Vos afirma que o̶
ça depositada pelo bispo ao ten̶
cese e tirar proveito próprio e im̶
de longa duração. Outro equívo̶
interna da Quiptic, em vez d̶
camponeses",[52] o que acarreto̶
ano após sua chegada, das área̶

A expulsão se deu por meio
oístas não possuíam qualquer
depositavam nos padres, que c̶
tal para as comunidades. O o̶
antigos militantes da *Unión de*

Em 1979, a *Línea Proletá̶*
focado no atendimento das n̶
que a *Quiptic* aceitasse seu re̶
união alcançaram-se resultado̶
de confiança aos maoístas. Jesú̶
tas apoderaram-se de boa parte
zativa do finado Congresso In̶

Desta forma, em setembr̶
guiu concretizar um acordo c̶
Campesina e *Tierra y Libertad*
y Grupos Campesinos Solid̶
ção que aglomerava 180 com̶

---

52 VOS, Jan De. *Op. cit.*, p. 260. [TLA]
53 MORALES BERMÚDEZ, Jesús. *Op. cit.*,

aproximadamente por doze mil chefes de família e cujo controle pendia para as mãos dos dirigentes oriundos da *Quiptic ta Lectubtesel*.

Em 1983, apesar dos inúmeros êxitos, houve um racha devido ao predomínio na forma das tomadas de decisões por parte das lideranças maoístas e da influência direta da diocese para com os antigos membros da *Quiptic* que, conjuntamente com a *Tierra y Libertad*, separou-se dos maoístas, criando a *Unión de Uniones y Sociedades Campesinas de Producción de Chiapas (Unión-Selva)*, com sede em *Ocosingo*.

Muitos membros da *Quiptic* seguiam sendo catequistas e haviam criado, em 1980, um movimento paralelo denominado *Slohp* (A raiz), cuja ideia era recuperar a autonomia frente aos assessores *ladinos* e reforçar a identidade indígena e campesina do movimento:

> [...] dedicavam-se a resgatar a antiga tradição do cargo comunitário interpretado como serviço aos demais, reforçando-a com leituras apropriadas da Bíblia. Contrariamente à estrutura igualitária que os maoistas queriam impor às assembleias, cultivavam a costumeira estrutura de autoridade responsável.[54]

Com o racha, paulatinamente, a *Unión de Uniones* original acabou por tornar-se uma empresa cooperativista cooptada pelo governo, enquanto a *Unión-Selva*, apesar do número muito diminuído de êxitos alcançados, continuou como uma organização campesina unida em torno da luta pela terra.

Foi justamente nessa região da *Selva Lacandona*, onde se encontravam os membros da antiga *Quiptic ta Lectubtesel*, que um pequeno grupo da FLN formado por mestiços e já havendo incorporado indígenas politizados da região, encontrou solo fértil para suas propostas, desta maneira dando início ao processo de diálogos e

---

54 vos, Jan De. *Op. cit.*, p. 264. [TLA]

convivência com as comunidades indígenas que gerou o EZLN. Da *Unión-Selva* saiu grande quantidade dos membros do movimento insurgente neozapatista.

María Cristina Renard[55] nos apresenta outro processo paralelo de organização de movimentos indígenas à sombra do Congresso Indígena. Desta feita os protagonistas foram comunidades *tzotziles* da região Norte, municípios de *Simojovel y Huitiupán*, e *choles* da Selva *Lacandona*, município de *Sabanilla* (conferir mapas 02, 07 e 08) – hoje considerada região de influência neozapatista (conferir mapa 14). Segundo a autora estas comunidades:

> [...] baseadas em sua própria força, enfrentaram, pela primeira vez na história recente, os fazendeiros [...] que até a metade dos setenta dominaram a região [...] em condições tais que qualquer um que ali chegava de repente se via submergido em pleno período medieval [...]
> Este nascer da consciência deveu-se em parte ao trabalho prévio e posterior ao Congresso Indígena, no qual participaram representantes da zona (tzotzil) [...][56]

Em 1975 foi criada *La Organización* – denominada desta forma simples por não haver outra organização com a qual pudesse ser confundida – que adotou a estratégia de unir os responsáveis pelas demandas legais de recuperação de terras sob a posse de fazendeiros, para exigir conjuntamente que suas terras fossem devolvidas e prevenir que, caso suas demandas não fossem cumpridas, as terras seriam invadidas e tomadas.

---

55 RENARD, María Cristina. Movimiento campesino y organizaciones políticas: Simojovel – Huitiupán (1974-1990). In: *Revista Chiapas*. México: Era, n° 4, p. 93-110, 1997.

56 RENARD, María Cristina. *Op. cit.*, p. 95. [TLA]

Ante a falta de resposta das autoridades a diversas tentativas de recuperação dos *ejidos*, as comunidades ligadas a *La Organización* decidiram, em junho de 1976, realizar a primeira invasão, logo seguida por outra, em outubro do mesmo ano. O resultado destas invasões foi o comprometimento das autoridades em legalizar as terras ocupadas, o que começou a efetivar-se em maio de 1977.

O entusiasmo das comunidades com essa conquista impulsionou uma série de invasões não planejadas pela direção da *Organización*, provocando violentas reações dos fazendeiros e das autoridades que, em junho de 1977, enviou o exército para desalojar os invasores. Os dirigentes da *Organización* buscaram ajuda da *Central Independiente de Obreros Agrícolas y Campesinos* (CIOAC), que iniciou negociações com as autoridades de *Tuxtla Gutiérrez*, conseguindo que parte dos invasores fosse transferida para outras terras, o que incluía terras localizadas na região da *selva Lacandona*, ao que se opôs a direção da *Organización*, o que levou a uma ruptura com a CIOAC.

Com intuito de recompor a força da *Organización*, os dirigentes aliaram-se com os assessores, recém chegados a *Chiapas*, da *Línea Proletaria*. Contudo, o predominante maoísmo que marcava o ideário desses assessores os levou a uma perseguição e crítica constante aos dirigentes da *Organización*, uma vez que defendiam que para evitar desvios e traições burguesas, ao invés de apenas uns poucos dirigentes tomarem as decisões, era o povo que deveria decidir por si mesmo. Outro aspecto derivado do maoísmo e defendido pela *Línea Proletaria* foi a política de "duas caras", isto é, buscar alianças com setores estratégicos do governo e da burguesia, dos quais se possa tirar algum proveito (econômico), o que resultava no rechaço ao enfrentamento direto às autoridades.

Desta forma, além de desacreditar as antigas lideranças, a *Línea Proletaria*, ao focar-se em aspectos internos da *Organización* e em objetivos econômicos, ao invés das questões ligadas a terra, acabou por enfraquecer o movimento, o que abriu espaço para o retorno da CIOAC, em 1979.

A preocupação central da CIOAC era a de promover a "organização sindical dos proletários do campo", o que refletia sua posição ideológica de que os campesinos deveriam unir-se ao proletariado, uma vez que esta é a única classe com potencial revolucionário. Este modelo persistiu até finais de 1983, se esvaindo em função da inadequação à realidade local:

> Em síntese, a CIOAC importou à região um tipo de demanda, a trabalhista e sindical, que não era sentida realmente pelos empregados indígenas das fazendas [...] Quanto à estrutura organizativa, a CIOAC importou o modelo de partido vertical centralizado [...] Esta estrutura vertical formal, oposta à "linha de massas", favoreceu também a tomada vertical de decisões e a negociação por parte dos dirigentes sem participação das bases, o que foi criticado.
>
> [...] A partir de 1983-1984 [...] os quadros locais do movimento [...] isolaram-se das bases sociais que já não podiam controlar e às quais não se viam obrigados a prestar contas [...]
>
> As organizações políticas nacionais penetraram na região sem prestar a devida atenção à organização autóctone já existente, nem às demandas originais dos camponeses, nem a suas formas próprias de funcionamento, de decisão e de liderança, nem a sua característica étnica.
>
> [...] em nenhum caso as organizações levaram a cabo uma análise do caráter indígena da população nem das implicações deste fato para o movimento.

[...] Para os militantes [...] o indígena era antes de tudo um camponês pobre. Discutia-se sua capacidade revolucionária, não importava que fosse, além de camponês, índio.⁵⁷

3.7 Conscientização política

Agora voltemos à análise da avaliação final e do próprio relato de Jesús Morales acerca do Congresso Indígena. Em seu relato, Morales busca minimizar a partição da diocese de *San Cristóbal*. Quando parece impossível negar a abertura para com as comunidades indígenas garantida pelas estruturas eclesiais e pela importante influência direta ou indireta das instâncias religiosas, Morales procura apresentá-las como algo negativo, que prejudicou uma maior conscientização das comunidades indígenas enquanto parte da "classe trabalhadora", pilar de sustentação do injusto sistema em vigência. O mesmo ocorre quando, em sua avaliação final, o autor aponta os êxitos conquistados e legados pelo Congresso Indígena. Estes não são plenamente valorizados, uma vez que são apresentados como insuficientes, como sendo apenas passos importantes, mas iniciais, da caminhada rumo à necessária conscientização obreira dos indígenas.

Ao longo de seu relato, Morales enfatiza que desde o princípio do processo de organização do Congresso havia uma intenção:

> [...] de distinguir na prática o religioso do político [...] [todavia] [...] os promotores nem sempre distinguiram o religioso do político [...]
>
> [...] o movimento catequético da igreja católica possibilitava abertura e receptividade, abria brechas para o discurso das comunidades [...] [contudo]

---

57 RENARD, María Cristina. *Op. cit.*, p. 106-108. [TLA]

> [...] o próprio bispo e as autoridades estatais nunca tiveram maior ingerência nem no conceitual nem no instrumental [...][58]

Em uma breve passagem, na qual trata das consequências do Congresso de 1974, Morales deixa transparecer o apoio de Samuel Ruiz ao Congresso devido à sua "conversão ao indígena", ao mesmo tempo em que o situa fora da Teologia da Libertação que, segundo o autor, defendia nesse período que a Igreja não devia posicionar-se politicamente:

> A igreja, por sua parte, pareceu mais consequente; o que era normal caso se considere a progressiva "conversão de seu bispo ao indígena" como ele mesmo se empenhava em apontar [...] Representou maior dificuldade as presenças das teologias política e da libertação que, influenciadas pelo discurso desse tempo, defendiam o impossível apolítico de não tomar partido.[59]

O autor se mostra insatisfeito pelo Congresso ter-se constituído – anteriormente à sua assunção a presidência – apenas como uma organização indígena que defendia seus interesses concretos. Para Morales isso era insuficiente:

> [...] Sempre existiu um interesse claro em formar [...] uma organização popular autônoma [...] O que permaneceu

---

58 MORALES BERMÚDEZ, Jesús. *Op. cit.*, p. 309-311. [TLA]
59 *Ibidem*, p. 318. Estas afirmações de Morales parecem indicar que na Igreja mexicana de meados da década de 1970, mesmo em setores da Igreja identificados com a Teologia da Libertação, predominava um posicionamento político bastante moderado, o que colocava Samuel Ruiz e o pequeno setor ao qual se encontrava entre o que havia de mais radical na Igreja católica mexicana do período. [TLA]

confuso por um tempo era o porquê de tal organização para além dos 'cavalinhos de batalha'.⁶⁰

Jesús Morales não foi capaz de valorizar os êxitos alcançados e legados pelo Congresso, inclusive apontados por ele mesmo em sua avaliação final:

> [...] Esta forma (as assembleias), com as quais começou a preparação do Congresso segue produzindo de modo criativo e pode-se dizer que é uma de nossas garantias de democracia e participação [...]
> [...] nas distintas zonas tem-se gerado a partir do Congresso [...] movimentos populares ou processos populares. Talvez não tenham um objetivo claro, mas de fato existem [...]⁶¹

A luta pela união interétnica entre as comunidades indígenas *chiapanecas* era algo buscado tanto pela direção do Congresso, como pela diocese de *San Cristóbal*, e sinais de seu alcance já pareciam nítidos, sobretudo entre comunidades colonizadoras da Selva *Lacandona*, onde indígenas de etnias distintas eram forçados a conviver e se unir para resistir aos abusos sofridos. Entretanto, para Morales isso não era o bastante, era apenas uma primeira etapa. Sua discordância para com a diocese advém de sua defesa de que os indígenas deveriam ir além, superando sua identidade étnica e se compreendendo enquanto campesinos que são parte de uma "classe trabalhadora" explorada:

> [...] Temos muitas coisas alcançadas. Um bom avanço até este momento [1977] que nos permite um novo avanço

---

60 MORALES BERMÚDEZ, Jesús. *Op. cit.*, p. 322. [TLA]
61 *Ibidem*, p. 325-326. [TLA]

como grupo interétnico que rompe seu princípio de raça e vai além, até sua consciência de classe e como classe, a partir do momento em que por acordo geral a zona tojolabal integrou em seu trabalho um grupo de camponeses.[62]

Para encerrar este quarto capítulo, apresentaremos uma síntese das contribuições e limites do Congresso Indígena segundo a avaliação final de Morales, para na sequência concluirmos com nossa interpretação, apontando o que o levou a optar por esta perspectiva.
Contribuições do Congresso Indígena:

> 1. A assembleia como método. Retomando o hábito de congregação dos indígenas, hábito presente em suas tardes, em suas festas, em suas juntas ejidais, dinamizou-se às assembleias integrando-lhes uma ordem na condução, mas respeitando as formas de discussão [...]
> As assembleias foram o melhor lugar de trabalho para o Congresso [...] Ao longo de quatro anos e ainda mais, se levaram a cabo assembleias locais, regionais e extrarregionais; assembleias interétnicas e assembleias itinerantes [...]
> 2. Junto com a assembleia como método, o resgate da encenação como recurso para comunicação. A encenação é uma prática frequente, com raízes pré-colombianas e coloniais, que se ocupa em imitar ou simular; e também em dar a conhecer apreciações e comportamentos por meio de gestos ou mímica. Verificada sua eficácia e enraizamento, ela se configurou como instrumento descritivo e de comunicação. Exigiu assim a forma de uma atuação. Pequenas obras de teatro [...] Apresentavam encenações e por meio delas diversos pontos a analisar [...] Verdadeiros atores, os índios somavam este seu dote ao conhecimento empírico de sua realidade.

---

62 MORALES Bermúdez, Jesús. *Op. cit.*, p. 327. [TLA]

Outra função da encenação era comunicar os acontecimentos e acordos da assembleia [...] assim a encenação teve grande utilidade. Foi realizada na selva e na zona chol [...]

3. Entre os elementos da assembleia encontravam-se fases de informação, discussão, reflexão. Síntese e formação. Ocorriam acerca da problemática particular e imediata, mas também acerca de seu contexto: regional e global [...]

Cada temática levou a considerar sua inter-relação com o político e ocorreu progressivamente a consideração do estritamente político e de se passar organizativamente a esta dimensão [...]

O exercício de sistematização, discussão e análise avançou até a forma de uma investigação participativa [...]

4. A compreensão do global conduziu à busca de relações como outras organizações [...]

5. Uso das línguas indígenas [...]

6. Formação de direções regionais [...]

7. Superação da preocupação étnica até uma consciência de classe [...]

8. Talvez o mais importante ganho tenha sido o alcance de tanto – pelo menos em termos organizativos e de experiência – com o mínimo custo social. Na verdade o Congresso não teve mortos [...] [63]

Limites do Congreso:

1. Os limites fundamentais do Congresso encontram-se em sua própria natureza: plataforma para denúncia como foi em seu início, pretendeu-se modelo de organização. Propiciou militâncias e consolidou lutas, mas apartava-se muito de oferecer uma plataforma ágil e eficaz, como se requer para as conquistas e negociações políticas [...] Queria-se o político, mas a partir do

---

63 MORALES BERMÚDEZ, Jesús. *Op. cit.*, p. 329-333. [TLA]

> moral e isso não é possível no Leviatã moderno [...] A carência, desde o princípio, de uma plataforma comum, resultava em excessiva autonomia regional em detrimento do geral [...]
>
> 2. Era parte de uma Igreja com um bispo "convertido" e em missão, incrustada em boa medida e desde o princípio na direção do Congresso. Uma parte de seus membros permaneceu fiel a sua instituição, às vezes mais que ao próprio processo [...] Sua atitude, assim sendo, é religiosa, de mesmo modo que sua militância, ainda que pareçam muito seculares. Movem-se por imperativos morais ali onde prevalece o político [...] A insuficiente delimitação entre o político e o religioso [...] atrapalha o pensamento e a forma até nossos dias [...] A limitação do Congresso de não pensar no político (porque [...] não estava entre os interesses das comunidades) segue sendo o tendão de Aquiles da realidade política chiapaneca [...][64]

Além disso, o artigo de Morales se encerra com uma reflexão – produzida em 1991 – na qual o autor apresenta suas explicações para as limitações e insucessos do Congresso Indígena, transparecendo o lugar de onde provêm seus julgamentos político-ideológicos:

> [...] a militância das comunidades no interior do Congresso não era de tipo político, mas social, posto que elas mesmas não estavam em situação de luta política e porque, no momento de realização do Congresso, nem sequer tocou-se no tema [...]
>
> Creio que o Congresso Indígena configurou-se a partir de ideais mais do que como consequência de uma análise da realidade ou de um esgotamento ou defasagem das condições materiais [...] O Congresso Indígena, fundamentalmente, privilegiou a luta agrária [...]

---

64 MORALES BERMÚDEZ, Jesús. *Op. cit.*, p. 333-334. [TLA]

> [...] A luta pela terra, é verdade, é motor, mas também quimera. Sustentar-se-á nela verdadeiramente a identidade [...]? Não será a identidade e a identidade índio-terra uma construção dos religiosos e dos antropólogos? Não muda o pensamento e com ele a identidade?
> [...] Parece-me que como bandeira política é digna uma revisão de fundo. Que modelo de sociedade pode-se construir a partir da conquista da terra?
> A incidência no étnico, pela figura de Frei Bartolomé de las Casas, pela própria participação da Igreja, gerou dificuldades para que o Congresso se somasse a outros grupos e chegasse à consciência de classe [...] Desejo ardorosamente que se tenha quebrado essa barreira preferencial pelo índio [...][65]

Acreditamos que, a partir dessas citações de Jesús Morales, podemos confirmar que o autor procura minorar o papel desempenhado pela diocese de *San Cristóbal* durante o Congresso Indígena. No entanto, algumas vezes durante seu relato, sobretudo em sua avaliação final, Morales deixa transparecer a preponderância do fator religioso, entretanto visando ligá-lo ao que aponta como limitações e insuficiências do Congresso.

Levado por suas crenças teórico-ideológicas abstratas, ou seja, por pressupostos ligados a determinadas vertentes marxistas,[66] o autor não consegue valorizar as ligações diretas entre o político e os fenômenos sociorreligiosos que se desenvolviam em *Chiapas*. Para Morales, o caráter moral da crítica social religiosa, a valorização étnica e a ênfase das comunidades em sua própria realidade local e concreta, são

---

65 MORALES BERMÚDEZ, Jesús. *Op. cit.*, p. 335-337. [TLA]

66 Vertentes estas nas quais a realidade é entendida como reflexo de determinantes infra-estruturais e os demais setores, como a cultura, a política etc., são entendidos como epifenômenos.

incompatíveis com a luta política, o que o leva a valorizar pouco as conquistas do Congresso.

Isto decorre do estreito entendimento do político de Morales, ligado ao conceito marxista de classe.[67] Assim sendo, interpreta que a crítica moral e a insistência na valorização étnica impulsionadas pela diocese, se não superadas, ou seja, caso não entendidas apenas como uma etapa inicial, tornar-se-iam freios para uma conscientização maior, que deveria conduzir as comunidades indígenas a se unirem aos camponeses e, posteriormente, aos proletários mexicanos, uma vez que perceberiam sua condição de "classe trabalhadora" explorada, assim lutando pela transformação das estruturas socioeconômicas. Também é por este mesmo motivo que a luta pela terra não poderia constituir-se em algo mais que apenas um elemento aglutinador, uma desculpa que garantisse o início da insurgência campesina e sua consequente conscientização.

Contudo, defendemos – ao contrário da avaliação de Morales – que a ênfase na valorização da identidade étnica, a crítica social concreta e embasada em princípios morais e a luta pela terra, somadas à percepção de interesses comuns entre as distintas etnias, à valorização da assembleia comunitária e do acordo consensual etc., são pontos que conferem ao Congresso Indígena de *Chiapas* e ao trabalho desenvolvido pela diocese de *San Cristóbal* uma importância extrema naquilo que se refere à conscientização política de comunidades indígenas *chiapanecas*. De acordo com Boaventura de Souza Santos: "[...] as pessoas e os grupos sociais têm o direito de ser iguais quando a diferença os inferioriza, e o direito de ser diferentes

---

67 O que não significa de forma alguma que a maneira como Jesús Morales interpreta os conceitos de político e de classe seja a única possível no âmbito do marxismo.

quando a igualdade os descaracteriza [...]"[68] Os congressistas impulsionados pelo trabalho da diocese de *San Cristóbal* atingiram esses dois fatores.

A ênfase na valorização étnica e na demanda do direito de manter vivas suas diferenças socioantropológicas e culturais visava combater essa descaracterização que, por outro lado, seria concretizada caso os indígenas relegassem suas singularidades e passassem a se perceber primordialmente como campesinos que são parte da "classe trabalhadora". Além disso, de acordo com Luis Villoro[69], ao longo da história mexicana foi em decorrência da luta por questões concretas e locais, como a terra, que multidões de camponesas pobres se levantaram à busca por direitos de igualdade, e não por ideais abstratos a serem alcançados a longuíssimo prazo. Por fim, de acordo com aquilo que é possível concluir sobre a Teologia da Libertação, principalmente a partir dos textos de Michel Löwy[70], a crítica moral, ao contrário de constituir-se como um elemento que refreava a ação, provia uma repulsa às injustiças geradas pelo sistema capitalista em vigência, compreendido como "pecado estrutural" que deveria ser condenado e destruído – mesmo que na maior parte dos casos se optasse por vias pacíficas – o que exigia a colocação em prática de ações sociopolíticas.

Desta forma, acreditamos que é possível pensar o Congresso Indígena de *Chiapas Fray Bartolomé de Las Casas* como um ponto de ruptura, a partir do qual se iniciou um processo de formação de uma cultura política ligada às comunidades indígenas *chiapanecas* de ascendência maia.

---

68 SANTOS, Boaventura de Souza. *Op. cit.*
69 VILLORO, Luis. *Op. cit.*
70 Conferir: LÖWY, Michel. *Op. cit.* 2000. E também LÖWY, Michel. *Op. cit.* 1991.

capítulo 4

OS MAIAS DE CHIAPAS E O EZLN

Os maias vivem, não são fósseis que somente podemos admirar nos museus. São contemporâneos nossos e possuem uma história milenar com muitas transformações ao longo dos séculos e milênios. ... As sociedades dominantes são divisórias. Há os que mandam, os sujeitos, e os que obedecem, os objetos. E são os objetos que têm começado a levantar sua voz porque já não aceitam serem objetos.*

Carlos Lenkersdorf

O Congresso indígena desatou as forças ocultas da realidade chiapaneca. Era como o tronco de uma árvore como raízes de 500 anos e cujos galhos e folhas começaram a brotar imediatamente após...*

Antonio García de León

---

* [TLA]

4.1 Os indígenas mexicanos do século XX

O primeiro passo necessário para construção deste capítulo consiste na reflexão acerca de quem são e em que consiste o ser indígena do México pós-revolucionário e, mais especificamente, quais características conformam o ser indígena de ascendência maia em *Chiapas* de meados da década de 1970.

Inicialmente é importante reafirmar que as culturas indígenas, como quaisquer culturas, não possuem características absolutas e imutáveis. Portanto, as culturas indígenas do século XX não são esquálidos resquícios de culturas pré-hispânicas:

> Esta visão coloca às culturas indígenas fora da história, pois interpreta as transformações que inevitavelmente têm experimentado nos últimos quinhentos anos desde a chegada dos europeus, como negativas e como perda de sua autenticidade. Assim sendo, nega às culturas indígenas a possibilidade de mudar sem perder sua identidade e por isto as priva de um futuro próprio. Em suma, concebe aos grupos indígenas como sobreviventes do passado que devem ser valorizados e cuidados quase como peças de museu, e não como seres históricos que tem sido capazes de transformar sua cultura e sua sociedade.
>
> [...] muitos aspectos importantes das culturas indígenas atuais são de origem europeia, ou tem sido produto da criação cultural dos homens e mulheres indígenas posteriores à conquista. Por isto, ao privilegiar a tradição pré-hispânica apresenta-se um visão parcial e distorcida de sua riqueza cultural.[1]

Por outro lado, os maias *chiapanecos* de meados da década de 1970 "[...] viviam todavia uma forma de vida tradicional muito

---
1 NAVARRETE, Federico. *Op. cit.*, p. 14-15 e 18. [TLA]

parecida à de sues antepassados, falavam suas línguas nativas, dedicavam-se à agricultura e organizavam-se em comunidades muito fortes que definiam sua identidade e sua cultura."[2]

Ademais, nenhuma identidade étnica – como qualquer forma de identidade – existe por si, isto é, as características que definem um "nós" com o qual nos identificamos são fruto de relações sociais historicamente construídas, somente existindo situadas em um contexto determinado, no qual são imaginados e explicitados "outros" dos quais nos diferenciamos, o que não é meramente resultante de uma imposição racial ou herança, mas de uma construção relacional histórica e negociada, muitas vezes bastante flexível.[3] Por meio de sua própria concepção do que exclui ou conforma o ser *tojolabal*, esta etnia nos fornece um exemplo acerca desta questão:

> A palavra [...] *jnal* [...] refere-se a não tojolabales que, por sua vez, são opressores, explorados, mandões, ricos etc. [...] não se trata do "mestiço" [...] mas de pessoas caracterizadas por um tipo de comportamento com os de baixo, índios ou não índios. Por isto, um tojolabal "por nascimento" pode converter-se em jnal e com isso se destojobalizar. Da mesma forma uma pessoa nascida em uma família não autóctone pode se tojobalizar

---

2 NAVARRETE, Federico. *Op. cit.*, p. 18. Mais adiante trataremos das características culturais e formas de organização sociopolítica peculiares às comunidades maias de *Chiapas*. [TLA]

3 Os apontamentos gerais acerca do conceito de identidade foram construídos a partir de uma livre apropriação de reflexões contidas, entre outros, em HALL, Stuart. *Op. cit.* 1997 e HALL, Stuart. *Op. cit.* 2003, cujas proposições já foram apresentadas de forma mais detalhada na Introdução, e em PRADO, Maria Ligia Coelho. Uma introdução ao conceito de identidade. In: BARBOSA, Carlos Alberto Sampaio e GARCIA, Tânia da Costa Garcia (orgs.). Cadernos de Seminários de Pesquisa Cultura e Política nas Américas. Assis: FLC – Unesp Publicações, 2009, vol. I, p. 66-71.

caso se identifique com os tojolabales [...] ninguém é jnal nem tojolabal por nascimento, mas o é por compromisso.[4]

Desta forma, para refletir acerca de identidades étnicas mexicanas é necessário fazê-lo a partir das relações interétnicas presentes no México contemporâneo ou independente, onde a definição da categoria[5] de indígenas depende de um elo relacional com a categoria de mestiços, fruto de um sistema de relações interétnicas que gera "[...] uma realidade que é construída pelo mesmo ato de nomeá-la [...]"[6] Isto não significa que esta realidade não resulte em efeitos práticos para além da busca por compreensão, pelo contrário, estas classificações em diferentes categorias étnicas contribuem para a organização das relações sociais por meio da instituição de tratamentos legais, políticos e econômicos diferenciados e, outrossim,

> [...] as distinções étnicas definidas pelas relações interétnicas podem converter-se em um instrumento aproveitado pelos grupos poderosos para dominar e explorar aos grupos mais débeis, mas também pode ser usado por estes grupos para resistir a esta exploração e para defender sua identidade cultural e étnica.

---

4 LENKERSDORF, Carlos. *Op. cit.*, p. 57. [TLA]
5 Entendemos os conceitos de "identidade étnica" e "categoria étnica" tais como empregados por Federico Navarrete: "Las categorías étnicas sirven para definir la identidad [...] Por otro lado, hay que distinguir claramente entre las 'identidades étnicas' y las 'categorías étnicas'. Las primeras se aplican desde adentro [...] Las segundas suelen ser aplicadas desde afuera, para clasificar a los que pertenecen a grupos diferentes que uno, o para agrupar distintos grupos étnicos en un grupo más amplio. Esto quiere decir que las 'categorías étnicas' son más generales, pues se utilizan para clasificar y definir las relaciones entre diferentes grupos étnicos ya constituidos [...]" NAVARRETE, Federico. *Op. cit.*, p. 23 e 26.
6 NAVARRETE, Federico. *Op. cit.*, p. 22.

> [...] Por isto [...] não tem sentido analisar a história dos indígenas separada da dos outros grupos da população nacional, pelo contrário, é indispensável, antes de tudo, analisar as relações de dominação política, diferenciação e segregação social, e exploração econômica que definem e separam hoje a ambos grupos.
>
> [...] ao contrário da história oficial que vê a situação atual dos índios como uma prolongação da exploração na época colonial, assim tentando explicar sua cultura unicamente com referência às culturas pré-hispânicas, a condição atual dos índios deve ser compreendida como resultado das relações de dominação, segregação e exploração às quais são submetidas no presente e da maneira pela qual sua cultura tem-se adaptado a esta situação.
>
> [...] Ainda que existam continuidades culturais evidentes nos grupos indígenas e mestiços mexicanos, isto não quer dizer que suas identidades étnicas tenham a mesma continuidade, pois estas dependem das relações interétnicas das quais fazem parte.[7]

Para lidar com esta complexa relação entre a continuidade e as transformações das identidades étnicas, Federico Navarrete adota o conceito de "etnogêneses", cuja definição é resultante do pressuposto de que os grupos humanos modificam e reinventam constantemente sua identidade étnica para adaptarem-se às novas circunstâncias e às diferentes relações interétnicas em que se inserem ao longo do tempo. Este processo de (re)criação realiza um amálgama entre heranças do passado e novos elementos, comumente advindos dos contatos com outros grupos étnicos com quem se relacionam.

Posto isso, é importante destacar que no México contemporâneo – ao menos desde a década de 1930 – o elemento empregado para

---

[7] NAVARRETE, Federico. *Op. cit.*, p. 33-35. [TLA]

distinguir as categorias étnicas de indígenas e de mestiços é a língua, ou seja, os primeiros seriam aqueles que falam línguas indígenas, enquanto os mestiços seriam os que falam o castelhano.[8]

Sendo assim, antes de adentrarmos mais especificamente nas questões referentes à cultura étnica maia, abordaremos determinados pontos que dizem respeito às relações interétnicas no México.

O processo de forjamento das identidades nacionais – delineado na Introdução[9] – assumiu diferentes formas em cada país. Federico Navarrete[10] denomina como fator essencial para a concretização desse processo em território mexicano a "ideologia nacionalista da mestiçagem", que foi responsável por forjar uma identidade homogênea para a pluralidade socioeconômica e étnico-cultural mestiça mexicana, ao mesmo tempo em que excluiu as identidades indígenas[11] que passaram a ser interpretadas como um problema (*el problema indígena*) a ser resolvido.

Para compreender como surgiu esta ideologia é necessário retroceder ao processo de construção da identidade étnica *criolla*[12] durante o período colonial. Com intuito de combater a discriminação que

---

8   No entanto, ao longo de sua obra Federico Navarrete afirma que esta divisão é fruto da "ideologia da mestiçagem", por exemplo, demonstrando que no México atual existem comunidades rurais definidas como mestiças por dominarem apenas o castelhano, mas que apresentam uma "cultura tradicional" e um modo de vida muito mais próximo da identidade étnica das comunidades indígenas do que das elites mestiças. NAVARRETE, Federico. *Op. cit.*
9   Conferir páginas 35 a 39.
10 NAVARRETE, Federico. *Op. cit.*
11 Exclusão questionada por comunidades indígenas maias de *Chiapas* a partir do Congresso de 1974, uma vez que passaram a exigir o acesso aos direitos reservados aos cidadãos mexicanos, sem que fosse preciso abdicar de suas peculiaridades socioculturais, como apresentado no capítulo anterior, conferir páginas 203 a 210.
12 Filho de pai e mãe espanhóis nascido no continente americano.

sofriam por parte dos espanhóis, os *criollos* empreenderam um longo processo de construção de uma identidade étnica que os diferenciasse por outros fatores que não a língua, a religião ou a cultura, uma vez que as compartilhavam com os espanhóis. A solução foi tomar como seu um passado diferente, assim considerando-se como herdeiros da glória das grandes civilizações pré-colombianas:

> [...] Desta maneira, os criollos inventaram para si um passado indígena, mas um passado que havia sido derrotado e subjugado por eles mesmos, o que servia para justificar sua superioridade sobre os indígenas contemporâneos [...]
>
> [...] Com estas bases ideológicas foi que os criollos assumiram o poder na nova República mexicana.
>
> No século XIX, quando a identidade criolla converteu-se na base da nova identidade nacional mexicana, a identificação com o passado indígena [...] permitiu incorporar às novas elites de mestiços ao grupo governante [...][13]

Em uma linha de pensamento semelhante, Luis Villoro[14] afirma que, a partir da Independência mexicana, duas concepções de Estado Nacional passaram a se contrapor: o Estado homogêneo e o Estado plural. Seguindo as ideias vigentes no período da Independência mexicana, um grupo de letrados *criollos* impôs a criação do Estado segundo os moldes liberais, ou seja, por meio de um contrato entre indivíduos iguais. Sob este prisma, a unidade nacional deveria ser garantida por meio da correspondência entre o poder público do Estado e a Nação, apresentada como algo homogêneo culturalmente e em

---

13 NAVARRETE, Federico. *Op. cit.*, p. 65-66. [TLA]
14 VILLORO, Luis. *Op. cit.*, p. 173-176.

interesses.[15] Federico Navarrete identifica como um desdobramento da imposição do modelo liberal de Estado Nacional, a instituição de uma "cidadania étnica". Modificaram-se as categorias étnicas para definir os grupos humanos que habitavam o novo país e as relações que deveriam existir entre eles e, neste processo, os novos governantes (*criollos*) mexicanos impuseram a sua identidade étnica como a única que deveria existir no México, sentenciando as restantes a serem incorporadas à Nação mexicana ou desaparecem.

Diante dessa ideia de Estado homogêneo, Villoro aponta para a resistência de uma concepção de Estado plural derrotada após a Independência, no entanto não extinta. Concepção esta popular e localista, própria das povoações marginais e comunidades ligadas a terra, mais sentida do que pensada, uma vez que é advinda da experiência vivida e não de algo formulado. O Estado plural não possui como valores absolutos a liberdade individual ou a igualdade formal perante a lei. Ele reconhece a multiplicidade de povos e culturas que formam o México, negando a uniformidade e buscando, junto ao direito de igualdade que garanta a justiça, o respeito e o tratamento igual de todas as diferenças. A base deste projeto de Nação é a cooperação e a solidariedade entre coletividades autônomas e distintas culturalmente, sem, entretanto, a eliminação da unidade nacional, "[...] o 'contrato social' que constitui a nação deixa de ser resultado de imposição de uma parte, para converter-se em um acordo negociado entre todos os povos."[16] É possível traçar um paralelo à ideia de Estado plural com o que Federico Navarrete denomina como "liberalismo popular":

---

15 Concepção esta, que é correspondente aos apontamentos de Stuart Hall quanto ao forjamento das identidades nacionais modernas. HALL, Stuart. *Op. cit.*, 1997.

16 VILLORO, Luis. *Op. cit.*, p. 175.

[...] desde a guerra de Independência e ao largo de todo o século XIX e depois do XX estes grupos tem defendido sua identidade particular, seu direito a terra e à justiça social, e também uma definição da identidade nacional que os inclua plenamente, diferentemente da identidade excludente e única definida pelas elites governantes.[17]

Essa dualidade entre duas concepções de Estado Nacional segue a linha traçada no clássico ensaio de Guillermo Bonfil Batalla[18], que define o projeto nacional das elites *criollas* e mestiças dos séculos XIX e XX como um "México imaginário", que visava construir uma Nação de acordo com modelos importados de países "avançados", principalmente Estados Unidos e França, mas que não correspondia à realidade social e cultural mexicana, projeto este que se contrapunha a um "México profundo" das culturas indígenas e populares.[19]

---

17 NAVARRETE, Federico. *Op. cit.*, p. 64. [TLA]

18 BONFIL BATALLA, Guillermo. *México Profundo* – una civilización negada. México: Grijalbo, 1990.

19 Federico Navarrete, apesar de apontar a riqueza do ensaio de Bonfil, apresenta ressalvas às suas conclusões, afirmando que desde o século XVIII iniciou-se um processo efetivo de mestiçagem social no México, porém distinto da homogeneidade propagada pela ideologia da mestiçagem. Este processo foi acelerado pelas políticas liberais e modernizantes implantadas desde a Independência, transformando profundamente o México indígena e campesino. Contudo isto não significou um "etnocídio", pois muitas das novas identidades consideradas mestiças, apesar das transformações, mantiveram características essenciais de suas identidades étnicas comunitárias. Ademais, em razão destas mesmas transformações, Navarrete interpreta o México contemporâneo como sendo formado por diversas minorias étnico-culturais, e não por apenas dois grupos homogêneos – mestiços e indígenas – e sendo assim, não se pode afirmar que os setores mestiços mais "ocidentalizados" sejam menos autênticos e não correspondam a uma representação real (ainda que parcial) da Nação Mexicana, ao mesmo tempo em que não é possível afirmar que setores indígenas sejam os únicos e verdadeiros portadores de uma suposta essência nacional mexicana. NAVARRETE, Federico. *Op. cit.*, p. 75.

Desta forma, as políticas implantadas pelo Estado mexicano, inseridas no bojo dos processos globais de forjamento das identidades nacionais modernas (como apontado anteriormente), atacaram aspectos chave da forma de vida, cultura e identidade étnica dos grupos indígenas e populares, por exemplo, por meio da imposição do castelhano como único idioma; do ataque avassalador sobre a autonomia política local e as propriedades coletivas, o que constituía a imposição de valores econômicos capitalistas (propriedade privada individualizada) que se contrapunham ao universo cultural indígena; e da imposição da cultura ocidental moderna como a única realmente civilizada e, portanto, superior e obrigatória, por meio da depreciação sistemática das manifestações culturais e religiosas dos indígenas e grupos populares, como as formas de vestir e comer, costumes e crenças, valores e identidades.[20]

---

20 Processo este que deixou profundas marcas, tanto na sociedade mexicana como um todo, como entre as próprias comunidades indígenas, inclusive as de *Chiapas*, para as quais o processo começou a se inverter, sobretudo, a partir da década de 1970 – como apresentado anteriormente, principalmente nos capítulos II e III. Um exemplo bastante elucidativo de como se deu esse processo de imposição – mas também de resistência a essa imposição – de um modo de vida mestiço às sociedades indígenas do território mexicano, é o caso dos indígenas *Yaquis* do estado de *Sonora*, apresentado por Evelyn Hu-DeHart. Os *Yaquis* buscaram resistir e se rebelaram diversas vezes ao longo do século XIX contra os sucessivos ataques à sua autonomia sociocultural e econômica, sempre buscando se adaptar às transformações sociais impostas à força pelo poder público mexicano sem perder sua identidade étnica, inclusive com pequenos grupos de indígenas deportados aos EUA procurando manter sua autonomia e identidade *Yaqui*, mesmo estando fora do território mexicano. Entretanto, a partir do período pós-revolucionário, a encarniçada resistência *Yaqui* foi cedendo espaço a um crescente processo de desarticulação sociocultural, ocorrido, sobretudo, em razão das condições criadas pela implantação de políticas de modernização capitalista dos processos produtivos no campo *sonorense*. Para mais detalhes conferir: HU-DEHART, Evelyn. Rebelión campesina en el noroeste: los indios Yaquis de Sonora, 1740-1976.

Segundo Federico Navarrete, políticas como estas, implantadas por sucessivos governos mexicanos desde a Independência – e intensificadas a partir do final do século XIX com o advento da ideologia da mestiçagem – ao mesmo tempo em que impulsionaram o processo de formação e consolidação do Estado mexicano por meio de um longo período marcado por interações entre diversas forças e visões distintas, alavancaram também a criação de um novo sistema de relações interétnicas. Os dois processos consolidaram-se com o triunfo da Revolução Mexicana.

O elemento central desse novo sistema de relações interétnicas foi a criação da categoria étnica dos mestiços que, paulatinamente, foi tomando o lugar da identidade *criolla* e sendo convertida na suposta encarnação da identidade nacional mexicana. A categoria étnica dos mestiços engloba muitos grupos étnicos diferentes, entretanto a "ideologia da mestiçagem" define como sendo uma identidade étnica única, fixa e imutável, à qual os grupos étnicos do México, sobretudo os indígenas, são instigados a incorporar-se.

No sistema de relações étnicas do período colonial, os mestiços – categoria resultante da intensificação do processo biológico e sociocultural de mestiçagem iniciado no século XVIII – ocupavam um papel secundário entre as categorias de espanhóis e indígenas, não desenvolvendo uma identidade própria, uma vez que a maior parte deles acabava por ser incorporada a alguma das outras categorias. Enquanto isso, os "mestiços do México Independente" ou "mestiços modernos" são resultado de outro processo de transformações socioculturais, tendo-se convertido no grupo dominante que impõe aquela que deve ser a identidade nacional mexicana, por meio de

---

In: KATZ, Friedrich (org.). Revuelta, Rebelión y Revolución: la lucha rural en México del siglo XVI al siglo XX. México: Era, 2004, 2ª ed., p. 135-163.

uma doutrina racial etnocêntrica, liberal e nacionalista, elaborada por diversos intelectuais em finais do século XIX e princípios do século XX, convertendo-se na ideologia oficial do Estado mexicano.

Segundo Amaryll Chanady,[21] os discursos europeus relativos à formação de identidades nacionais durante o século XIX enfatizavam a homogeneização e a exclusão da alteridade, enquanto nas recém independentes nações latino-americanas prevaleciam os discursos da mestiçagem como base da nova consciência nacional, visando à diferenciação frente ao antigo colonizador e ao recente poder neocolonial do norte. Todavia, o conceito de mestiçagem na América Latina implicava, predominantemente, na afirmação de novas identidades nacionais monolíticas, o que se adequa ao caso mexicano, onde ecoou – e deixou profundas raízes nas políticas públicas "indigenistas" no decorrer do século XX – o discurso de que os mestiços eram autênticos representantes da "civilização mexicana" e que o México não se tornaria uma nação próspera e desenvolvida – segundo padrões referentes à cultura e aos valores ocidentais – enquanto não completasse o processo de miscigenação e homogeneização étnica da população pela fusão das minorias indígenas e *criollas* na massa mestiça.

Esse discurso em favor da mestiçagem possibilitou a integração das elites mexicanas, uma vez que legitimava sua dominação por defender que o mestiço constituía a síntese das melhores qualidades de ambas as raças[22] e, portanto, era direito e, até mesmo,

---

21 CHANADY, Amaryll. Mestiçagem e Construção da Identidade Nacional na América Latina. In: BERND, Z. & DE GRANDIS, R. *Imprevisíveis Américas:* questões de hibridação cultural nas Américas. Porto Alegre: Sagra/Luzzatto, 1995, p. 33-35.

22 Os "brancos" sempre eram considerados mais evoluídos e, consequentemente, portadores de um intelecto e cultura superiores, enquanto aos indígenas eram atribuídas outras virtudes como resistência, constância e grande sentido estético. É importante destacar que a mestiçagem foi sempre valorizada no sentido de propiciar um

dever daqueles que possuíam uma cultura superior (ocidental), mas autenticamente mexicana, isto é, herdeira de um passado pré--colombiano glorioso, porém vencido e extinto, conduzir a Nação ao progresso e desenvolvimento.

A ideologia da mestiçagem se apresentava como inclusiva: todos os mexicanos poderiam converter-se em cidadãos portadores de direitos e deveres universais, independe de suas origens raciais; todavia esta suposta inclusão camuflava sua face excludente, uma vez que para tornar-se plenamente cidadão era necessário abandonar o primitivismo, a barbárie e o atraso, era necessário evoluir, civilizar-se, convertendo-se em mestiço, isto é, adotando a cultura, a identidade e os valores dominantes: "[...] Em suma, a tolerância racial é acompanhada pela intolerância cultural."[23]

Federico Navarrete apresenta dados censitários que demonstram a eficiência da Ideologia da mestiçagem. Às vésperas da Independência, em 1808, de uma população total com cerca de seis milhões de habitantes no território que seria o México, 60% era constituído por indígenas, 18% por europeus e 22% por mestiços; em 1921, de um total populacional de aproximadamente quatorze milhões de pessoas, havia 30% de indígenas, 10% de europeus e 60% de mestiços:

---

branqueamento dos indígenas e nunca o contrário. NAVARRETE, Federico. Op. cit., p. 92-93. No âmbito intelectual, um dos incentivadores mais destacados desse discurso pretensamente científico em prol da mestiçagem foi José Vasconcelos Calderón, sobretudo com o ensaio La raza cósmica, publicado em 1925. VASCONCELOS Calderón, José. La raza cósmica: Misión de la raza iberoamericana. México: Espasa-Calpe, 1992. 16ª ed.

23 NAVARRETE, Federico. Op. cit., p. 91. [TLA]

[...] entre 1808 e 1921 houve uma transformação massiva da definição entre índios e mestiços, e também entre brancos e mestiços. Parece-me que uma transformação tão grande não pode explicar-se como resultado da mescla racial, pois parece pouco provável que quase todas as mulheres e os homens indígenas tenham se casado com homens e mulheres mestiços e brancos, e tenham tido filhos mestiços. A explicação mais provável é que estes [...] indivíduos mudaram de cultura e de categoria étnica, pois deixaram de considerar-se, ou de serem considerados, índios, e passaram a ser considerados mestiços.[24]

Após 1930 o censo mexicano deixou de apresentar as categorias branco/europeu, mestiço ou indígena, passando a dividir a população entre os falantes do castelhano ou de outras línguas, o que confirma a consagração das novas relações interétnicas e da ideologia da mestiçagem no México, uma vez que contrapõem apenas duas categorias: os falantes de qualquer idioma indígena e os mestiços, ambas aglomeradas como grupos homogêneos.

Por um lado, não se pode negar que o desenvolvimento capitalista mexicano produziu um processo de mestiçagem social, acelerado pelas políticas públicas anteriormente descritas. Todavia, esse processo de mestiçagem não significou necessariamente o abandono da identidade étnica comunitária ou de muitos aspectos da cultura tradicional indígena e, ademais, muitas comunidades, ainda que passassem a dominar apenas o castelhano, seguiram lutando por sua autonomia e contra o sistemático despojo de suas terras coletivas. A soma destes fatores resultou no surgimento de identidades consideradas mestiças segundo os critérios oficiais, contudo completamente distintas daquelas assumidas pelas elites governantes.

---

24 NAVARRETE, Federico. *Op. cit.*, p. 82-83. [TLA]

Por outro lado, em outras localidades, como na maior parte das comunidades de *Chiapas*, o processo de desenvolvimento do capitalismo no campo não gerou nenhuma transformação linguística ou mestiçagem "étnico-racial", produzindo, pelo contrário, um reforço das identidades étnico-comunitárias particulares que os diferenciavam do restante da sociedade *chiapaneca* – ainda que essas identidades indígenas fossem cada vez mais acompanhadas por estigmas de inferioridade introjetados em toda a sociedade, inclusive entre as próprias comunidades indígenas, ao longo de décadas da imposição de uma ideologia oficial etnocêntrica e racista.

Com a identificação da ideologia da mestiçagem com a ideologia liberal nacionalista – adotada sob o porfiriato e consagrada pela Revolução mexicana – as comunidades indígenas que mantiveram sua identidade étnica própria continuaram a ser interpretadas como um empecilho, um problema a ser resolvido, *"el problema indígena"*, para o qual foram criadas as políticas indigenistas.[25]

Com as leis agrárias conquistadas em decorrência da Revolução Mexicana, o Estado foi (re)convertido no responsável legal pela proteção das propriedades comunitárias, por meio dos *ejidos*.[26] Todavia, o Estado revolucionário implantado manteve as características antecedentes e possuía como norte um projeto liberal modernizador antagônico à lógica da vida comunitária indígena e campesina. Assim sendo, os *ejidos* paulatinamente foram sendo transformados em uma ferramenta de controle político, por meio da qual o Estado poderia relativizar a autonomia local e intervir na vida interna das comunidades e, em razão de uma série de medidas modernizantes adotadas por parte do Estado, ocorreu uma lenta e efetiva erosão dos direitos e

---

25 Acerca das políticas indigenistas, conferir as páginas 58 a 61 deste livro.

26 Conferir nota 58 do Capítulo 1, página 58.

das condições de vida das comunidades campesinas e indígenas, em um processo marcado por contradições:

> [...] pode-se dizer que ainda que a Revolução tenha pactuado com as comunidades indígenas e camponesas, também as tratou como obstáculo para seu projeto modernizador, uma vez que muitas de suas políticas agrárias, econômicas e sociais atacaram as bases de sua identidade e sua forma de subsistência, além de que as submeteram a governos autoritários e personalistas para subordiná-las ao regime político. Apesar destas agressões, a existência de caminhos legais para a defesa da propriedade comunitária, assim como os mecanismos políticos que permitiam que os indígenas e camponeses participassem da vida política, ainda que fosse de maneira limitada, por meio de suas autoridades ejidais, dos poderes locais e das estruturas corporativas do regime, contribuíram para manter uma relativa paz social.[27]

Podemos perceber como esse quadro geral mexicano afetou o estado de *Chiapas* recorrendo a José Luis Escalono Victoria, para quem as políticas indigenistas e a reforma agrária implantadas pelo Estado pós-revolucionário não podem ser interpretadas como uma ruptura no que se refere à realidade social *chiapaneca*, mas apenas como uma adaptação das elites à nova conjuntura nacional do México:

> [...] Fala-se, por exemplo, de uma reforma agrária seletiva, que não afetou o regime das fazendas em lugares importantes, ou de um indigenismo que somente substituiu os grupos locais por outros grupos no controle do governo local [...]

---

27 NAVARRETE, Federico, p. 107. [TLA]

Inclusive fala-se de zonas nas quais a "revolução" ainda não havia chagado muito adentro do século XX.²⁸

Por outro lado, para Escalono Victoria, foi a partir da implantação dessas políticas que foi consolidada no imaginário sociopolítico de *Chiapas* a dicotomia – produzida no século XIX – "índio/ladino" em termos de oposição, com os primeiros ocupando um espaço subordinado, ou seja, caso empreguemos os termos de Federico Navarrete, podemos afirmar que foi quando se consolidaram em território *chiapaneco* as novas relações étnicas orientadas pela ideologia da mestiçagem e pela concepção de "cidadania étnica":

> [...] Em várias etnografias sobre os povos de Chiapas [...] os primeiros [indígenas], aparecem como rurais, iletrados, de baixo nível escolar, ligados à tradição, atrasados e pobres; os segundo [ladinos], como urbanos, letrados e com experiência escolar, ligados à "cultura nacional" e em uma posição econômica e política mais vantajosa [...] Nestes trabalhos propunha-se que essa oposição tinha sua base em uma diferença "cultural", e de distintas formas vários antropólogos pronunciavam-se pela superação dessa situação e a favor da aculturação [...] O indigenismo [...] pretendeu alcançar esse fim.
>
> [...] No período pós-revolucionário [...] as mediações no imaginário sociopolítico dominante incidiram na construção do étnico [...] subordinado ao mestiço-nacional.²⁹

Até aqui procuramos apresentar em que consiste o ser indígena mexicano a partir dos elos relacionais que contribuem para moldar

---

28 ESCALONA VICTORIA, José Luis. *Construcción de la etnicidad y transformaciones del Estado en Chiapas.* In: Congreso de LASA, 1998, Chicago (EUA). [TLA]

29 *Idem.* [TLA]

sua identidade étnica no contexto do México pós-revolucionário. Posto isto, passaremos a apresentar aspectos que consideramos relevantes acerca das especificidades étnico-culturais contemporâneas dos maias que habitam o território de *Chiapas*.

4.2 Os maias chiapanecos do século XX

Segundo Carlos Lenkersdorf – filósofo especialista na língua e cultura das comunidades *tojolabales* de *Chiapas* – apesar das diferenças entre si, existem diversas evidências que comprovam a existência de uma convergência cultural entre todas as etnias de ascendência maia. Esta unidade é gerada por uma cosmovisão compartilhada, que cria um elo cultural:

> [...] Ao estudar a cosmovisão dos maias vamos encontrar novamente a particularidade de sua cultura, marcadamente política e democrática.
>
> [...] No total são cerca trinta povos ou nações com idiomas relacionados, mas diferentes. Derivam-se de um tronco comum, denominado protomaia que não é mais falado e que foi em parte reconstruído por alguns linguistas.[30]

A primeira característica da cosmovisão maia apresentada por Lenkersdorf consiste em um sistemático rechaço a qualquer tipo de elitismo, isto é, a qualquer identificação com o modo de vida dos fazendeiros *ladinos* que constituem parte majoritária das elites *chiapanecas*. Para realizar tal afirmação o autor parte de um exemplo da etnia *tojolabal*, cujos membros sobreviviam como *peones acasillados* até o período da presidência de Lázaro Cárdenas, quando foram criados os primeiros *ejidos* entre as comunidades *tojolabales*

---

30 LENKESDORF, Carlos. *Op. cit.*, p. 10. [TLA]

chipanecas. Algumas destas terras transformadas em *ejidos* incluíam a "casa grande" – suntuosa moradia dos antigos fazendeiros. Segundo Lenkersdorf, até hoje os *tojobales* nunca ocuparam qualquer casa grande como moradia:

> [...] Este gênero de casas representam um tipo de sociedade até as raízes diferente da vida maia-tojolabal e oposta a mesma [...] Obviamente causa repudio porque implicaria identificarem-se com os patrões, moradores anteriores e exploradores, opção inaceitável [...]
>
> Em resumo, os maias não são elitistas e tampouco querem viver nas casas das elites. Seguem mantendo esta opção até os dias de hoje. Não são nem querem ser elite [...][31]

A parte central da argumentação de Carlos Lenkersdorf acerca da caracterização da cosmovisão maia é construída a partir de uma análise comparativa do castelhano com a língua *tojolobal* que, como já referido, possui uma estruturação compartilhada com todas as línguas maias. A justificativa para o emprego de tal abordagem é a seguinte:

> [...] Por meio da linguagem nomeamos a realidade [...]
>
> [...] Nomeamos a realidade segundo lhe percebemos.
>
> [...] Por pertencer a diferentes culturas e nações, nem todos possuímos a mesma percepção da realidade.
>
> [...] Por isto, nos relacionamos de modos diferentes com a mesma realidade [...]
>
> [...] Em conclusão, as línguas nos permitem captar as distintas comovisões de culturas diferentes [...]
>
> [...] que nos fazem ver fenômenos dos quais os falantes muitas vezes nem são conscientes porque não estão habituados

---

31 LENKESDORF, Carlos. *Op. cit.*, p. 8. [TLA]

a refletir sobre o idioma que falam [...] por isto, as estruturas descobertas [...] estão livres da manipulação daqueles que queiram enaltecer a cultura de seu povo e desqualificar a de outros porque os consideram bárbaros, incultos, ahistóricos, analfabetos, de raças inferiores etc.

Dito de outro modo, as línguas albergam mistérios, os mistérios das visões de mundo dos povos que as falam.[32]

A partir deste ponto apresentaremos uma síntese dessa argumentação. Lenkersdorf inicia com o seguinte exemplo: "Em espanhol dizemos: — *Te dije*. É uma expressão ou frase que corresponde em tojolabal a: — *Kala awab'i*, melhor traduzido como *dije, escuchaste*."[33]

Partindo deste e de outros exemplos, o autor realiza a análise proposta e apresenta, grosso modo, as seguintes considerações: enquanto na frase em castelhano existe um sujeito, *yo*, que é quem executa a ação expressada pelo verbo *decir*, e um objeto indireto, *te*, que recebe a ação passivamente; em *tojolabal* existem dois sujeitos e nenhum objeto, isto é, o sujeito *yo*, que executa a ação de *decir*, e o sujeto (oculto) *tú*, que também executa uma ação, a de *escuchar*. Sendo assim, em castelhano, essencialmente, a ação se dá pela relação vertical entre um agente ativo, o sujeito do qual parte a ação, que por sua vez é transmitida por meio de um verbo à outra parte da equação, um agente passivo, o objeto que recebe aquilo que lhe foi comunicado. Em *tojolabal* a comunicação é horizontal, complementar e bidirecional, uma vez que ela somente existe caso haja ação ativa e mútua por parte de ambos agentes:

---

32 LENKESDORF, Carlos. *Op. cit.*, p. 32-34. [TLA]
33 *Ibidem*, p. 25. [TLA]

> A intersubjetividade é um dos sinais distintivos da estrutura linguística do tojolabal e demais idiomas maias que os linguistas costumam denominar como línguas ergativas [...]
> A intersubjetividade, caracterizada pela pluralidade de sujeitos e ausência de objetos, tanto diretos como indiretos, tem implicações fundamentais [...][34]

Para explicar essas implicações, Lenkersdorf inicia sua argumentação afirmando que para os *tojolabales*, como também para o restante das etnias maias e algumas outras etnias aborígenes, não existe nada que não possua *'altizil*, que pode ser traduzido como "alma", "coração" ou "princípio da vida". Sendo assim, os *tojolabales* possuem uma cosmovisão animista, onde tudo está vivo – o que inclui os mortos, que são denominados como *'altizilal*, sendo que o sufixo *al* serve para generalizar e desindividualizar – e todos os seres vivos são abarcados pelo cosmos, que constitui um elo universal:

> [...] nós humanos somos sim particulares com funções específicas, mas não somos os únicos: Somos uma espécie entre outras. Por conseguinte [...] nos convém respeitar aos demais que também vivem e que nos acompanham [...]
> Está aqui a intersubjetividade em nível extralinguístico, é a comunidade cósmica e a intersubjetividade biocósmica.
> [...] A cosmovisão intersubjetiva está intimamente ligada com uma cosmovivência correspondente. A percepção do mundo e o relacionar-se com o mesmo representam os dois lados de uma só moeda.[35]

---

34 LENKESDORF, Carlos. *Op. cit.*, p. 37-38. [TLA]
35 *Ibidem*, p. 40-43. [TLA]

Por fim, Lenkersdorf explicita com um exemplo comparativo concreto quais são as implicações dessa "cosmovisão intersubjetiva". O autor afirma que nas sociedades capitalistas contemporâneas a terra é uma mercadoria, sujeita à propriedade privada, enquanto para os maias – e também para outras populações aborígenes – a terra é viva, é a *"Madre Nuestra"*, que fornece alimentação e a quem se deve a vida, portanto devendo ser respeitada, isto é, lavrada e protegida, o que torna sua venda algo considerado como um grave erro para com a comunidade cósmica. Mesmo outras concepções, como as socialistas, que consideram a terra não como mercadoria, mas como meio de produção que deve ser socializado, também são incompatíveis com a cosmovisão maia, uma vez que nessas concepções a terra ainda está sujeita às disposições sociais dos homens. Por outro lado, os *ejidos* são terras comunais que não podem ser vendidas ou compradas, o que os tornam perfeitamente compatíveis com o universo étnico-cultural maia.

Acreditamos que a partir destas características da cosmovisão maia é possível vislumbrar que as comunidades indígenas de *Chiapas* seriam avessas a tomada do poder político-administrativo da sociedade, uma vez que, ao mesmo tempo em que rechaçam o modo de vida da elite *ladina*, não visam impor-se a toda sociedade, mas apenas viver segundo sua cultura-étnica e conviver de maneira respeitosa com as outras formas de vida e vivência existentes na comunidade cósmica. Isto poderia explicar, em parte, as incompatibilidades de objetivos sociopolíticos entre os diversos grupos orientados por ideários marxistas que chegaram a *Chiapas* a partir de meados da década de 1970 e a maior parte das comunidades maias *chiapanecas*, o que teria contribuído para frustrar a consolidação de grandes movimentos sociais na região.[36]

---

36 Mais adiante retornaremos a essa e outras questões referentes às incompatibilidades sociopolíticas entre comunidades maias de *Chiapas* e grupos marxistas, além das

Para finalizar esta parte onde procuramos tratar de aspectos étnico-culturais, apresentaremos alguns costumes e características organizacionais compartilhadas por todas as etnias indígenas (maias) que habitam os estados de *Oaxaca* e *Chiapas* e que, aparentemente, também estão presentes na vivência cotidiana de comunidades indígenas por todo o México. Em seguida encerraremos com uma análise específica de características étnico-culturais de uma das etnias maias de *Chiapas*.

Laura Carlsen[37] adota cincos itens como definidores daquilo que constitui uma comunidade indígena[38] no México: um espaço territorial demarcado e definido pela posse coletiva; uma história comum transmitida oralmente através das gerações; um idioma autóctone; uma organização definidora do político, cultural, social, civil, econômico e religioso; e um sistema comunitário de administração da justiça. Para além desses definidores mínimos, a comunidade indígena, como qualquer construção histórica, está sujeita a constantes modificações impulsionadas tanto por forças externas, quanto por sua dinâmica interna.

O funcionamento de uma comunidade indígena autônoma é organizado e integrado à vida municipal por intermédio de um sistema de cargos. Como parte integrante da cultura-étnica de comunidades indígenas mexicanas atuais, o sistema de cargos consiste em um resultado

---

peculiaridades trilhadas pela célula *chiapaneca* da FLN – também orientada pelo marxismo – que contribuíram para a geração do movimento insurgente iniciado em 1994.

37 CARLSEN, Laura. Autonomía Indígena y usos e costumbres: la innovación de la tradición. In: *Revista Chiapas*. México: Era, nº 7, p. 45-72, 1999, p. 45.

38 É importante deixar claro que, no México, comunidade e município não são sinônimos em termos geopolíticos ou culturais, podendo existir diferenças de composição étnica, práticas religiosas e organização política entre comunidades assentadas dentro de um mesmo município.

dinâmico de um longo e complexo processo de hibridização entre características externas introduzidas – sobretudo através dos contatos e imposições do universo cristão europeu – desde o período colonial, com continuidades referentes à cosmovisão indígena pré-hispânica, principalmente no que diz respeito à inseparável ligação entre o político e o religioso – que por sua vez também é formado por um processo de hibridização entre o catolicismo e o transcendentalismo animista pré-colombiano. Apesar da existência de uma grande variedade de formas e práticas, é possível identificar características fundamentais do sistema de cargos: existência de um determinado número de cargos ou responsabilidades comunitárias não remuneradas e rotativas, contudo reconhecidas e respeitadas, desta forma convertendo-se em prestígio dentro e fora da comunidade, cujo cargo de mais alto respeito e consequente prestígio é o de *principal* ou *pasante*, somente alcançado por alguém que já tenha assumido todos os outros cargos, em um processo que leva de trinta a trinta e cinco anos.[39]

Todavia, a autoridade máxima do sistema não são os *principales*, mas a assembleia comunitária, na qual as decisões são tomadas por consenso. Os *tojolabales* de *Chiapas*, por exemplo, possuem duas palavras para diferenciar suas autoridades internas e as autoridades *"ladinas"* a nível local, estadual ou federal. Os primeiros são denominados como ïaïtijum, que significa "trabalhadores da comunidade", enquanto os segundos são chamados de *mandaranum*, o que pode ser interpretado como "aquele que dá ordens" ou "mandão".

A incessante busca por tomadas de decisões consensuais (*acuerdos*) por meio de assembleias – que, para os olhos e ouvidos

---

39 CARLSEN, Laura. *Op. cit.*, p. 51.

ocidentais, parecem contraproducentes e intermináveis[40] – constitui-se como reafirmação e reforço da coesão e identidade comunitárias:

> [...] Nestes processos, a meta principal é a coesão da comunidade em seu conjunto, assim sendo, faz-se todo o possível para integrar a postura minoritária.
>
> Os servidores públicos, que não recebem nenhuma remuneração por seus serviços e que consideram a honra de servir compensação adequada para um ano de seu labor, trabalham desde uma perspectiva radicalmente distinta à grande maioria dos funcionários governamentais. Esta é a raiz do "mandar obedecendo". Londe de ser um ideal imposto por uma visão utópica, é uma realidade – difícil de levar a cabo – para as autoridades indígenas nas comunidades.[41]

Por fim, apresentaremos uma análise mais específica referente às comunidades *chiapanecas*. O foco do artigo de Antonio Paoli[42] são práticas cotidianas – que em sua maioria são idênticas ou possuem equivalentes semelhantes em todas as etnias maias *chiapanecas* – que moldam a organização social e propiciam solidariedade e integração

---

40 Segue um trecho do relato de Jesús Bermúdez Morales acerca de como eram firmados os *acuerdos* nas assembleias durante o Congresso Indígena de 1974: "En medio de un murmullo permanente, mientras un expositor principal discurre, se exponen pareceres y diferencias y progresivamente se llega a lo que se llama el acuerdo. En el acuerdo se busca congregar el asentimiento de todos los participantes o miembros, mas no ocurre de manera coercitiva. Tampoco se dirime a través de la votación. Es una confrontación de pareceres en la que se sopesa las razones de quien tiene diferencias, porque puede ocurrir que, habiendo una generalidad conforme, las razones de la minoría (así sea sólo uno) no hayan sido consideradas y revisan mayor peso para la comunidad. Sólo zanjadas las diferencias, por mucho tiempo que ello lleve, se alcanza el acuerdo [...]" MORALES BERMÚDEZ, Jesús. *Op. cit.*, p. 329.

41 CARLSEN, Laura. *Op. cit.* 55. [TLA]

42 PAOLI, Antonio. Comunidad tzeltal y socialización. In: *Revista Chiapas*. México: Era, nº 7, p. 135-161, 1999.

para o micro-cosmos da comunidade *tzeltal*. Os *tzeltales* de *Chiapas* vivem em pequenas comunidades e o universo alcançado pelo ensaio do autor engloba mais de mil dessas comunidades, nas quais vivem aproximadamente cinquenta mil famílias:

> Pretendemos apresentar um ideal social em grande medida feito realidade. Os tzeltales que vivem em pequenas comunidades participam destas formas coletivas, com as quais dão unidade a cada lugar e aos diversos lugares entre si. Para eles a unidade é uma questão transcendente e sagrada. Dela construem seus vínculos com seus companheiros, com a nação mexicana e com a humanidade.[43]

O cerne norteador dessas práticas abordadas por Paoli são os *acuerdos*. Por exemplo, o parcelamento das terras comunais – elemento chave para a integração da comunidade *tzeltal* – é feito com base em *acuerdos* comunitários. Esses *acuerdos* são selados em assembleias constituídas por representantes de cada uma das células produtivas familiares, que formam a base da organização comunitária e possuem independência quanto à tomada de quaisquer decisões, até o momento definitivo em que seja necessária uma decisão por *acuerdo*.

Nas comunidades *tzeltales* são atribuídos cargos com o intuito de garantir a realização de cada um dos diversos serviços comunitários. Àqueles que recebem os cargos compete convocar e organizar as assembleias, estabelecer os *acuerdos* e vigiar para que eles se realizem e sejam mantidos. Cada cargo possui uma duração de um ano e não é remunerado, pelo contrário, muitas vezes é oneroso para seu ocupante. Todavia, cada trabalho exitoso é convertido em acúmulo de autoridade moral.

---

43 PAOLI, Antonio. *Op. cit.*, p. 136. [TLA]

As pessoas a quem são atribuídos os cargos não são denominadas como autoridades,

> [...] mas pessoas com trabalho (ay te ya'tel). Sublinha-se assim que sua função não é mandar, mas servir [...]
>
> *Ch'ujun* significa obedecer, e também crer, de maneira que [...] não obedecem de uma forma superficial, mas creem e buscam realizar o que a comunidade decide mediante acordo [...] Assim a autoridade descansa na comunidade. O indivíduo pode mandar somente caso se atenha aos acordos da coletividade.
>
> A palavra da comunidade frequentemente é considerada santa; por isso se crê nela e se obedece.[44]

Nas assembleias todos possuem o direito de expressar pontos de vista particulares e os *acuerdos* somente são tomados por consenso, isto é, após todas as diferenças de opiniões terem sido suprimidas, mesmos que para que isto seja necessário muito tempo.

Todas as instituições existentes, que contam com o respaldo e a cooperação das comunidades, são frutos de *acuerdos* coletivos tomados ao largo da história local de cada comunidade. Suas realizações, além dos *acuerdos*, dependem de esforços coletivos coordenados, o que, consequentemente, reforça os laços comunitários. Àqueles considerados exitosos ao desempenhar diversos cargos comunitários podem ser consagrados como um *principal*, que é um cargo vitalício. Os *principales* possuem, concomitantemente, atribuições civis e

---

[44] O autor percebe que na estruturação da língua *tzeltal* também não existe sujeito passivo e as ações sempre ocorrem entre agentes ativos, como no caso da composição linguística *sch'ultic*, que pode ser traduzida como a ação de sujeitos (nós) que são santificados em decorrência da ação realizada por um sujeito que santifica (ao obedecer às palavras ou aos *acuerdos* da comunidade). PAOLI, Antonio. *Op. cit.*, p. 139. [TLA]

religiosas, uma vez que não entendem estas duas instâncias como separadas. Sua principal responsabilidade é garantir a harmonia comunitária, ao vigiar o cumprimento de todos os *acuerdos* e buscar resolver os problemas e desentendimentos que surjam na comunidade, por meio da proposição de estratégias coletivas elaboradas pelo conselho (*consejo*) de *principales*.

Normalmente, os *principales* realizam os mesmos trabalhos cotidianos – tanto na lavoura, como nas obras públicas – efetuados pelos outros pais de família da comunidade. Nas assembleias, os *principales* participam como um membro qualquer da comunidade, com os mesmos direitos de expressão e sendo obrigados a obedecer às mesmas instruções propostas por quem convocou e organiza a assembleia. Além disso, somente lhe é permitido agir cumprindo *acuerdos* comunitários, nunca podendo tomar quaisquer decisões individuais sem o consenso coletivo.

Antonio Paoli afirma que o sagrado é fundamental para a vida comunitária *tzeltal*, uma vez que a comunidade é constituída de tal forma a servir tanto aos Ahcananetic (os seres que cuidam de nós), quanto a seus membros, os *awalaltac*, cuja tradução seria algo como "seus filhos (da comunidade) que são pessoas iguais entre si":

> A comunidade regula, integra, prescreve, modera, celebra, acompanha. Cada sujeito sintoniza-se com ela e por sua vez a influencia. Algo dele existe naquela totalidade [...]
>
> A comunidade não depende de nenhuma família; depende de todas em conjunto. Assim sendo, como entidade coloca-se como um organismo superior a cada uma delas e referente aos Ahcananetic como a seres superiores à própria

comunidade. A eles serve a comunidade, e ao servir aos awalaltac serve-se também aos Ahcananetic.[45]

Desta maneira, a vida individual *tzeltal* é inconcebível fora da comunidade e, até mesmo, fora do serviço coletivo comunitário, uma vez que estar contra a comunidade é estar sozinho, contra si mesmo e a contra os *Ahcananetic*. Esta necessidade de viver coletivamente gerou formas ritualizadas que visam harmonizar as relações sociais e fortalecer os laços de solidariedade comunitária. Paoli analisa as implicações de algumas destas formas ritualizadas de relações sociais.

As primeiras destas formas apontadas são o *compadrazgo* e a *cortesía*, formas ritualizadas que orientam relações como visitas programadas ou meros encontros casuais, de modo que ocorram singelas gentilezas entre ambas as partes, tais como convites a comer, pequenos presentes etc., assim fortalecendo os laços comunitários.

A segunda refere-se à palavra *Ich'el ta muk*, que pode ser traduzida como respeito ou, mais literalmente, como "tomar a grandeza". O *Ich'el ta muk* se associa, principalmente, às interações ritualizadas nas formas de conversação e respeito mútuo entre os *tzeltales*. Este respeito mútuo pode ser percebido, inclusive, na negação da coação na instrução infantil:

> O pai habitualmente diz ao filho que trabalho faz ainda antes de levá-lo a trabalhar [...] O menino entende desde cedo que sua comida e a de todos seus entes queridos depende dessa produção. E ao participar dela se está fornecendo o que comer aos seus [...]
>
> O preceito educativo de evitar a coação aos meninos e meninas é uma forma sumamente importante de *yich'ta muk'*

---

45 PAOLI, Antonio. *Op. cit.*, p. 143. [TLA]

> *te alaletic* (tomar a grandeza às crianças) [...] por meio da qual se faz possível propiciar um sentimento de bem interior causado pela interação respeitosa com a família e com a comunidade [...]
>
> A cooperação voluntária que o menino aceita deve encher-se de estímulos, de reconhecimentos, de carinho, do apreço da comunidade, mas principalmente da compreensão pessoal do sentido de seu trabalho, da ordem social na qual se insere, do respeito a suas decisões [...][46]

A forma ritualizada analisada a seguir é o *ch'abajel*, que pode ser traduzido como reconciliação – entre duas pessoas, ente duas ou mais famílias, entre a comunidade inteira, entre comunidades distintas etc. Este é outro processo que reivindica um estreito vínculo com o sagrado e onde as atribuições religiosas dos *principales* se fazem fundamentais, além de transparecer a importância sociocultural de um catolicismo hibridizado vivenciado cotidianamente pelas comunidades *tzeltales*:

> Os principais [...] Sua autoridade moral é chave para reconstruir a harmonia. Eles [...] possuem uma ampla capacidade convocatória que facilita o acordo [...]
>
> Os principais realizam o ch'abajel, se dirigem a Deus, reúnem os catequistas [...] reparam os problemas dentro da Santa Casa (igreja) [...][47]

As últimas formas ritualizadas de relações sociais analisadas são o *Ts'ikel*, cuja tradução mais apropriada é "tolerar", e *Sujtesel co'tantic*,

---

46 PAOLI, Antonio. *Op. cit.*, p. 154. [TLA]
47 *Ibidem*, p. 155. [TLA]

cuja tradução literal é "o regresso de nossos corações", mas não seria totalmente incorreta a tradução como "perdão". Quanto ao *Ts'ikel*:

> [...] exemplo: um bêbado de repente dá um forte golpe em seu companheiro, que não bebeu nada. Quem está em seu juízo deve aguentar.
>
> [...] Há que aguentar e esperar o momento de atuar com sensatez, porque estamos mais bem dispostos a aceitar nossas próprias falhas quando vemos que o outro tolerou nossas impertinências.[48]

O *Sujtesel co'tantic* consiste em uma forma ritualizada de perdão a faltas cometidas por um indivíduo contra outro indivíduo ou contra toda a comunidade. Nas comunidades *tzeltales* considera-se que toda falta cometida altera o *lamalil k'inal* (o meio ambiente de paz) e, portanto, o indivíduo infrator deve ser punido pela comunidade. Entretanto, é possível que a punição seja evitada por meio da solicitação do perdão:

> [...] A pessoa que foi perdoada [...] pode voltar a assumir qualquer posto de trabalho dentro da comunidade, ainda que tenha furtado. Isso já ficou de lado porque a comunidade regressou seu coração, renovou seus laços.
>
> Quando ocorrem problemas muito sérios, formula-se um julgamento como testemunhas e provas. Mas no final, caso o culpado reconheça seu erro e peça perdão, a comunidade normalmente o perdoa e não se menciona a falta novamente. Por isso é importante que não fique nada por escrito. Se fosse assim, equivaleria a que não houvesse perdoado o culpado, a que se guardasse em um papel seu delito [...] É necessário restabelecer nossa confiança [...]

---

48 PAOLI, Antonio. *Op. cit.*, p. 156-157. [TLA]

> Quem pede perdão e quem o outorga assumem que se trata de uma ação recíproca ante a comunidade. Pedem perdão também à comunidade, porque perturbaram slamalil k'inal (seu ambiente de paz) [...][49]

Antonio Paoli conclui o seu artigo afirmando que a educação comunitária *tzeltal* consiste em um processo permanente, que visa inculcar regras sociais e, sobretudo, um sentimento de solidariedade e valorização dos outros membros da comunidade, o que gera um forte sentido de pertencimento e identidade, que ultrapassam a pequena comunidade sendo projetados para o mundo transcendente dos *Ahcananetic* e para os territórios *tzeltales*, que são formados por uma comunidade de comunidades.

4.3 O Congresso Indígena de 1974 e o EZLN

As construções, análises e apontamentos realizados até aqui nos permitem refletir acerca de uma última questão: o quanto do processo de politização e revalorização étnica – iniciados a partir das transformações da diocese de *San Cristóbal* – e, consequentemente, da identidade étnica e cosmovisão das comunidades indígenas maias de *Chiapas* estão presentes no EZLN.

A validade da proposição dessa questão é reforçada a partir da comparação entre os mapas 12, 13 e 14 (páginas 22, 23 e 24), na qual percebemos que, para além dos municípios majoritariamente *ladinos*, a área atendida pela diocese de *San Cristóbal* abarca a totalidade dos municípios onde se concentram as comunidades *tzeltales*, *tojolabales* e *choles*, a maioria absoluta dos municípios onde habitam as comunidades *tzotziles* e não alcança municípios onde

---

49 PAOLI, Antonio. *Op. cit.*, p. 159. [TLA]

vivem populações de outras etnias, a não ser o município de *Amatán* (conferir mapas 02 e 07), onde predominam comunidades *zoques*; enquanto algo muito semelhante ocorre quanto aos municípios com presença neozapatista, que também abrangem o município de *Amatán*, todos os municípios *tzeltales, tojolabales* e *choles* e a maioria dos municípios *tzotziles*, excetuando-se apenas *Soyaló, Chiapilla* e *Totolapa* (conferir mapas 02 e 03), que também não se encontram na circunscrição da diocese, diferenciando-se apenas pela presença em quatro municípios da região *Sierra* e um município da região de *Soconusco* (conferir mapas 02, 09 e 10) com populações *Mame, Mocho* e *Kakchiquel*.

Todavia, Arturo Warman afirma que, em 1994, o EZLN não apareceu como um movimento ou insurgência indígena, mas como um foco de guerra prolongada, com bases indígenas, mas cujo objetivo central era propiciar a mudança (revolucionária) do regime político--administrativo mexicano por um regime de orientação socialista:

> Ainda que fosse evidente que as bases insurgentes do zapatismo consideravam-se índias, não se postulavam reivindicações específicas dessa condição. Foi a opinião pública, orientada pelos meios de comunicação, quem identificou ao zapatismo como uma insurreição indígena e mobilizou-se para evitar sua repressão. O EZLN, em um processo gradual, mas acelerado, assumiu essa identificação que protegia, garantia apoio e simpatia. Desde 1996 converteu-se em polo e interlocutor definitivo no debate nacional sobre a questão indígena [...][50]

Ademais, Warman entende essa assunção neozapatista como um retrocesso se comparada a supostas conquistas alcançadas no campo

---

50 WARMAN, Arturo. *Los indios mexicanos en el umbral del milenio*. México: Fondo de Cultura Económica, 2003, p. 8. [TLA]

político democrático pelos movimentos campesinos/indígenas mexicanos que, segundo o autor, foram eclipsados pelo EZLN.⁵¹

Em outro extremo, encontramos a versão propagada pelo próprio EZLN, que afiança o movimento como indígena desde o princípio, inclusive afirmando que em 1992 os próprios indígenas galgaram o cume da hierarquia diretiva, com a criação do *Comité Clandestino Revolucionario Indígena – Comandancia General del Ejército Zapatista de Liberación Nacional (CCRI-CG).*⁵²

Situadas entre esses dois pólos, encontram-se inúmeras e divergentes interpretações sobre a questão como, por exemplo, a afirmação de que a insurgência inicial em 1994 consistia em uma tática "foquista" de inspiração guevarista; ou em um plano de realizar uma ação armada suficientemente impressionante para alcançar êxitos de propaganda e aglutinar setores para forçar a queda do regime em vigor, mas, com a inesperada pressão da opinião pública para o fim da repressão ao EZLN, essa estratégia teria tomado outro rumo (iniciado logo após o cessar fogo unilateral decretado pelo Governo Federal após doze dias de combates), sendo substituída por uma tática de guerra como um espetáculo midiático, objetivando ganhar cada vez mais o apoio da sociedade civil e, assim, angariar conquistas; etc.⁵³

---

51 Muito dessas opiniões de Arturo Warman pode ser explicitado se levarmos em conta as afirmações de Federico Navarrete, que enquadra Warman em um setor intelectual que interpreta a "questão da mestiçagem" no México como algo estritamente positivo, não levando em consideração e, até mesmo, fazendo uma apologia indireta ao que Navarrete denominou como ideologia da mestiçagem. NAVARRETE, Federico. *Op. cit.*, p. 99.

52 Conferir, entre outros, GENNARI, Emilio. *Op. cit.*, p. 51 e EZLN. *Documentos y comunicados* – 1. México: Era, 1994.

53 Sobre esse assunto conferir, entre outros: FRANCHI, Tássio. *Igualdades e diferenças no discurso do Exército Zapatista de Libertação Nacional*: construção e estratégias. Dissertação (Mestrado) – Unesp, Franca. 2004 e FIGUEIREDO, Guilherme Gitahy de.

Contudo, pouco importa para nossos fins qual é a melhor interpretação ou faz mais sentido. O que nos interessa é o consenso interpretativo de que, ao menos a partir das primeiras negociações com o governo federal – iniciadas em 21 de fevereiro de 1994 – o EZLN, quer tenha sido por conveniência ou não, voltou-se para questões indígenas e, entre os anos de 1996 e 2005,[54] apesar de diversas transformações, a essência das bandeiras e demandas neozapatistas eram norteadas pelos chamados *Acuerdos de San Andrés sobre derechos y cultura indígena*. Será partindo deste consenso que buscaremos construir uma resposta para a questão que levantamos anteriormente.

Primeiramente será oportuno apresentar uma síntese das reflexões de Francis Mestries, que interpreta o EZLN como o último estágio de uma história de persistência das comunidades maias de *Chiapas*, produto da hibridização entre a matriz cultural e memória histórica dessas comunidades e as sucessivas influências externas, sobretudo da religião católica e de diversas ideologias políticas. Concordamos com o autor – e mais adiante tentaremos demonstrar o porquê – quando este afirma que:

> [...] é possível observar centralmente no Congresso de San Cristóbal o esboço de uma consciência étnica [...] que amadurecerá pouco a pouco para impregnar muitos dos

---

A guerra é o espetáculo: origens e transformações da estratégia do EZLN. Dissertação (Mestrado) – Unicamp, Campinas, 2003.

54 O movimento neozapatista sofreu uma guinada estratégica radical a partir de junho de 2005, marcada pela *Sexta Declaración de la Selva Lacandona*, o que não significa que as questões referentes às demandas indígenas tenham sido abandonadas, mas suas complexas implicações não serão tratadas neste livro por fugirem totalmente a nossos objetivos. Conferir: EZLN. *Declaraciones de la Selva Lacandona*. Disponível em: <http://www.nodo50.org/pchiapas/chiapas/documentos/selva.htm>. Acessado em: 22/04/2010.

movimentos camponeses indígenas nos oitenta, e para explodir fortemente em demandas de autonomia nos noventa, com o movimento zapatista [...][55]

Francis Mestries adere à versão propagada pelo próprio EZLN de que o grupo de origem urbana sofreu um processo de "aculturação" ao universo sociocultural e político das comunidades maias de *Chiapas*, o que teria resultado em duas grandes transformações: por um lado,

> [...] Os guerrilheiros sofreram um processo de reeducação nas comunidades, as demandas e a concepção política dos indígenas permearam sua ideologia: a democracia direta por assembleias, os acordos, a vigilância sobre as autoridades, a renovação de mandatos, enfim, o "mandar obedecendo", que deu fim ao centralismo democrático [...][56]

Por autor lado, teria também alterado profundamente seus objetivos estratégicos, fazendo com que a busca pela revolução, para além da finalidade de repartição da riqueza ou da expropriação dos meios de produção, se tornasse uma questão essencialmente moral e ética. Entretanto, o autor interpreta essa última transformação como uma herança da Teologia da Libertação assimilada pelos indígenas.[57] Entendemos que tanto este legado, quanto o forte sentimento católico, ainda que hibridizado, presentes em comunidades maias de *Chiapas*, de certa forma são ocultados nos comunicados do EZLN.[58]

---

55 MESTRIES, Francis. *Op. cit.*, p. 132. [TLA]

56 MESTRIES, Francis. *Op. cit.*, p. 138. [TLA]

57 O que vai ao encontro da interpretação de Michel Löwy acerca dos preceitos fundamentais da Teologia da Libertação, como apresentamos no Capítulo I deste livro, conferir páginas 103 e 104.

58 Quanto aos comunicados do EZLN sugere-se conferir, entre outros: EZLN. *Documentos y comunicados* – 1. México: Era, 1994 e EZLN. *Documentos y*

Nos quase vinte anos que separam o Congresso Indígena de 1974 e o início da insurreição neozapatista ocorreram – inevitavelmente – muitas transformações econômicas, políticas e sociais, tanto no México, como no estado de *Chiapas*. Mestries realiza uma comparação entre o Congresso de 1974 e o EZLN na qual procura traçar uma linha de continuidade entre as demandas apresentadas por ambos, debitando as "inovações" neozapatistas ao amadurecimento organizativo dos movimentos indígenas e a um processo de desenvolvimento provocado por essas transformações do contexto.

A análise realizada por Mestries baseia-se, sobretudo, em dois pilares: o primeiro são as "leis revolucionárias" do EZLN, que consistem em documentos que se tornaram públicos – simultaneamente à primeira *Declaración de la Selva Lacandona* – com o levante neozapatista em 1º de janeiro de 1994, por meio do número de estreia do órgão de comunicação criado pelo EZLN, o jornal *El Despertador Mexicano*. Estas leis "ditam as normas" que deveriam reger a vida das comunidades neozapatistas acerca de dez temas: tributos de guerra, direitos e deveres dos povos em luta, direitos e deveres das forças armadas revolucionárias, lei agrária, lei das mulheres, reforma urbana, trabalho, indústria e comércio e, por fim, justiça.

O segundo pilar são as chamadas *Negociaciones* (ou *Diálogos*) *de paz en la Catedral*, realizadas em *San Cristóbal de las Casas* de 21 de fevereiro a 2 de março de 1994, entre dirigentes do EZLN (o subcomandante Marcos e dezoito comandantes e membros do CCRI-CG), o designado comissário para a paz Manuel Camacho Solís e, como mediador, o bispo Samuel Ruiz García. Nestas negociações foi apresentado um documento com 34 compromissos por parte do governo federal mexicano, que o EZLN aceitou levar para consulta

---

comunicados – 3. México: Era, 1998.

com suas bases de apoio. Em 12 de junho o EZLN optou por rechaçar as propostas do governo federal, segundo o próprio movimento, com 98% dos votos entre suas bases comunitárias.

A primeira constatação do autor é a de que os temas dos problemas e demandas apresentados pelos congressistas de 1974 e pelo EZLN são os mesmos, ainda que considere que o EZLN apresenta uma postura mais radical acerca das questões referentes à terra, mais "ortodoxa" ou menos valorizadora da cultura-étnica maia no que se refere a educação e saúde, além de muitas inovações que atribui à "modernidade", isto é, ao novo contexto sociocultural e político, como, por exemplo, as reivindicações das mulheres e a demanda de revisão do Tratado de Livre Comércio da América do Norte:

> [...] Dessa data (1974) até o 1º de janeiro, ou seja, ao longo de 20 anos, os maias não deixaram de reclamar exatamente do mesmo, isto é: "Trabalho, terra, teto, alimentação, saúde, educação, independência, liberdade, democracia, justiça e paz." Estas palavras, presentes na declaração de encerramento do Congresso Indígena, figuram inegociavelmente no manifesto assinado pelo EZLN em 1º de janeiro de 1994.[59]

Por fim, Mestries apresenta três demandas que considera como o "núcleo duro" da plataforma neozapatista: a demanda por democracia, que paulatinamente deixou de focar apenas o poder Executivo federal, passando a lutar pela criação de diversos mecanismos de contra-poder controlados pela sociedade civil organizada; a demanda por um novo pacto federal (que será mais detalhada quando abordarmos os *Acuerdos de San Andrés*); e a demanda pela autonomia indígena que, segundo o autor, passou a ocupar o primeiro plano

---

59 MARION *apud* MESTRIES, Francis. *Op. cit.*, p. 139. [TLA]

das reivindicações neozapatistas a partir das *Negociaciones de la Catedral* e abrange, entre outros, o direito a informação, a oficialização das línguas indígenas, a criminalização de quaisquer formas de discriminação racial, autonomia política e o reconhecimento legal de seu direito consuetudinário à administração da justiça.

4.4 Direitos de autonomia e cidadania: os Acordos de San Andrés

A partir deste ponto apresentaremos uma análise de alguns aspectos dos *Acuerdos de San Andrés*, porém, antes se faz necessária uma sucinta contextualização:

• Em 24 de dezembro de 1994, o EZLN e o governo federal aceitaram a *Comisión Nacional de Intermediación* (CONAI) – presidida pelo bispo Samuel Ruiz García – como mediadora entre as partes;

• Em 11 de março de 1995, após mais de um mês de um ostensivo ataque militar e tentativas de aprisionamento dos líderes de EZLN, foi aprovada pelo Congresso uma lei para o *"Diálogo, la Conciliación y la Paz Digna en Chiapas"*, que definia um marco para retomar o processo de paz e, pelo tempo que durasse o diálogo, suspender as ordens de aprisionamento e os operativos militares contra os neozapatistas.

• Em 9 de abril do mesmo ano, foi realizado o primeiro encontro entre representantes do EZLN, a CONAI e a delegação governamental no *ejido* de *San Miguel*, município de *Ocosingo*. As negociações decorrentes deste encontro inicial prolongaram-se durante meses em um povoado da região de *Los Altos*, chamado *San Andrés*, município de *Larráinzar* (conferir mapas 02 e 04) – mas que foi rebatizado pelos neozapatistas como *Sacamch'en de los Pobres*.

• Os diálogos e acordos deveriam realizar-se em seis mesas de trabalho, no entanto, alegando dificuldades para o diálogo acerca do tema tratado na segunda mesa de trabalho (Democracia e justiça) e, sobretudo, o não cumprimento por parte do governo federal dos acordos da primeira mesa (Direitos e cultura indígena) – firmados em 16 de fevereiro de 1996 – o EZLN, por meio de um comunicado lançado em 29 de agosto de 1996,[60] declarou a suspensão dos diálogos, passando a apresentar o cumprimento dos acordos da primeira mesa – denominados *Acuerdos de San Andrés sobre derechos y cultura indígena* – como sua principal bandeira de reivindicações.

Os *Acuerdos de San Andrés* são divididos em três documentos, antecedidos por algumas propostas, por parte do EZLN, de agregações, substituições ou eliminações, cujo conteúdo será analisado mais adiante. O ponto norteador dos três documentos refere-se à necessidade de criação de uma nova relação do Estado com os povos indígenas, uma vez que ambas as partes concordam – no primeiro documento – que historicamente as populações indígenas mexicanas têm sido alvo de diversas formas de subordinação, desigualdade e discriminação, determinando assim uma situação estrutural de pobreza, exploração e exclusão política, além da persistência de uma ordem jurídica cujo ideal consiste na homogeneização e assimilação cultural.

Para resolver essa situação, os representantes do Estado acordaram em estabelecer um novo federalismo, onde sejam estabelecidas bases gerais que assegurem a unidade e os objetivos nacionais e, simultaneamente, permitiram às entidades federativas a possibilidade

---

[60] CEDOZ. *Comunicado del EZLN sobre la suspensión del Diálogo (1996)*. Disponível em: <http://www.cedoz.org/site/content.php?doc=351&cat=60>. Acessado em: 03/05/2010.

de legislar e atuar em atenção às particularidades indígenas apresentadas na região, desta forma constituindo

> [...] parte essencial do projeto de nação que o povo do México deseja [...]
> Esta nova relação deve [...] reconhecer aos povos indígenas como novos sujeitos portadores de direito, em atenção a sua origem histórica, a suas demandas, à natureza pluricultural da nação mexicana [...][61]

A concretização dessa meta se daria por meio de diversos compromissos assumidos pelo governo federal e estadual de *Chiapas* para com os povos indígenas, sendo que o compromisso central refere-se ao

> [...] reconhecimento, como garantia constitucional, do direito à livre determinação dos povos indígenas [...]
> O Estado respeitará o exercício da livre determinação dos povos indígenas em cada um dos âmbitos e níveis nos quais farão e praticarão sua autonomia diferenciada, sem menosprezo da soberania nacional e dentro de um novo marco normativo para os povos indígenas. Isto implica respeitar suas identidades, culturas e formas de organização social. Respeitará, também, as capacidades dos povos e comunidades indígenas para determinar seu próprio desenvolvimento. E desde que se respeitem ao interesse nacional e público, os distintos níveis de governo e instituições do Estado Mexicano não intervirão unilateralmente nos assuntos e decisões dos povos e comunidades indígenas, em suas organizações e formas de representação, e em suas estratégias vigentes de aproveitamento dos recursos naturais. [TLA]

---

61 A partir deste ponto todas as citações não referenciadas terão sido extraídas de: CEDOZ. *Acuerdos de San Andrés* – Derechos y Cultura Indígena. Disponível em <http://www.cedoz.org/site/content.php?cat=6>. Acessado em: 03/05/2010. [TLA]

A maior parte dos outros compromissos pode ser considerada como uma derivação deste primeiro e, ademais, existem algumas questões recorrentes – sob variadas formas – que, entretanto, possuem em comum algum tipo de demanda por direitos de livre determinação das comunidades indígenas (diferença), congregados simultaneamente com a demanda de acesso por parte dos indígenas aos direitos reservados aos cidadãos mexicanos (igualdade). Dentre estes compromissos destacaremos aqueles que satisfariam plenamente demandas colocadas pelos congressistas indígenas de 1974:

• Reconhecimento legal dos sistemas jurídicos indígenas e estabelecimento de uma ordem jurídica pluricultural:

> [...] garantir o acesso pleno dos povos à jurisdição do Estado Mexicano, com reconhecimento e respeito a especificidades culturais e a sistemas normativos internos, garantindo o pleno respeito aos direitos humanos. [O Estado] Proverá que o direito positivo mexicano reconheça as autoridades, normas e procedimentos de resolução de conflitos internos aos povos e comunidades indígenas, para aplicar justiça sob a base de seus sistemas normativos internos, e que mediante procedimentos simples, seus juízos e decisões sejam convalidados por autoridades jurisdicionais do Estado [...]
>
> Impulsionar-se-á a inserção das normas e práticas jurídicas das comunidades indígenas como fonte de direito aplicável aos procedimentos e às resoluções das controvérsias que estejam a cargo de suas autoridades assim como, a título de garantia constitucional, levem-se em consideração nos juízos federais e locais nos quais os indígenas façam parte [...];
>
> [...] O tratamento entre os povos e culturas que formam a sociedade mexicana deve basear-se no respeito a suas diferenças sob o pressuposto de sua igualdade fundamental [...] [TLA]

• Educação adequada ao universo cultural e material indígena:

> [...] assegurar aos indígenas uma educação que respeite e aproveite seus saberes, tradições e formas de organização. Com processos de educação integral nas comunidades que lhes ampliem seu acesso à cultura, ciência e tecnologia; capacitação e assistência que melhore os processos produtivos [...];
>
> O Estado deve [...] fomentar a participação das comunidades e povos indígenas para selecionar, ratificar e remover seus docentes [...]. [TLA]

- Valorização das línguas aborígenes:

> O Governo Federal promoverá [...] que as línguas indígenas de cada estado tenham o mesmo valor social que o espanhol e promoverá o desenvolvimento de práticas que impeçam sua discriminação nos trâmites administrativos e legais. O Governo Federal se obriga à promoção, desenvolvimento, preservação e prática na educação das línguas indígenas; e, propiciará o ensino da escrita-leitura em seu próprio idioma [...] [TLA]

- Garantia de autonomia municipal e local:

> [...] reconhecimento na legislação nacional das comunidades como entidades de direito público, ao direito de associar-se livremente em municípios com povoação majoritariamente indígena, assim como ao direito de vários municípios associarem-se, a fim de coordenar suas ações como povos indígenas [...];
>
> Os povos indígenas poderão [...] decidir sua forma interna de governo e suas maneiras de organizar-se política, social, econômica e culturalmente [...] [TLA]

- Acesso à participação política:

[...] Deve-se assegurar a participação e representação política local e nacional dos povos indígenas em âmbito legislativo e nos níveis de governo, respeitando suas diversas características socioculturais [...];

[...] designar livremente seus representantes, tanto comunitários como nos órgãos de governos municipal, e suas autoridades como povos indígenas, em conformidade com as instituições e tradições próprias de cada povo [...] [TLA]

- Reconhecimento legal dos sistemas tradicionais de organização social, designação de autoridades e tomadas de decisões:

[...] reconhecer a figura do sistema de cargos e outras formas de organização, métodos de designação de representantes, tomada de decisões em assembleia e de consulta popular [...] [TLA]

- Acesso a meios de comunicação próprios:

A fim de propiciar um diálogo intercultural desde o nível comunitário até o nacional [...] é indispensável dotar estes povos de seus próprios meios de comunicação. [TLA]

- Garantia da posse coletiva da terra:

[...] Legislar para que se "garanta a proteção à integralidade das terras dos grupos indígenas" [...] assim como o estabelecimento de procedimentos e mecanismos para regularização das formas de propriedade indígena e de fomento à coesão cultural. [TLA]

- Criminalização de toda e qualquer forma de discriminação étnico-racial:

> Na Carta Magna, assegurar a obrigação de não discriminar pela origem racial ou étnica, língua, sexo, crença ou condição social, possibilitando com isto a tipificação da discriminação como delito. [TLA]

- Garantia de utilização dos recursos naturais:

> [...] reconhecimento [...] do direito dos povos indígenas ao uso sustentável e a todos os benefícios derivados do uso e aproveitamento dos recursos naturais dos territórios que ocupam ou utilizam de alguma maneira [...] [TLA]

O terceiro documento trata dos acordos referentes ao estado de *Chiapas* e, quase integralmente, constitui-se na aplicação regional dos mesmos compromissos que aparecem, referindo-se ao âmbito nacional, nos dois documentos anteriores. Destacaremos aqui passagens de alguns compromissos que são tratados de maneira mais detalhada e específica neste terceiro documento:

- Reconhecimento efetivo e legal da autonomia municipal indígena:

> A base da organização territorial e da organização política e administrativa é o município livre.
>
> Para a administração dos municípios, haverá conselhos por eleição popular direta e conselhos indígenas eleitos de acordo com seus costumes [...]
>
> Nos municípios com população majoritariamente indígena se reconhecerá o direito dos povos e comunidades indígenas a eleger suas autoridades tradicionais e municipais, de

acordo com seus usos e costumes, e outorgar validez jurídica a suas instituições e práticas.

Particularmente se reconhecerá as figuras do sistema de cargos, assembleia, consulta popular e reunião geral.

[...] prover mecanismos que permitam a participação das comunidades e dos povos indígenas nos processos eleitorais, sem a necessidade de participação dos partidos políticos [...]

[...] Os municípios com população majoritariamente indígenas poderão não reconhecer a suas autoridades municipais quando estas incorram em irresponsabilidade e práticas contrárias ao direito ou a seus usos e costumes [...] [TLA]

- Garantia de acesso ao conhecimento jurídico-legal:

Tradução às línguas indígenas das leis, códigos e regulamentos, assim como dos convênios e tratados internacionais vigentes, e difusão de tais textos mediante procedimentos apropriados;

Implementação de programas dirigidos à população indígena para propiciar o conhecimento tanto das leis vigentes como o sistema judicial, seu funcionamento e o das instituições que o integram. [TLA]

- Garantia de acesso aos direitos trabalhistas:

[...] devem tipificar-se e sancionar-se as práticas laborais discriminatórias e que violam dos direitos constitucionais [...] [TLA]

- Valorização da medicina tradicional indígena:

Os saberes tradicionais dos povos indígenas constituem um acervo importante de sua cultura, e são essenciais para o desenvolvimento da humanidade em muitíssimos âmbitos, como o da medicina. O governo de Chiapas e o Governo

Federal comprometem-se em reconhecer, valorizar e promover estes saberes com o respeito que merecem.

[...] Com esse propósito se criarão espaços para a prática da medicina tradicional indígena, outorgando-se recursos úteis para seu desenvolvimento sem menosprezo da obrigação do Estado de oferecer os serviços institucionais de saúde. [TLA]

Por fim, destacaremos duas das ressalvas que o EZLN coloca aos acordos constantes nos documentos:

• Necessidade de acréscimo:

[...] reformar o Artigo 27 da Constituição, que deve retomar o espírito de Emiliano Zapata, resumido em duas demandas básicas: a terra é de quem a trabalha, e terra e Liberdade [...] [TLA]

• Necessidade de ampliação como acordos nacionais e não apenas para a região de *Chiapas* (enfocada no terceiro documento):

[...] nomeação de intérpretes em todos os julgamentos e processos que acusem os indígenas, assegurando que [...] contem com a aceitação expressa do processado e conheçam tanto o idioma como a cultura e o sistema jurídico indígenas [...] [TLA]

De acordo com um comunicado assinado pelo CCRI-CG e lançado no dia 14 de fevereiro de 1996, isto é, dois dias antes dos *Acuerdos de San Andrés* serem firmados, as ressalvas colocadas aos documentos são referentes às decisões tomadas pelas comunidades indígenas consultadas pelos representantes do EZLN. Neste mesmo comunicado é afirmado que 96% das comunidades neozapatistas consultadas aceitaram que os representantes do EZLN – desde que colocadas as ressalvas necessárias – firmassem os *Acuerdos de San Andrés* como primeiros acordos mínimos: "[...] As consultas às bases de apoio zapatistas não são somente um exercício democrático dentro do EZLN: são o fundamento da legitimidade de nossa organização e a garantia de seguir os interesses do povo [...]" [62]

Essas diversas "idas e vindas" dos representantes de EZLN para realizar as supostas consultas explicam, ao mesmo parcialmente, o longo tempo de negociações para serem firmados os acordos. Isto torna difícil supor que as consultas não passavam de uma encenação das cúpulas do EZLN e não ocorriam efetivamente. Sendo assim, defendemos que as próprias consultas às comunidades – que ocorrerem também nas *Negociaciones de la Catedral* – podem ser entendidas como uma característica da cultura indígena e, mais especificamente, da cultura-étnica maia a se fazer presente naquilo que orienta as ações do EZLN, ou seja, as lideranças (autoridades) realizando consultas às comunidades sobre os assuntos importantes e agindo de acordo com suas decisões coletivas. Laura Carlsen, além de apontar – como vimos anteriormente[63] – que o "jargão" neozapatista "mandar obedecendo" possui origens na tradição dos *acuerdos* coletivos e do sistema de cargos indígena, afirma que:

> [...] o governo mexicano mostrou uma enorme ignorância dos mecanismos de governo indígena ou distorceu a seu favor seu conhecimento quando acusou o EZLN de utilizar as consultas como forma de obstaculizar o processo de paz. As assembleias gerais, ainda que pareçam longas e pouco

---
62 EZLN. *Documentos y comunicados* – 3. México: Era, 1998, p. 141-144. [TLA]
63 Conferir páginas 257 e 258.

eficientes, constituem a maneira de construir consenso no interior de uma comunidade e entre comunidades indígenas.[64]

Estendendo a questão de volta às comparações entre o Congresso Indígena de 1974 e o EZLN, podemos perceber que "[...] a luta zapatista inscreve-se neste renascer dos movimentos étnicos e comunitários que, todavia, não questionam, no México e na América Latina, seu pertencimento a um Estado-Nação [...]",[65] mesma característica já apresentada pelos congressistas de 1974, cujas demandas, como apresentamos no capítulo III,[66] exigiam que o Estado lhes garantisse direitos sociais especializados relativos a suas características étnico-culturais particulares, tanto quanto os direitos universais, uma vez que, influenciados pelas novas orientações advindas da diocese de *San Cristóbal*, passaram a (re)valorizar sua cultura étnica, mas, ao mesmo tempo, a se perceber como credores do Estado, uma vez que também passaram a se entender como cidadãos mexicanos.

Alguns dos próprios discursos neozapatistas, sobretudo quando emitidos por lideranças indígenas, nos fazem perceber a possibilidade de buscar linhas de continuidade com o Congresso de 1974, como, por exemplo, a semelhança entre um comunicado do Comandante David, membro do CCRI-CG, e a justificativa dos congressistas *tzeltales* para a possível adoção futura de outra forma de luta para alcançar suas demandas, uma vez que estivessem completamente esgotadas as tentativas pelas vias legais e pacíficas:[67]

---

64 CARLSEN, Laura. *Op. cit.*, p. 53. [TLA]
65 MESTRIES, Francis, p. 121. [TLA]
66 Conferir páginas 203 a 210.
67 Conferir página 209-210.

> Nós sempre temos sido gente de paz [...] mas também nos acaba a paciência; mas essa paciência não foi pequena, uma vez que desde muito tempo atrás temos suportado muitas injustiças, por isso acreditamos então que, portanto, chegou o momento de dizer chega e temos dito basta e dissemos com toda decisão.[68]

Essas e outras questões nos levam a pensar que, tendo sido por conveniência ou não, as demandas indígenas do EZLN surgiram de algum lugar, de algum ideário. Qual? Acreditamos que elas podem ser uma sofisticação das demandas de 1974 e ligadas a um ideário sociopolítico que começou a formar-se a partir deste período.

É possível sintetizar a essência das demandas neozapatistas concretizadas nos *Acuerdos de San Andrés* como a busca pelo acesso a direitos justos reservados aos cidadãos mexicanos, como saúde, educação etc. e com ênfase na questão da terra; somada a autonomia indígena em vários aspectos: político, jurídico, social, econômico e cultural.

Considerando o processo de conscientização política e (re)valorização étnica, desencadeado pela diocese de *San Cristóbal* a partir de finais da década de 1960, e o fato de ter sido no Congresso Indígena onde pela primeira essa nova postura, compartilhada por diversas comunidades e etnias maias *chiapanecas*, foi organizada para ser apresentada de forma que representasse os reais anseios dessas comunidades, acreditamos que é possível interpretar que a plataforma política essencial referente às questões indígenas presentes nos *Acuerdos de San Andrés* já se encontrava em um estágio embrionário no Congresso de 1974 e, por meio de processos e influências diversas, foi desenvolvida até assumir as características defendidas pelo neozapatismo.

---

68 DAVID *apud* GONZÁLEZ ESPONDA, Juan e PÓLITO BARRIOS, Elizabeth. *Op. cit.*, p. 76.

Ao somarmos essa possível linha de continuidade entre o Congresso Indígena e parte do projeto político defendido pelo EZLN, à suposta credibilidade dos processos de consulta às bases comunitárias indígenas e às características da cultura étnica e cosmovisão maia *chiapaneca* identificáveis – como apresentado ao longo deste livro – nos discursos, reivindicações, proposições e metas que conformam o neozapatismo (ao menos de 1996 a 2005), acreditamos que é possível pensar que no seio do EZLN encontram-se comunidades que compartilham de uma mesma cultura política.

CONSIDERAÇÕES FINAIS: INDÍCIOS DE UMA CULTURA POLÍTICA

> Eu quase que nada não sei. Mas desconfio de muita coisa.
> Guimarães Rosa

Reservamos este espaço para, partindo da retomada de uma definição do conceito de culturas políticas, realizarmos um balanço final focalizando os indícios que defendemos como balizadores da possibilidade de existência de uma cultura política compartilhada por comunidades indígenas que conformam a maior parte das bases neozapatistas em *Chiapas*.

Segundo Jean-François Sirinelli, cultura política:

> [...] é um conjunto de representações que une um grupo humano no plano político, isto é, uma visão de mundo partilhada, uma leitura comum do passado, uma projeção no futuro vivida em conjunto. É o que conduz, no combate político cotidiano, à aspiração desta ou daquela forma de regime político e de organização sócio-econômica, ao mesmo tempo as normas, crenças e valores partilhados.[1]

Serge Berstein destaca dois fatores fundamentais para a compreensão do conceito de cultura política: a importância do papel das representações, resultantes de trajetórias individuais e coletivas, na definição de uma cultura política, o que a torna diferente de uma ideologia (vinculada a interesses de classes sociais) ou de um simples conjunto de tradições; e o caráter plural das culturas políticas num dado momento e em um dado país: "[...] é evidente que no interior de uma nação existe uma pluralidade de culturas políticas, mas com zonas de abrangência que correspondem à área dos valores partilhados."[2]

Ademais, Rodrigo Motta indica que o papel das representações não significa que as culturas políticas não incluam interesses ideológicos, mas apenas que elas transcendem esse aspecto, uma vez que:

---

[1] SIRINELLI, Jean-François. *Op. cit.*, p. 414.
[2] BERSTEIN, Serge. *Op. cit.*, p. 354.

[...] cultura política implica a suposição que pessoas aderem a certas representações da realidade capazes de oferecer compreensão do mundo, ao mesmo tempo oferecendo identidades à que se filiar.

[...] culturas políticas revelam outras dimensões explicativas para fenômenos políticos, como [...] a fidelidade a tradições (família, religião) e a adesão a valores (moral, honra, patriotismo).[3]

Berstein afirma também que uma cultura política nasce quando um determinado grupo social fornece respostas frente "[...] aos grandes problemas e às grandes crises de sua história, respostas com fundamento bastante para que se inscrevam na duração e atravessem gerações".[4] Entretanto, por surgirem ousadas e/ou inovadoras, as novas soluções propostas podem levar um prazo muito longo para estruturarem-se e formarem uma política normativa. O autor acredita que esse prazo é de no mínimo duas gerações.

Por outro lado, a cultura política não é algo petrificado, ela é um corpo vivo que sempre está transformando-se, alimentando-se e enriquecendo com múltiplas contribuições das outras culturas políticas e das novas conjunturas, que contribuem trazendo novas ideias e novos temas, "[...] não podendo nenhuma cultura política sobreviver a prazo a uma contradição demasiado forte com as realidades".[5]

A partir dessa definição de cultura política como um fenômeno gerador de comunhão entre as pessoas de um grupo social que a partilha e que faz com que esse grupo possua uma leitura em comum do passado e uma perspectiva idêntica de futuro, Berstein afirma que a cultura política constitui um patrimônio indiviso, que fornece para

---

3 MOTTA, Rodrigo Patto Sá. *Op. cit.* 2009 b, p. 28-29.
4 BERSTEIN, Serge. *Op. cit.*, p. 355.
5 *Ibidem*, p. 357.

exprimi-lo um vocabulário, símbolos, gestos etc. Isto torna possível verificar a existência de indícios de uma cultura política comum entre as quatro etnias participantes do Congresso Indígena de *San Cristóbal de las Casas*.

Caso essa cultura política realmente exista, em resposta a que problemas ou crises ela teria surgido? Defendemos que a cultura política maia *chiapaneca* é fruto de um amálgama entre características sociopolíticas apropriadas da Teologia da Libertação e aspectos fundamentais da cultura-étnica dos maias de *Chiapas*.

A Teologia da Libertação foi uma consequência das respostas fornecidas por diversos setores cristãos latino-americanos a partir de sua realidade pobre, extremamente desigual e injusta, impulsionados pelas respostas europeias – na maior parte dos casos bem menos radicais – à crise pela qual a Igreja católica passava, sobretudo em função das características e orientações anti-modernas adotadas até então que, ademais, contrastavam com o contexto sociopolítico latino-americano sob a guerra fria, onde, por um lado, havia a Cuba revolucionária – sob a proteção da superpotência soviética – e um forte clima "esquerdista" presente em todo o continente – mas às vezes exagerado com intuito de causar a impressão da constante e sorrateira "ameaça comunista" – e, por outro lado, uma reação conservadora e autoritária – afiançada pelos EUA – que ganhava cada vez mais força.

O México também vivenciava um momento de comoções e "crises" políticas e sociais – como podem exemplificar o citado massacre da Praça das Três Culturas[6] e o esgotamento do sistema político que perdurava desde a Revolução Mexicana – ao qual se somava o início dos questionamentos que geraram a crise do "indigenismo

---

6   Conferir página 31.

integracionista".[7] Questionamentos estes que em *Chiapas* eram alimentados pela incipiente Teologia Indígena ou "Teologia Encarnada", com a qual Dom Samuel Ruiz havia se deparado e abraçado efusivamente, iniciando um trabalho missionário renovado.

A soma destes fatores recaiu sobre comunidades maias *chiapanecas*, ao mesmo tempo em que elas passavam por um processo de (re)valorização de seus costumes, valores, tradições etc., isto é, de suas identidades étnico-culturais. Em 1973 estas comunidades foram conclamadas pela diocese de *San Cristóbal* a formular – de acordo suas formas de organização e tomada de decisões – seus anseios para apresentá-los em um Congresso. Ao longo de aproximadamente um ano de preparações, sob as influências de uma politização inerente à Teologia da Libertação – em alguns aspectos já arraigada em seus imaginários – e de jovens padres e assessores com formação leninista e maoísta, foi aos seus repertórios étnico-culturais e sociopolíticos que as comunidades recorreram, resultando no nascimento de algo novo e híbrido, quiçá no início do processo de formulação de uma nova cultura política.

Esta cultura política carregaria como heranças partilhadas com outras comunidades indígenas e campesinas mexicanas a cosmovisão intersubjetiva e animista; o projeto não formulado – mas que começava a se estruturar – de "Estado plural" ou "liberalismo popular"; e as formas de organização social e de tomada de decisões, cujos elementos norteadores são o sistema de cargos e a busca por consensos por meio dos *acuerdos*. As principais características absorvidas da Teologia da Libertação teriam sido a busca pela autolibertação e o entendimento das transformações, sobretudo estruturais, como uma

---

7   MESTRIES, Francis. *Op. cit.*, p. 124.

necessidade ética e moral – talvez a fonte de origem da busca pela dignidade, tão repetida e enfatizada nos discursos neozapatistas:

> [...] as comunidades recodificaram a mensagem guerrilheira [...] Foi uma espécie de tradução enriquecedora da tradição política. A ideia de um mundo mais justo e tudo aquilo que implica o socialismo, mas digerido e nutrido por elementos humanitários, éticos mais que propriamente indígenas. A revolução torna-se uma questão essencialmente moral. Ética. Mais que uma questão de repartição da riqueza ou de expropriação dos meios de produção, a revolução representa a possibilidade de dignidade para o ser humano. A dignidade torna-se uma palavra muito importante e esta ideia não vem de nós, do grupo urbano, mas das comunidades [...][8]

É importante recordar que o Congresso Indígena não se esgotou meramente como um evento. Desde suas preparações ele foi pensado como um processo e, em sua "segunda fase" foram sendo elaboradas formas de organização – fortemente almejada pelos congressistas – para que fossem alcançadas as demandas apresentadas no evento de outubro. A organização rendeu resultados enquanto respeitou às necessidades e objetivos das comunidades indígenas. Quando a nova direção tentou impor objetivos que contrastavam com essa realidade material e cultural, as forças do Congresso foram consumidas até definharem.

Por outro lado, paralelamente e em razão do Congresso de 1974 outras organizações indígenas foram surgindo. A mais importante delas foi *Unión de Ejidos Quiptic ta Lectubtesel*, por ter sido a partir de onde surgiram outras organizações que, por sua vez, vieram a fornecer militantes indígenas às bases do EZLN em seus primeiros anos na *Selva Lacandona*. O funcionamento interno da *Quiptic ta Lectubtesel*,

---

8 MARCOS *apud* MESTRIES, Francis. *Op. cit.*, p. 137. [TLA]

de forma bastante representativa da nova postura sociopolítica, combinava a utopia religiosa da irmandade cristã, o ideal maoísta da assembleia igualitária e a tradição indígena do acordo coletivo.[9] As organizações que souberam respeitar a religiosidade das comunidades, o papel da Igreja (representada principalmente pelos catequistas autóctones) e, sobretudo, mantiveram a ênfase indígena nas demandas e objetivos, ao invés de direcionarem-se para uma "proletarização" do movimento, foram as que vieram a fornecer vários dos primeiros militantes indígenas para a célula *chiapaneca* da FLN.

Contudo, em relação às consequências do Congresso de 1974, tão importante quanto à formação de organizações indígenas, foi a construção de uma visão compartilhada entre diferentes comunidades e etnias maias *chiapanecas* acerca de problemas percebidos como comuns e da necessidade de autolibertação, isto é, de enfrentamento desses problemas por meio da união e organização próprias, assim iniciando um crescente e peculiar processo de conscientização política, marcada pela valorização étnico-cultural somada à cobrança de direitos e, em última instância, pelo emprego de outras formas de luta – para além das legais e pacíficas – para alcançá-los.

Parece-nos que após o Congresso Indígena, as respostas apresentadas pelos maias de *Chiapas* para resolução de seus problemas mais imediatos passaram a apresentar essas características, o que pode ser exemplificado pelo poema de um *tojolabal*, escrito – em sua língua nativa e traduzido ao castelhano – em 1976, acerca da situação dos indígenas em relação à saúde:

> [...] Não entendemos a língua
> que os médicos falam

---

9 Conferir páginas 216-217.

> tampouco nos entendem
> nem nossa enfermidade.
> E se não nos entendem
> tampouco nos respeitam
> seu coração lhes diz
> que não sabemos nada.
> A nossa língua
> não querem aprender
> porque eles não respeitam
> o modo como falamos.
> [...] É necessário que eles
> aprendam também
> a nossa língua;
> irmãos, então, seremos.
> [...] nos chamam índios aqueles ricos,
> não nos respeitam, nem apreciam
> mas nós não dizemos nada.
> É necessário que nos juntemos
> e pratiquemos o que sabemos
> porque ocorre que somos explorados
> e não é justo como nos tratam.
> [...] a falha é nossa
> por não saber como nos ajudar
> por isto fazem o que querem [...][10]

Além disso, acreditamos que o sucesso da FLN – ao contrário de outras organizações – em aglutinar numerosas comunidades maias *chiapanecas* sob um mesmo projeto político-militar, pode ser explicado pela relativa flexibilidade ideológica que o contexto impunha à FLN e, sobretudo, pelas características singulares assumidas por sua célula *chiapaneca* que, paulatinamente, teria sido levada a uma

---

10 LENKERSDORF, Carlos. *Op. cit.*, p. 52-59. [TLA]

opção pela adequação à realidade material e cultural das bases – e lideranças – indígenas.

No início da década de 1980, as considerações sociopolíticas do grupo de origem urbana (célula da FLN) para com as comunidades indígenas provavelmente eram semelhantes às apresentadas por Jesús Morales Bermúdez,[11] uma vez que ambas advinham de um ideário comum. Todavia, caso aceitemos à suposta capacidade dos membros do grupo urbano (ou ao menos de parte deles) de abertura ao diálogo, compreensão e aprendizagem por meio do convívio cotidiano com o universo material e cultural de comunidades maias *chiapanecas*, encontraremos parte de uma possível resposta para a indagação acerca das características indígenas do EZLN.

Desta forma, a carga ideológica trazida da FLN teria sido absorvida pelas bases comunitárias e lideranças indígenas em forma de enriquecimentos a uma cultura política ainda em fase de estruturação. O emprego da figura de Emiliano Zapata, que simbolizava a recuperação de uma determinada visão do passado e da história mexicana, funcionou como mais um elemento aglutinador, uma vez que era muito mais representativo no panteão do imaginário indígena de *Chiapas* (e do campesino mexicano em geral) do que a figura do Frei Bartolomé de Las Casas.[12] Somando-se este ponto à imagem

---

11 Conferir o capítulo III deste livro.

12 Inclusive o discurso de encerramento do Congresso de 1974 intitula-se *Continuadores de la Lucha de Zapata en el Congreso*. Esse discurso, proferido por Armando Soriano, indígena *náhuatl* do município de *Xoxotla*, no estado de *Morelos*, constitui-se como um incentivo à união e organização indígena, o que é realizado, em parte, por intermédio das seguintes palavras: "Igual que ustedes, nosotros teníamos nuestros dioses, nuestras costumbres, las tierras, el agua, hasta que llegó el blanco, el español, nos quitó nuestras costumbres, nos cambio nuestros dioses, nos quitó las tierras, las aguas, hasta que llego Emiliano Zapata en 1910, se levantó en armas. Junto con el se levantaran todos los indios del pueblo de Morelos, junto con él se luchó por recuperar las tierras.

de um passado pré-colombiano idealizado (no qual os *"viejitos"* tinham suas organizações próprias), estabeleceu-se um passado compartilhado, que continha os elementos centrais de um futuro almejado e que, paulatinamente, foi sendo elaborado como reivindicação em pontos específicos, derivados de um projeto pluralista de Nação, onde diversas formas de autonomia – que pressupõem a valorização das culturas-étnicas indígenas – são combinadas com os direitos universais creditados aos cidadãos mexicanos, ao mesmo tempo em que foram acrescentadas demandas "nacional-populares" e antineoliberais ligadas ao universo ideológico do grupo de origem urbana.

A maior parte das reivindicações, as consultas, a recusa em tomar e assumir o controle do poder político-administrativo nacional (adotada pelo EZLN aos menos desde que o cessar fogo foi decretado ainda em janeiro de 1994), os jargões ("mandar obedecendo", "dignidade", "um mundo onde caibam todos os mundos" etc.), entre várias outras características que apontamos ao longo deste livro – sobretudo em seu último capítulo – nos parecem derivadas do universo sociocultural e político indígena.

Desgraciadamente triunfaron los carrancistas y Zapata fue traicionado y muerto. Y al indio, al campesino de Morelos, no lo cumplieron [...] el Gobierno nos dijo que el agua es de la Nación y que [...] cobra por el agua, que los ricos pagaban por el agua, en tanto que nosotros indios [...] no pagábamos por el agua [...] Nosotros dijimos que esas leyes no eran justas. Nunca nos tomaron en cuenta [...] Entonces el pueblo dijo: [...] vamos a cortarle el agua a los ricos, porque el agua es nuestra [...] el Gobierno vino a vernos y nos dijo que estábamos violando la ley [...] Le dijimos que el pueblo tenía sed y que si eso era estar fuera de la ley pues que [...] hicieran las cárceles mas grandes pues éramos diez mil indios y en esas cárceles chiquitas que tenían no íbamos a caber. El gobierno no hizo las cárceles más grandes y no nos metió a nadie, porque nosotros estábamos unidos, porque estábamos organizados [...] Compañeros, nos da gusto [...] saber que hay indios de otros lados que están se organizando. El indio va a valer cuando se organice, cuando tenga valor de exigir sus derechos."

Assim sendo, defendemos que é possível pensar que as características das demandas indígenas e do próprio projeto de Nação defendido pelo EZLN a partir das negociações com o governo federal, constituem, ao menos parcialmente, a expressão de uma cultura política maia *chiapaneca*, que ainda se encontra em fase de estruturação e pode vir a se tornar uma política normativa. O cerne dessa cultura política abriga e combina algumas características de diversas vertentes marxistas (incorporadas ao longo do tempo), da Teologia da Libertação, e, sobretudo, da cultura-étnica e cosmovisão das comunidades maias de *Chiapas*.

Portanto, ao longo da construção historiográfica desenvolvida neste livro, procuramos defender, em linhas gerais, que as características apresentadas pelo EZLN, ao menos a partir dos *Acuerdos de San Andrés*, devem ser pensadas como um fruto que somente pode nascer porque a célula *chiapaneca* da FLN, além de sua peculiar predisposição ao diálogo e, provavelmente, à aprendizagem com o "outro" indígena, encontrou um solo fertilizado por um processo de revalorização étnica e conscientização política fortalecido e ordenado para um Congresso Indígena (e por subsequentes movimentos indígenas), entretanto desencadeado pela Teologia da Libertação em suas indumentárias típicas de *Chiapas*, que foram escolhidas pelas opções tomadas por um bispo postado ante a inesperada descoberta de um complexo universo cultural e teológico diante de si, universo este que não se adequava às visões de mundo orientadas tanto pelos vestígios de sua formação familiar e teológica que insistiam em emergir sorrateiramente, quanto por determinadas orientações ligadas ao ideário marxista, que predominavam no ambiente "cristão libertário" no qual havia se inserido e puderam ser parcialmente relegadas por essa não adequação de suas explicações estritamente econômico-estruturais à realidade sociocultural maia de *Chiapas*. Defendemos, por fim, que concomitantemente a essa fertilização, o Congresso Indígena pode ter plantado as sementes de uma cultura política maia *chiapaneca*, adubada por sucessivos ideários que a fortaleceram e completaram suas raízes, que agora se encontrariam fixadas em bases subterrâneas de sustentação do EZLN.

FONTES

CEDOZ. Acuerdos de San Andrés – Derechos y Cultura Indígena. Disponível em <http://www.cedoz.org/site/content.php?cat=6>. Acessado em: 03/05/2010.

CENAMI. *Xicotepec* – indígenas en polémica sobre la iglesia. México: Universidad Iberoamérica, 1970.

CIEPAC. *Primer congreso indígena 1974*. Disponível em <http://www.ciepac.org/analysis/index.html>. Acessado em: 10/01/2009.

FAZIO, Carlos. *Samuel Ruiz* – El caminante. México: Espasa Calpe, 1994.

MORALES BERMÚDEZ, Jesús. El Congreso Indígena de Chiapas: Un testimonio. In: *Revista América Indígena*. México: Instituto Indigenista Interamericano, n° 55, p. 305-340,1995.

RUIZ GARCÍA, Samuel. El problema indígena, encrucijada de toda nuestra sociedad. In: *Revista Christus*. México: Centro de Reflexión Teológica, abr., p. 46-51, 1972.

_____. Los cristianos y la justicia en América Latina. In: *Revista Christus*. México: Centro de Reflexión Teológica, out., p. 32-37, 1973.

REFERÊNCIAS BIBLIOGRÁFICAS

ALTMANN, Werner. A rebelião indígena de Chiapas: o anti-neoliberalismo orgânico da América Latina. In: BARSOTTI, Paulo e PERICÁS, Luiz Bernardo (orgs.). *América Latina* – história, idéias e revolução. São Paulo: Xamã, 1998, 2ª ed., p. 183-203.

_____. Lázaro Cárdenas e Cuba antes da revolução. In: *México e Cuba* – revolução, nacionalismo e política externa. São Leopoldo: Editora Unisinos, 2002.

BARABAS, Alicia M. La Rebelión Zapatista y el Movimiento Indio en México. In: *Série Antropologia*. Brasília: UnB, n° 208, p. 01-16, 1996.

BARBOSA, Carlos Alberto Sampaio. *20 de novembro de 1910*: a Revolução Mexicana. São Paulo: Lazuli Editora, 2007. (série rupturas).

BERSTEIN, Serge. A cultura política. In: RIOUX, Jean-Pierre e SIRINELLI, Jean-François (dir.). *Para uma história cultural*. Lisboa: Estampa, 1988, p. 349-363.

BONFIL BATALLA, Guillermo. *México Profundo* – una civilización negada. México: Grijalbo, 1990.

BOURDIEU, Pierre. A *Distinção*: crítica social do julgamento. São Paulo/Porto Alegre: Edusp/Zouk, 2007.

_____. A Ilusão Biográfica. In: AMADO, Janaína e FERREIRA, Marieta de Moraes (orgs.). *Usos e Abusos da História Oral*. Rio de Janeiro: Editora FGV, 2002, 5ª ed., p. 183-192.

BOURDIEU, Pierre. *O Poder Simbólico*. Rio de Janeiro: Bertrand Brasil, 1999, 2ª ed.

_____. *Razões Práticas*: sobre a teoria da ação. Campinas: Papirus, 1996, 6ª ed.

BRUIT, Héctor Hernán. Derrota e Simulação. Os índios e conquista da América. In: *Resgate: Revista de Cultura*. Campinas, n° 2, p. 09-19, 1991.

BURKE, Peter. Unidade e variedade na história cultural. In: *Variedades de história cultural*. Rio de Janeiro: Civilização Brasileira, 2000, p. 231-267.

CAMÍN, Héctor Aguilar e MEYER, Lorenzo. *À Sombra da Revolução Mexicana*: história mexicana contemporânea, 1910-1989. São Paulo: Edusp, 2000.

CARLSEN, Laura. Autonomía Indígena y usos e costumbres: la innovación de la tradición. In: *Revista Chiapas*. México: Era, n° 7, p. 45-70, 1999.

CASILLAS, Rodolfo. La participación social de los creyentes. ¿Quién fija las fronteras? In: LLOYD, Jane-Doyle & PÈREZ Rosales, Laura (orgs.). *Paisajes rebeldes*: una larga noche de rebelión indígena. México: Universidad Iberoamericana, 1995, p. 271-291.

CASTAÑEDA, Jorge. *La utopía desarmada*. México: Contrapuntos, 1995, 2ª ed.

CEDOZ. *Comunicado del EZLN sobre la suspensión del Diálogo (1996)*. Disponível em <http://www.cedoz.org/site/content.php?doc=351&cat=60>. Acessado em: 03/05/2010.

CERTEAU, Michel de. As produções do lugar. In: *A Escrita da História*. Rio de Janeiro: Forense Universitária, 2006, 2ª ed., p. 31-115.

CHANADY, Amaryll. Mestiçagem e Construção da Identidade Nacional na América Latina. In: BERND, Z. & DE GRANDIS, R. *Imprevisíveis Américas*: questões de hibridação cultural nas Américas. Porto Alegre: Sagra/Luzzatto, 1995, p. 33-40.

CHAUVEAU, Agnès e TÉTART, Philippe. Questões para a história do presente. In: CHAUVEAU, Agnès e TÉTART, Philippe (org.). *Questões para a história do tempo presente*. Bauru: Edusc, 1999.

CONCÍLIO VATICANO II. *Ad Gentes* – Decreto "Ad Gentes" sobre a atividade missionária da Igreja. Disponível em <http://www.cleofas.com.br/virtual/impressao.php? doc=CONCILIO&id+con1043>. Acessado em: 15/10/2009.

COUTROT, Aline. Religião e política. In: RÉMOND, René (dir.). *Por uma história política*. Rio de Janeiro: Editora FGV, 2003, 2ª ed., p. 331-364.

DUSSEL, Enrique. *Historia de la Iglesia en América Latina*. Medio milenio de coloniaje y liberación (1492-1992). Madrid: Mundo Negro – Esquila Misional, 1992, 6ª edición.

_____. Lucha de clases, violencia y revolución. In: *Ética Comunitaria*. Madrid: Ediciones Paulinas, 1986, p. 184-195.

ESCALONA VICTORIA, José Luis. *Construcción de la etnicidad y transformaciones del Estado en Chiapas*. In: Congreso de LASA, 1998, Chicago (EUA).

EZLN. *Declaraciones de la Selva Lacandona*. Disponível em: <http://www.nodo50.org/pchiapas/chiapas/documentos/selva.htm>. Acessado em: 22/04/2010.

_____. *Documentos y comunicados* – 1. México: Era, 1994.

EZLN. *Documentos y comunicados* – 3. México: Era, 1998.

FIGUEIREDO, Guilherme Gitahy de. *A guerra é o espetáculo*: origens e transformações da estratégia do EZLN. Dissertação (mestrado) – Unicamp, Campinas, 2003.

FREITAS NETO, José Alves de. *Bartolomé de Las Casas*: a narrativa trágica, o amor cristão e a memória americana. São Paulo: Annablume, 2003.

FUKUYAMA, Yoshihiro Francis. *O fim da história e o último homem*. Rio de Janeiro: Rocco, 1992.

GARCÍA DE LEÓN, Antonio. La vuelta del Katún (Chiapas: a veinte años del Primer Congreso Indígena). In: *Revista Chiapas*. México: Era, n° 1, p. 93-108, 1995.

GENNARI, Emilio. *Chiapas*: as comunidades zapatistas reescrevem a história. Rio de Janeiro: Achiamé, 2002.

GILLY, Adolfo. *Chiapas* – la razón ardiente. México: Era, 1997.

GONZÁLEZ ESPONDA, Juan e PÓLITO BARRIOS, Elizabeth. Notas para comprender el origen de la rebelión zapatista. In: *Revista Chiapas*. México: Era, n° 1, p. 76-92, 1995.

GRUZINSKI, Serge. *O pensamento mestiço*. São Paulo: Companhia das Letras, 2002.

_____. *A colonização do imaginário*. São Paulo: Companhia das Letras, 2003.

GUTIÉRREZ, Gustavo. *Teología de la liberación* – perspectivas. Salamanca: Ediciones Sígueme, 1975, 7ª ed.

HALL, Stuart. A Questão Multicultural. In: *Da diáspora*: identidades e mediações culturais. Belo Horizonte: Editora UFMG, 2003, p. 51-100.

HALL, Stuart. *A Identidade Cultural na Pós-Modernidade*. Rio de Janeiro: DP&A Ed., 1997.

HOBSBAWM, Eric. *Era dos Extremos*: o breve século XX: 1941-1991. São Paulo: Companhia da Letras, 1995, 2ª ed.

HU-DEHART, Evelyn. Rebelión campesina en el noroeste: los indios Yaquis de Sonora, 1740-1976. In: KATZ, Friedrich (org.). *Revuelta, Rebelión y Revolución*: la lucha rural en México del siglo XVI al siglo XX. México: Era, 2004, 2ª ed., p. 135-163.

IOKOI, Zilda Márcia Grícoli. Movimentos Sociais na América Latina: Mística Globalização. In: COGGIOLA, Osvaldo (org.). *América Latina – encruzilhadas da História Contemporânea*. São Paulo: Xamã, 1999, p. 233-243.

KNIGHT, Alan. *La Revolución Mexicana*: del porfiriato al nuevo régimen constitucional. México: Grijalbo, 1986, 2 vols.

LANUSSE, Lucas. *Montoneros – El mito de sus 12 fundadores*. Buenos Aires: Vergara, 2005.

LENKERSDORF, Carlos. *Cosmovisión Maya*. México: Centro de Estudios Antropológicos, Científicos, Artísticos, Tradicionales y Lingüísticos "Centro Actl", 1999.

LIBÂNIO, J. B. *Panorama da teologia da América Latina nos últimos anos*. Disponível em <http://www.servicioskoinonia.org/relat/229.htm>. Acessado em: 28/08/2008.

LÖWY, Michel. A *guerra dos deuses*: Religião e política na América Latina. Petrópolis: Vozes, 2000.

_____. Introdução – Pontos de referência para uma História do Marxismo na América Latina. In: LÖWY, Michael (org.). *O Marxismo na América Latina*. São Paulo: Editora Fundação Perseu Abramo, 2003, 2ª reimpressão, p. 9-65.

LÖWY, Michel. *Marxismo e Teologia da Libertação*. São Paulo: Cortez, 1991. (Coleção polêmicas do nosso tempo, vol. 39).

LUISELLI FERNÁNDEZ, Cássio e MARISCAL Orozco, Jaime. La crisis agrícola a partir de 1965. In: *Revista Del México Agrario*. México: Editorial Campesina, n° 1, p. 67-88, 1978.

MARION, Marie-Odile. Pueblos de Chiapas: una democracia a la defensiva. In: *Revista Mexicana de Sociología*. México: UNAM, n° 4, p. 37-73, 1987.

MARTIN, Jose Pablo. *El Movimiento de Sacerdotes para el Tercer Mundo – Un debate argentino*. Buenos Aires: Editorial Guadalupe, 1992.

MEYER, Jean. *Historia de los cristianos en América Latina*. Siglos XX y XIX. México: Editorial Vuelta, 1989.

_____. *La cristiada*. México: Siglo XXI, 1988. 3 vols.

MESTRIES, Francis. Antecedentes y motivos del movimiento indígena zapatista. In: *Estudios Agrarios*. México: Procuraduría Agraria, n° 16, p. 117-147, 2001.

_____. Testimonios del Congreso Indígena de San Cristóbal de las Casas. Octubre de 1974. In: MOGUEL, Julio. *Historia de la Cuestión Agraria Mexicana – Los tiempos de la crisis (Segunda parte) 1970-1982*. México: Siglo Veintiuno, 1990, p. 473-489.

MONFORT – Associação Cultural. *Santa Sé diz não a "igreja indígena" e sacerdócio casado na América Latina*. Disponível em <http://www.monfort.org.br/index.php?secao= imprensa&subsecao=igreja&artigo=20060309&lanf=bra>. Acessado em: 06/08/2009.

MOTTA, Rodrigo Patto Sá. Apresentação. In: MOTTA, Rodrigo Sá (org.). *Culturas Políticas na História*: novos estudos. Belo Horizonte: Argumentum, 2009 a, p. 9-12.

_____. Desafios e possibilidades na apropriação de cultura política pela historiografia. In: MOTTA, Rodrigo Patto Sá (org.). *Culturas Políticas na História*: novos estudos. Belo Horizonte: Argumentum, 2009 b, p. 13-37.

MURO, Víctor Gabriel. Grupos cristianos y movimientos campesinos en México. In: *Revista Mexicana de Sociología*. México: UNAM, n° 2, p. 165-175, 1994.

NAVARRETE, Federico. *Las relaciones inter-étnicas en México*. México: UNAM, 2004.

NERUDA, Pablo. *Canto Geral*. São Paulo: Difel, 1981.

OLIVEROS Maqueo S. J., Roberto. Historia Breve de la Teología de la Liberación (1962-1990). In: ELLACURÍA, Ignácio y SOBRINO, Jon. (org.). *Mysterium liberationis*: conceptos fundamentales de la Teología de la Liberación. Madrid: Trotta, 1990, vol. I, p. 17-50.

PAOLI, Antonio. Comunidad tzeltal y socialización. In: *Revista Chiapas*. México: Era, n° 7, p. 135-161, 1999.

PAULO VI. Carta encíclica *Populorum Progressio* de sua santidade o Papa Paulo VI sobre o desenvolvimento dos povos. Disponível em <http://www.vatican.va/holy_father/paul_vi/encyclicals/documents/hf_pvi_enc_26031967_populorum_po.html>. Acessado em: 01/10/2009.

PEREIRA, Potyara Amazoneida Pereira. Sobre a política de assistência social no Brasil. In: BRAVO, Maria Inês e PEREIRA, Potyara Amazoneida Pereira (orgs.). *Política social e democracia*. São Paulo: Cortez, 2001, p. 217-234.

PETRAS, James. América Latina: a esquerda, passado e futuro. In: BARSOTTI, Paulo e PERICÁS, Luiz Bernardo (orgs.). *América Latina* – história, idéias e revolução. São Paulo: Xamã, 1998, 2ª ed., p. 227-240.

PONIATOWSKA, Elena. *La noche de Tlatelolco* – Testimonios de historia oral. México: Era, 1971.

PRADO, Maria Ligia Coelho. *A formação das nações latino-americanas*. São Paulo: Atual; Campinas: Editora da Unicamp, 1986, 2ª ed.

_____. Uma introdução ao conceito de identidade. In: BARBOSA, Carlos Alberto Sampaio e GARCIA, Tânia da Costa Garcia (orgs.). Cadernos de Seminários de Pesquisa Cultura e Política nas Américas. Assis: FLC – Unesp Publicações, 2009, vol. I, p. 66-71.

PREZIA, Benedito. 60 anos de presença missionária junto aos povos indígenas. In: PREZIA, Benedito (org.). *Caminhando na luta e na esperança* – retrospectiva dos últimos 60 anos da Pastoral Indígena e dos 30 anos do CIMI. São Paulo: Edições Loyola, 2003, p. 27-90.

PROST, Antoine. As palavras. In: RÉMOND, René (dir.). *Por uma história política*. Rio de Janeiro: Editora FGV, 2003, 2ª ed., p. 295-330.

RÉMOND, René. Do político In: RÉMOND, René (dir.). *Por uma história política*. Rio de Janeiro: Editora FGV, 2003 a, 2ª ed., p. 441-454.

_____. O retorno do político. In: CHAUVEAU, Agnès e TÉTART, Philippe (org.). *Questões para a história do tempo presente*. Bauru: Edusc, 1999.

RÉMOND, René. Uma história presente. In: RÉMOND, René (dir.). *Por uma história política*. Rio de Janeiro: Editora FGV, 2003 b, 2ª ed., p. 13-36.

RENARD, María Cristina. Movimiento campesino y organizaciones políticas: Simojovel – Huitiupán (1974-1990). In: *Revista Chiapas*. México: Era, nº 4, p. 93-110, 1997.

SAINT-PIERRE, Héctor Luis. Don Samuel Ruiz, el obispo guerrillero de Chipas y la declaración de guerra de la selva Lacandona. In: Revista de Ciencias Sociales. Buenos Aires: Universidad de Buenos Aires, nº 12, p. 63-84, 2001.

SÁNCHEZ Franco, Irene & MÜLLER, Eva Juliane. *Presencia de la religión y de la religiosidad en las sociedades avanzadas*. In: II Jornada de Sociología del Centre de Estudos Andaluces, Sevilla, 2007.

SANTOS, Boaventura de Souza. *As tensões da modernidade*. Disponível em <http://acd.ufrj.br/pacc/z/ensaio/boaventura.htm>. Acessado em: 10/01/2009.

SARLO, Beatriz. Cristianismo en el siglo. In: *La batalla de las ideas (1943-1973)*. Buenos Aires: Ariel, 2001, p. 43-62.

SARMIENTO Silva, Sergio. El Consejo Nacional de Pueblos Indígenas y la política indigenista. In: *Revista Mexicana de Sociología*. México: UNAM, nº 4, p. 197-215, 1985.

SARMIENTO Tupayupanqui, Nicanor. La Prehistoria de la Teología India. In: *Teología India en la Iglesia Latinoamericana*. Tese – Universidad Católica de Bolivia, Santa Cruz, 1999, p. 18-43.

SIRINELLI, Jean-François. Elogio da complexidade. In: RIOUX, Jean-Pierre e SIRINELLI, Jean-François (dir.). *Para uma história cultural*. Lisboa: Estampa, 1998, p. 409-418.

STEFANO, Roberto Di & ZANATA, Loris. El infinito Concilio de la Iglesia argentina, entre dictadura y democracia. In: *Historia de la Iglesia argentina* – Desde la Conquista hasta fines del siglo XX. Buenos Aires: Grijalbo Mondadori, 2000, p. 477-555.

TOBLER, Hans Werner. *La Revolución Mexicana*: transformación social y cambio político – 1876-1940. México: Alianza Editorial, 1994.

TORRES-LONDOÑO, Fernando. 1955-1979 três Conferências Gerais do Celam e uma Igreja ante o desafio de transformação na América Latina. In: *Religião & Cultura*. São Paulo: PUC, vol. VI, n° 12, jul./ dez., p. 11-29, 2007.

VASCONCELOS Calderón, José. *La raza cósmica*: Misión de la raza iberoamericana. México: Espasa-Calpe, 1992. 16ª ed.

VILLORO, Luis. O futuro dos povos indígenas /I. In: BUENROSTRO Y ARELLANO, Alejandro e OLIVEIRA, Ariovaldo Umbelino de (orgs.). *Chiapas*: Construindo a esperança. São Paulo: Paz e Terra, 2002, p. 173-176.

VOS, Jan De. *Una tierra para sembrar sueños* – Historia reciente de la Selva Lacandona, 1950-2000. México: Fondo de Cultura Económica, 2002.

WARMAN, Arturo. *Los indios mexicanos en el umbral del milenio*. México: Fondo de Cultura Económica, 2003.

AGRADECIMENTOS

É impraticável contemplar neste pequeno espaço todas as pessoas que em virtude da convivência cotidiana ou esporádica, duradoura ou efêmera, contribuíram, direta ou indiretamente, para a construção que aqui se apresenta. Igualmente parece-me impossível encontrar palavras que expressem adequadamente a intensidade de meus sentimentos de gratidão. Desta forma, procurarei ser simples e objetivo, dedicando estas singelas linhas apenas à indicação de algumas dentre estas pessoas, às quais espero que de alguma forma representem um todo maior.

Comecemos por onde um bom materialista começaria, pela infraestrutura. Agradeço ao suporte financeiro fundamental do Conselho Nacional de Desenvolvimento Científico e Tecnológico (CNPq) e também à Fundação de Amparo à Pesquisa do Estado de São Paulo (Fapesp) pelo apoio financeiro para adaptação desta dissertação de mestrado ao formato livro.

Pelo inestimável acesso a fontes fundamentais, agradeço a estudante universitária mexicana Cristina Barrita Flores; ao *Centro de Reflexión Teológica* (CRT), representado pela atenciosa figura do Padre Raúl Cervera; e ao voluntarioso trabalho desenvolvido por todos os envolvidos com o Acervo Zapatista *Xojobil* (Guarulhos – SP).

Passemos à esfera familiar, cujo suporte será simbolizado por duas pessoas: Maria Denise Turetta Andreo (mamãe), que sempre esteve do meu lado das trincheiras contra quem quer que tenha tentado obstruir meus caminhos, mesmo que nem sempre (ou quase nunca) entendesse minhas escolhas ou estivesse de acordo como elas; e Nayara Andreo, cuja existência me deu um senso de responsabilidade que vivificou minhas crenças de que devemos tomar os rumos que entendemos como mais corretos, ainda que nem sempre estes sejam os mais óbvios, comuns ou fáceis.

Continuando no mesmo escopo, escrevo agora sobre a nova família que, paulatinamente, contribuo para a construção. Esta será representada por Sara Vicelli de Carvalho, a quem deveria homenagear com uma declaração de amor, mas a combinação de pouco espaço e de minha inaptidão para o assunto impedem a realização de tal feito. Apenas me recolho a afirmar que sua presença me completa de uma maneira incomensurável e indescritível, e que eu não seria capaz de suportar muito do que passei sem seu apoio emocional e as muitas outras formas de contribuição que me proporciona e comumente nem desconfia. *Te quiero mi amor*.

No campo acadêmico, iniciarei pelo lado mais lúdico (mas não menos importante), agradecendo a todos os colegas com quem convivi durante minha estada em Assis. É impressionante como em pouquíssimo tempo foi possível estabelecer ligações tão fortes com pessoas que até então nunca haviam estado comigo. Para simbolizá-las deixo aqui registrado o nome de meu mais novo amigo, Fábio Silva Souza.

Outra pessoa que passou de uma relação estritamente acadêmica para uma de amizade, foi minha ex (e eterna) orientadora durante a graduação e especialização, Edméia Aparecida Ribeiro, que aqui representará minha gratidão a todos os excelentes professores que tive durante minha longa passagem pelo Centro de Letras e Ciências Humanas da Universidade Estadual de Londrina. À Doutora Edméia A. Ribeiro devo, além de orientações acadêmicas, conselhos e indicações de bons rumos, às origens de uma autoconfiança que me permitiu ousar a trilhar estes caminhos abertos.

Agradeço às tempestades de erudição historiográfica a que tive o prazer de presenciar sempre que compareci às dependências da Universidade de São Paulo para assistir às reuniões do grupo de estudos temáticos "Cultura e Política nas Américas", coordenado pela sapientíssima professora Doutora Maria Ligia Coelho Prado.

Sou muito grato também à leitura e contribuições trazidas pelos Doutores Fernando Torres-Londoño (PUC-SP) e José Luis Bendicho Beired (Unesp-Assis) durante meu exame de Qualificação. Espero ter correspondido à altura neste texto final às críticas e sugestões recebidas.

Por fim, chego a meu atual orientador, o Doutor Carlos Alberto Sampaio Barbosa (Beto), que simbolizará minha gratidão aos professores do campus de Assis da Universidade Estadual Paulista com quem convivi, dentro ou fora da sala de aula, e que tanto contribuíram para meu crescimento enquanto historiador e ser humano. Devo agradecimentos ao "Beto", principalmente, pela paciência para comigo, pela liberdade para a realização do trabalho, pela simpatia e acessibilidade, pelos momentos leves e descontraídos dentro e fora dos "muros" universitários e, sobretudo, pelo grande conhecimento e paixão contagiante acerca da história e historiografia mexicana. Aponto também sua capacidade para atrair pessoas agradáveis e interessantes ao seu redor: sua esposa Daisy e todos seus orientandos (e até ex-orientandos) com os quais entrei em contato.

A todos aqui citados implícita ou explicitamente, meu muitíssimo obrigado.

ANOTAÇÕES

Esta obra foi impressa em São Paulo no outono de 2013 pela Gráfica Vida e Consciência. No corpo foi utilizada a fonte Electra LH, em tamanho 10,5 e entrelinha de 16 pontos.